行为设计学

SWITCH

[美] 奇普·希思 丹·希思_著 姜奕晖_译

零成本改变

HOW TO CHANGE THINGS WHEN CHANGE IS HARD

中信出版集团 | 北京

图书在版编目（CIP）数据

行为设计学．零成本改变 /（美）奇普·希思，（美）丹·希思著；姜奕晖译．-- 北京：中信出版社，2018.8（2024.9重印）

书名原文：Switch：How to Change Things When Change Is Hard

ISBN 978-7-5086-9025-4

I. ①行…　Ⅱ．①奇… ②丹… ③姜…　Ⅲ．①商业心理学－研究　Ⅳ．① F713.55

中国版本图书馆 CIP 数据核字（2018）第 118451 号

行为设计学：零成本改变

著　　者：[美] 奇普·希思　丹·希思
译　　者：姜奕晖
出版发行：中信出版集团股份有限公司
（北京市朝阳区东三环北路 27 号嘉铭中心　邮编　100020）
承 印 者：河北鹏润印刷有限公司

开　　本：880mm × 1230mm　1/32　　印　　张：10.75　　字　　数：217 千字
版　　次：2018 年 8 月第 1 版　　印　　次：2024 年 9 月第 15 次印刷
京权图字：01–2009–7095
书　　号：ISBN 978–7–5086–9025–4
定　　价：68.00 元

关于封面设计的故事

《行为设计学：零成本改变》基于各行各业的改变难题，总结了成功的改变中不可或缺的三个要素：理智、情感和情境。调整这三个要素，便能不费成本，轻松引发改变。

封面正是基于这一逻辑，设计出一个关键词为“零成本改变”的操控界面，将理智、情感和情境转化为具体的行动项，演化成视觉上可以控制的旋钮。将三个旋钮的数值调到最高值，上部的数值条，即九个助推改变的策略的显性表现，就可达到最大化，如此便实现了行为的设计。

行为设计学是人类行为科学为我们提供的改变工具，无论是在生活还是在工作中，都行之有效。而这个界面设计想要给读者传递的是，它尽管是一个新学科，但践行起来，并不难。所以，封面使用的手势是轻松的“赞”。

周滕家二郎

本书设计师

行为设计学：零成本改变

目 录 | CONTENTS

第三部分　营造路径

前　言

关于改变，你所不知道的三个事实

容器越大 = 食量越大

2000 年的某个星期六，影迷如同往常一样来到芝加哥市郊一家电影院，打算观看下午 1：05 开映的午后电影——梅尔·吉布森主演的动作片《危险人物》。入场时，工作人员递给每个人一杯汽水和一桶免费的爆米花，同时请他们在电影结束后留一会儿，回答几个有关小卖部的问题。这批观众浑然不知，自己已然成了一项非理性进食行为的研究对象。

观众拿到的爆米花不同寻常。它的味道可真不怎么样。事实上，这种难吃透顶的爆米花还经过了精心设计：爆好后放了整整 5 天，不但不新鲜，咬起来还会吱吱作响。有位观众后来抱怨说，爆米花嚼起来就像是裹着花生仁的泡沫塑料；另外两名观众忘了爆米花是免费送的，还要求电影院退钱。

一部分观众领到的免费爆米花是中桶，另一部分人则拿到了大桶。因为每位观众人手一桶，所以不会出现多人分吃一桶的情形。研究人员想要弄清一个简单的问题：拿到大桶爆米花的观众是不是会吃得比较多呢？

两种爆米花分量都很足，观众不可能把自己的那一桶全部吃完。那么，还可以把上面这个问题表述得更加确切一些：假如不用担心爆米花会吃完，那么是不是拿得越多，吃得就越多？

研究人员分别在电影开始前和结束后偷偷称了每桶爆米花的重量，从而精确地得到每位观众吃掉了多少爆米花的数据。实验结果相当令人吃惊：拿到大桶的观众比拿到中桶的观众多吃了 53%。多吃的爆米花可以折合成 173 卡路里热量，也相当于从桶里抓了差不多 21 把。

康奈尔大学“食物与品牌研究实验室”负责人布赖恩·万辛克主持开展了这项研究。万辛克教授在《瞎吃》一书中描述了实验结果：“我们还进行过其他爆米花实验，无论实验细节怎么调整，结果始终都不变。不管电影院在宾夕法尼亚州、伊利诺伊州，还是艾奥瓦州，也不管放映的电影是哪种类型，所有爆米花实验都得出了一样的结论——食物容器越大，观众的进食量也就越大。就是这样。”[1]

没有其他理论能够解释这种行为。观众不是为了好吃才吃个不停（爆米花既不新鲜，又很难嚼），也没有觉得非要吃完整桶不可（无论是哪种分量，爆米花都绝对吃不完）。观众肚子是饿还是饱，对实验结果也没有什么影响。结论永不动摇：容量越大 = 食量越大。

最有意思的是，受试者往往拒绝接受这样的实验结果。电影散场后，研究人员告诉观众，其实有两种不同规格的爆米花桶，并且介绍了他们以往的研究结果。接着，研究人员询问受试者：“拿到的桶越大，吃得越多，你会同意这个结论吗？”大部分人都很不以为然，回答说“想骗我没那么容易”，或者“有没有吃饱，我自己心里有数”。

好吧！

设想一下，你从别人那里获得了这次实验的数据，但是并不知道受试者拿到的爆米花桶大小有别。根据这些汇总数据，再大致看一眼结果，很快就能看出不同受试者的食用量：有些人吃得不多，有些人吃了又吃，还有些人似乎在挑战人类胃部的物理极限。手头备着这样一份数据，很容易就能得出结论：有些人是理性进食者，有些人则是超级“大胃王”。

公共卫生专家要是也看到这份数据，多半会为这些“大胃王”而感到忧心忡忡：我们必须让这帮人养成健康的饮食习惯！我们必须想办法让这帮人认识到暴饮暴食的危害！

不过，请等一下。要想劝人少吃一点儿爆米花，办法很简单。不用顾虑对方是否能理解，也不用关心他们态度怎么样。该怎么做呢？只要拿小一点儿的桶来装爆米花就好了。

从这个例子可以看出，用简单的改变（缩小容器规格）来实现很难的改变（扭转他人的观念），其实是一件易如反掌的事情。这也正是你所不知道的第一个关于改变的事实：看似是人的问题，实则为情境问题。

人人都有精神分裂症

这本书的目的是帮助你完成改变，无论是针对个人、组织，还是社会层面的改变方法，书中一应俱全。或许你想帮助自家兄弟戒除赌瘾，或许你希望带领工作团队在市场不景气的时候更加精打细算，又或许你希望更多的街坊邻居骑自行车上班。

这三个层面的改变通常被当作不同的议题区别对待。对于公司主管来说，他们应该学习“管理变革”；对于个人来说，应该考虑“励志自助”；对于社会活动人士来说，则应该研究“改变世界”。这种泾渭分明的界定实在多此一举，因为所有为了改变而付出的努力都有共同之处：改变，意味着行为模式的转变。你的兄弟必须远离赌场，你的员工也只能改订经济舱机票。总而言之，所有的努力都将殊途同归：你能否改变他人的行为？

你心里一定在想，对于改变这件事，人们多半都会抗拒。不过事情不能一概而论。每天都有许多新生儿呱呱坠地，而父母总是莫名其妙地就欢迎这种改变——试想一下，这是多么颠倒乾坤的巨变啊。假如老板三更半夜为了鸡毛蒜皮的小事吵醒你两次，还大喊大叫（或者你只要换了套新衣服，老板就摆出一副作呕的表情），那还有谁愿意替他们干活呢？这样的改变并不算小，可人们不但不抗拒，反倒甘愿接受。

在生活中，我们经常拥抱各种重大的改变。除了家中添了孩子，我们还迎接婚姻，迎接新房，迎接新科技，迎接新的工作职责。与此同时，有些行为却禀性难移，令人恼火：烟鬼停不了手，孩子越吃越胖，丈夫的脏衬衫永远四处乱丢。

由此可见，改变有难有易，而难易究竟有什么分别呢？本书的观点是：成功的改变遵循同一套模式，改变的引导者必须一次完成三件事情。第一件事我们已经提到过：要想改变他人的行为，必须改变其所处的情境。

当然，改变情境并不能一劳永逸。把酒鬼送去戒酒中心，周边的新环境可以帮他戒酒；可是他一旦离开戒酒中心，没了环境的影响，又会怎么样呢？销售经理每日紧盯业务员，业绩一度突飞猛进；可是一旦恢复常态，又会怎么样呢？要想真正改变一个人的行为，不仅要改变其周围的环境，还要影响这个人的内心和头脑。

问题就在于：内心和头脑常常各自为政，根本无法达成一致。

你听说过美国麻省理工学院女学生高里·南达发明的“逃跑闹钟”吗？这可不是普通的闹钟，它还长着轮子。你在晚上入睡前调好时间，第二天早上，逃跑闹钟不但铃声大作，还会从床头柜上滚下来，在房间里窜来窜去，逼得你不得不爬起来追着它跑。想象一下这样一幕：你穿着内衣，趴在地板上，一边追，一边骂一只满地乱跑的闹钟。

普通闹钟响了以后，你可以摁一下停止按钮再接着睡，然后就会大事不妙了——逃跑闹钟保证不会这样。显然，睡过头是很多人心中共同的担忧。要知道，这种售价 50 美元的逃跑闹钟一上市，头两年就卖出了 3.5 万只（连广告也没怎么做）。[2]

这项发明大获成功，揭示了有关人类心理学的诸多问题，其中最根本的一条就是：人人都有精神分裂症。部分自我被称为理智面，想在早上 5：45 就起床，上班前还能挤出足够的时间去慢跑一下；另一部分自我被称为情感面，天还没亮就活跃起来了，它让我们躲在温暖的被窝里，觉得世界上最幸福的事就是再多睡几分钟。假如你跟其他人一样，这种天人交战的获胜方往往是情感面，那么或许你也该买个逃跑闹钟了。这件小东西最吸引人的地方就是，协助理智面，战胜情感面。想想看，一只“抽风”的闹钟在房间里横行无忌，任谁也不可能还缩在床上接着睡。

说得直白一些，逃跑闹钟不是为理智的人群设计的。如果《星际迷航》里极端理智的斯波克打算早上5：45起床，他一定会准时起来，不必大费周折。

我们内在的这种精神分裂现象怪诞不经，却极少引发人们的思考，这是因为我们早就习以为常了。当我们开始新一轮节食计划时，会先把食品柜里的奇多膨化薯条和奥利奥饼干都清理掉。因为我们在理智面心知肚明，一旦情感面有了渴求，想要自我控制就没什么指望了，所以唯一的办法就是先去除一切诱惑。（在此郑重声明，如果麻省理工学院的学生能为节食者发明出“逃跑奇多”，一定会赚得盆满钵满。）

结论不可避免：一个脑，两条心。

事实上，心理学家普遍认为，人类大脑内部始终有两个相互独立的运作系统。第一个就是前面所说的情感面，这部分自我属于天性本能，能够感知痛苦，获得快乐；另一个是理智面，也称为反思系统或者自觉系统，这部分自我能够深思熟虑，能够条分缕析，能够思索未来。

在过去几十年里，心理学家针对两个系统的研究成果颇丰。当然，人类早就注意到自身内在有两股力量在相互拉锯，这种认识由来已久。

柏拉图说过，人类头脑中有一位理性的御车人，必须驾驭一匹桀骜不驯的马，“只有用马鞭抽它，用马刺刺它，才能让它就范”。弗洛伊德曾经提出，人格可以分成自私的本我和正直的超我（以及介乎两者之间的自我）。现代行为经济学家则把两个系统称为计划者和实干者。

不过我们认为，弗吉尼亚大学心理学家乔纳森·海特在其杰作《象与骑象人》中使用的类比，为这两方的对峙做出了完美的诠释。在海特眼中，我们的情感面像一头大象，理智面就是骑象人。[3] 骑象人骑在大象背上，手握缰绳，俨然一副领导者模样。但事实上，骑象人对大象的控制水平忽高忽低，并不稳定，毕竟跟6吨重的大象比起来，骑象人显得很渺小。如果大象和骑象人对于前进方向的意见相左，那么骑象人注定会落败，毫无还手之力。

大象打败骑象人，大多数人对这种事情再熟悉不过了：睡过头，吃太多，半夜给前任男（女）朋友打电话，做事拖拖拉拉，尝试戒烟终告失败，偷懒不去健身房锻炼，生气时脱口而出不该说的话，西班牙语班或者钢琴课只学了一半，因为害怕而拒绝在会议上发言，等等。人们总可以在生活中找到类似的经历，幸好没有人替你统计次数。

说起来，我们的情感和本能面——这头大象的弱点一清二楚：好逸恶劳，反复不定，总是为了眼前的利益（冰激凌甜筒）而放弃长远的好处（苗条的身材）。努力追求改变，最终宣告失败，这些通常都是大象的责任，因为我们想要的改变大多要牺牲短期利益来换得长期回报。比如：为了来年资产负债表收支平衡，今天就要削减开支；为了来年体态轻盈，窈窕多姿，今天就不能再吃冰激凌。改变经常失败，因为骑象人并没有办法让大象俯首帖耳，一路乖乖地朝目的地走去。

大象渴望及时行乐，骑象人则正好相反。骑象人擅长超越当下，深谋远虑，未雨绸缪（这都是你的宠物办不到的事情）。

不过，有个事实或许会让你大吃一惊：大象也有许多长处，骑象人也有致命的弱点。大象并不是永远扮演坏家伙的角色，它还掌管着爱、怜悯、同情和忠诚等诸多情感。为了保护孩子而奋不顾身的强烈本能，这是大象的力量；为了坚持自己而挺直胸膛的勇气，这也是大象的力量。

更重要的是，当你在考虑改变时，大象才是改变得以实现的因素。无论是崇高目标，还是些微小事，我们都需要大象提供能量和动力，朝着目标不断前进。从这里就可以对照出骑象人的缺陷所在：原地踏步，停滞不前。骑象人往往会过度分析，过度思考。有些人身上免不了出现骑象人的毛病，十有八九你也认识这样的人：有的朋友为了盘算晚饭吃什么，内心足足挣扎 20 分钟；有的同事花几个小时进行头脑风暴，想出一大堆主意，却迟迟做不了决定。

想要追求改变，必须双管齐下。骑象人制订计划，指明方向，大象则使人前行。所以，只有骑象人而没有大象的团队，能够达成理解却毫无动力；只有大象而没有骑象人的团队，大家空有热忱却没有方向。不论哪种情形，都会一着不慎，满盘皆输。大象抗拒不从，骑象人原地空想，两者都会让改变遥不可及；如果两者同心协力，并驾齐驱，改变就会轻而易举地实现。

自我控制力终会耗尽

假如骑象人和大象对于前进方向存在分歧，那就麻烦了。骑象人可以在短时间内掌握方向——用尽全力拽住缰绳，迫使大象服从（这正是你每次使用意志力时所做的事）。但是，骑象人不可能长时间跟一头庞然大物拔河，他总会有精疲力竭的时候。

为了更清晰地认识这一点，我们先来看看一批大学生参加“食物感知”实验（至少学生会这么认为）时表现出来的行为。研究人员要求，受试者应当在略带饥饿感的状态下进入实验室，实验开始前至少3个小时不能进食。随后，研究人员将学生带进一间食物香气扑鼻的房间（巧克力曲奇饼刚刚烘焙出炉）。房间中央的桌子上摆着两只大碗，一只碗放着巧克力样品，还有刚才闻到的飘着香味的热腾腾的巧克力曲奇饼，另一只碗盛着一堆小萝卜。

研究人员还准备了一份像模像样的实验说明：本次实验选择巧克力和萝卜，是因为两者味道相差悬殊；明天将有工作人员与你们联系，询问你们品尝食物后留下的味觉印象。

其中，一半的受试者分到两三块饼干和几块巧克力，但没有萝卜；另外一半受试者必须吃两三根萝卜，但没有饼干。学生吃东西时，研究人员故意离开房间，以营造诱惑氛围：那些只能啃小萝卜的倒霉学生，孤零零地坐着，一边吃着兔子的美食，一边羡慕地看一眼新鲜出炉的巧克力饼干。（不用说也知道，吃饼干的学生要拒绝萝卜的诱惑，算不上什么难事。）虽然面对诱惑备受煎熬，所有受试者还是吃下了自己该吃的食物，萝卜组的学生也没有任何人偷吃饼干。这是意志力的体现。

此时，“食物感知”实验正式宣告结束。另外一批研究人员走进房间，开始第二项看似毫不相干的实验。研究人员声称，实验目的是想弄清楚，擅长解决难题的到底是大学生，还是高中生。这套说辞是为了让这些大学生认真对待，全力以赴。

受试学生拿到一组智力谜题，要求一笔画出复杂的几何图形，笔尖不能离开纸面，线条也不能重复。研究人员给每位学生都发了很多张草稿纸，可以一次又一次重画。事实上，这些谜题根本无解。研究人员只是想观察，受试学生在放弃求解之前，能够跟令人灰心的难题奋斗多长时间。

“未受诱惑”的学生之前开怀大吃巧克力和饼干，无须克制，在解题的环节平均花了 19 分钟，认真努力地尝试了 34 种方法。

相比之下，吃萝卜的受试学生显得缺乏耐性。画了 8 分钟就放弃了，连巧克力和饼干组成员用的一半时间都不到，而且只试过 19 种方法。为什么这组学生这么快就放弃了呢？

答案可能令人吃惊：因为他们用尽了自我控制力。心理学家从类似的实验中发现，自我控制力是可耗尽的有限资源。就像在健身房练习举重一样，举第一下总是觉得很轻松，因为肌肉还充满力量。但是每多举一下，肌肉就多一分疲劳，最后就完全举不动了。萝卜组受试学生在抵制巧克力和饼干的诱惑时，已经耗尽了自我控制力。他们的大象最终难免会开始抱怨：题目太刁钻，不好玩，我们解不出来。这时候，骑象人已经紧拉缰绳坚持了整整 8 分钟，再也没有力气继续了；而在另一边，饼干组受试学生的骑象人精神饱满、活力充沛，能够驾驭大象长达 19 分钟之久。

自我控制力终会被耗尽，这是一个至关重要的认识。因为当我们提到“自我控制力”时，不仅限于对这个词的狭义解释——对抗不良行为（香烟、饼干、酒精）所需的意志力，而是更广泛意义上的自我监督。回想一下，当你在批评下属、组装新书架或者学跳新舞蹈时，头脑高速运转，可以让你仔细而审慎，有意识地注意自己的言谈举止，就像旁边有位监督者在管着你一样。这也是一种自我控制。

与此相反，有些情形则全然“不受监督”。比如，漫无目的地开车时不记得两分钟前驶过的路，或者无意识地做着洗澡、冲咖啡等简单动作。我们日常生活中的绝大部分行为，其实是自然习惯多于主观刻意。这是好事，因为自我监督比较困难，这种力量还会逐渐枯竭。

许多实验研究都证明，自我监督能力总量有限，且容易耗尽。举个例子，刚完成困难抉择（比如拟定婚礼宴客名单、选购新电脑）的人与没有做过类似决定的人相比，前者更难集中注意力，也更不容易解决问题。在一项实验中，研究人员给受试者放映关于生病动物的悲伤电影，部分人必须在观看时压抑情绪，另一部分人可以任由眼泪流淌。随后的测试结果表明，前者展现出来的身体耐力比后者差。这项研究的结论揭示，人们会通过各种各样的行为消耗自我控制力，比如努力打造形象、克服恐惧、控制开销、试着专心完成简单的指令（比如“不要去想一只北极熊”），诸如此类，不一而足。[4]

这个事实与改变密切相关，原因就在于：想要改变，往往意味着修改已经自然而然形成习惯的动作，而改变习惯则需要骑象人小心监督。

期望的改变越大，消耗的自我控制力便越多。

当我们耗尽自我控制力时，其实是耗尽了“精神肌肉”的力量。无论是创造性思考、集中注意力、压抑本能冲动，还是面对挫折百折不挠，都需要精神肌肉的支撑。换句话说，耗尽自我控制力，也就是耗尽了巨大改变所需的精神力量。

因此，假如有人跟你说，改变很难是因为人们生性懒惰或者心生抵触，那可真是大错特错。原因恰恰相反，改变很难是因为人们不堪重负，甚至耗尽了力气。这正是你所不知道的第二个关于改变的事实：看似懒于改变，实则精疲力竭。

说服老板：疯狂的手套展

乔恩·斯特格纳任职于美国一家大型制造企业，他相信公司一直在浪费大笔的资金。“我认为在今后 5 年内，公司完全可以使采购成本降低 10 亿美元。”约翰·科特与丹·科恩合著的重要作品《变革之心》中引述了斯特格纳的这句论断。

要想省下这笔钱，公司必须大幅调整采购环节的流程。斯特格纳深知，第一步就是要说服老板。他也知道，除非老板相信省钱的可能性，否则不会接受这样大的变革。事实上，老板多半不会相信。

为了找到令人信服的例子，证明公司现行采购环节存在重大缺陷，斯特格纳指派一名暑期实习生专门调查一种物品——工作手套。公司大多数工厂的工人都戴着工作手套，实习生的任务就是记下每一家工厂所使用的每一种手套，然后查到各种手套的采购价格。

这位实习生不辱使命，很快就查明了，公司内各家工厂一共采购了424种不同的工作手套！此外，不同的工厂有不同的供应商，采购价格也都各自议定。同样一双手套，这家工厂的采购价是5美元，另一家工厂的采购价就变成了17美元。

实习生按照斯特格纳的要求，集齐了所有424种工作手套样品，并且逐一标上采购价格。接着把这些手套收集到一起，送往会议室，堆在会议桌上。随后，斯特格纳邀请各部门主管前来欣赏“手套塔”。他这样描述当时的场景：

> 这些主管看到，平素整洁无物、最多放几页文件的高级大会议桌上堆满了手套。每个人都瞪着展品看了一分钟，然后纷纷问出“我们真的买了这么多不同的手套？”之类的问题。嗯，老实说，确实是。“真的吗？”千真万确。接着，主管们围着桌子走了一圈。他们可以看到手套的价格。两只看起来一模一样的手套，一副标价3.22美元，另一副标价10.55美元。这些人全都哑口无言，这种情况并不多见，但那一天，他们只能瞠目结舌地站着。

这场手套展很快就在数十家工厂之间巡回展出。每位观众都发自内心地相信：疯了，我们疯了！我们必须确保这种事情以后不再发生。很快，斯特格纳获得了相关权限，从而推动了他所期待的变革。这家公司改变了采购流程，省下了一大笔钱，这真是皆大欢喜的圆满结局（当然，那些以17美元卖出价值仅为5美元手套的销售人员得排除在外）。[5]

老实说，我们当中的大多数人都不会采用斯特格纳那样的办法。以骑象人为诉求对象，举办一场演讲，这样才简单直接，又合情合理。仔细想想，还有不少事物可以派上用场，电子表格、收支节余数据、成本削减草案、合并供应商建议、集中采购理论等。你可以创建一份由 12 张工作表组成的 Excel（微软公司开发的电子表格软件）表格，连税务会计师看了都会喜极而泣。但是，斯特格纳并没有这样做，他只是把一堆手套放到桌上，邀请老板自己来看。

如果说办公室白领也能展现出真正的勇气，那么这绝对是个好例子。

斯特格纳明白，想要实现改变，必须先让同事的大象站到同一战线上。如果他从分析数据入手，晓之以理，也可能会让几个下属点头认同。接着，主管层决定 6 周后再针对这项议题召开后续会议（到时候会议还得再改期）。理性分析的做法本身很吸引人，也有一定的说服力。斯特格纳的同事由此可能会认同：彻底更新采购制度是一项重要任务——明年的重要任务。

记住，如果你说服了同事的骑象人，却没能打动大象，那么同事就会只知道前进方向，而不会产生前进动力。或许他们的骑象人能够暂时驾驭大象，掌握主动，但是我们知道，这样的改变无法持久。

然而，一旦穿透他人的情感层面，改变就会发生。斯特格纳给了同事一记当头棒喝。一开始，同事认为，“我们疯了”；接着，同事就会开始思考，我们可以解决这个问题。每个人都想出几种办法来解决手套问题，甚至推而广之，进一步完善整个采购系统流程。每个人的大象都受到触动，纷纷活跃起来。

我们当然不能指望，所有价值几十亿美元的改变都能够以同样的方式上演。这个有关改变的案例里，主导者是单个员工（再加一个暑期实习生），聚焦点是单个物品。推动改变的主要角色与改变的舞台规模根本不成比例，不过是“四两拨千斤”，然而斯特格纳的策略最终完美谢幕。

这就是同时打动骑象人和大象后产生的力量。

怎么让美国人改喝低脂牛奶？

如果大象不能被打动，确实会让改变前功尽弃，但是不要忘记，骑象人自身也有问题。骑象人会做的事就是纸上谈兵，抽丝剥茧，原地打转。要是骑象人不确定前进方向，很容易带着大象原地兜圈子。下面我们会谈到，这种倾向解释了你所不知道的第三个关于改变的事实，也是最后一个事实：看似心生抵触，实则方向不明。

西弗吉尼亚大学研究健康问题的两位教授——史蒂夫·布思－巴特菲尔德与比尔·雷格——曾经思考，怎样说服人们接受更加健康的饮食方式。他们从以往的研究中发现：新的饮食习惯要求越明确，人们接受改变的可能性越大。遗憾的是，“饮食更健康”的说法一点儿也不明确。

从哪里入手呢？人们应该停止吃什么，又该开始吃什么？改变饮食习惯应该从早餐、午餐，还是晚餐开始？在家里用餐还是在餐馆用餐？想要吃得更健康，有数不清的办法，特别是针对美国人普遍的饮食习惯。面对这种情况，骑象人往往会开始原地打转，努力分析、苦苦挣扎，却始终裹足不前。

两位研究人员进行了头脑风暴，思路一再回到牛奶这个问题上。大多数美国人都喝牛奶，我们也知道牛奶中含有丰富的钙。不过，牛奶也是典型的美国饮食中饱和脂肪的最大来源。事实上，统计数据得出的结论相当惊人：假如美国人不喝全脂牛奶，改喝脂肪含量低于 1% 的牛奶或脱脂牛奶，那么饮食中饱和脂肪的摄入量马上就能降到美国农业部建议的数值。

那么，怎样才能让美国人改喝低脂牛奶呢？想办法让低脂牛奶走进美国人的冰箱就行了。这并不是玩笑话。美国人在家里，常常是找到什么饮料就喝什么，低脂牛奶和全脂牛奶的消耗速度别无二致。所以，这个问题的答案其实比想象中来得简单：不必改变饮用牛奶的习惯，只要改变人们的购买行为即可。

行动计划一下子就变得清清楚楚。想要改变的行为？希望消费者购买脂肪含量低于 1% 的牛奶或脱脂牛奶。时间？消费者采购食品的时候。地点？你懂的。还有别的东西要改变吗？（目前看来）没有。

雷格和布思－巴特菲尔德开始在西弗吉尼亚州的两个社区发起一项活动，利用当地媒体（电视、报纸、广播）做了两个星期的广告。俗套的公共卫生宣传大多无聊乏味，相比之下，低脂牛奶的广告则明确又有力。其中一则广告强调，一杯全脂牛奶中所含的饱和脂肪总量相当于 5 片培根！在一场记者会上，两名研究人员展示了一大根盛满肥肉的管子，相当于半加仑①全脂牛奶所含的脂肪量。（请注意，这样做是为了触动大

① 1 美制加仑约为 3.8 升。——编者注

象，并且激发出人们“天啊，太恶心了”的反应。）

雷格和布思－巴特菲尔德监测了宣传活动覆盖地区的 8 家商店，记录下牛奶的销售数据。活动前，低脂牛奶的市场份额是 18%，活动后增加到 41%。6 个月以后，市场份额仍然保持在 35%。[6]

由此，我们可以总结出促成改变的成功模式里的最后一条特征：想要他人改变，必须先指出明确清晰的方向。

你现在应该理解为什么这一点那么重要了，只有这样做，骑象人才不会原地踏步。如果你对别人说，应该“活得更健康”，不妨先想一想，听者可能会怎样解读这句话，他们的骑象人又会怎样无止境地思考各种选择。（我是不是应该多吃谷物、少吃肉呢？还是反过来？我要不要开始吃维生素？如果我多做运动，再犒赏自己冰激凌，这样能划算吗？我应该改喝无糖可乐吗？还是说人工合成甜味剂比摄入卡路里更有害？）

看似心生抵触，实则方向不明。在得知这项研究之前，我们可能会觉得西弗吉尼亚人不关心自己的健康。如果真是这样，他们又怎会轻易就转变饮食习惯呢？

因此，如果你想要别人改变，那就别跟他们说“活得更健康”。你应该告诉他们：“下次去店里买食物时，别买全脂牛奶，改买低脂牛奶。”

改变三部曲：没钱没势也可以改变

到这里，你多少已经了解了本书将要展开的基本框架。不论面临什么样的状况，你都可以遵照这套框架，根据自己的需求指导改变。本书的三部曲结构大致如下：

- **指挥骑象人。**看似心生抵触，实则方向不明，因此必须提供清晰明确的方向。（请回顾低脂牛奶的案例。）
- **激励大象。**看似懒于改变，实则精疲力竭。骑象人不可能靠强迫来让大象长时间服从，因此必须从情感面入手，让大象愿意配合你，一同上路。（请回顾饼干与萝卜实验，以及堆满工作手套的会议桌。）
- **营造路径。**看似是人的问题，实则为情境问题。我们把情境（包括周围环境）称为"路径"。路径营造好后，即使不考虑骑象人和大象，改变都会更容易发生。（请回顾电影院不同爆米花桶的实验。）

我们提出这套基本框架，为的是帮助那些权力不大、资源不多的人。有些人拍拍脑袋，发号施令，就能把事情办成。比如公司的首席执行官手握大权，可以出售旗下公司，可以雇用他人，也可以解雇他人，可以更改激励机制，还可以合并团队；政治家为了改变他人的行为，可以制定法律或者施加惩罚。而像我们这样的普通人，手中没有掌握那些手段。（不可否认，那些手段可以让生活变得更轻松："儿子，今晚你要是不去倒垃圾的话，你就被解雇了。"）我们在本书中不会讨论太多结构化的手段。

我们希望本书能对你有所裨益，但我们也都清楚，这套框架并非包治百病的灵丹妙药。首先，这套框架并不完备。为了建立简单而实用的框架，我们舍弃了形形色色的精妙见解。其次，改变之所以很难，还有一条充分的理由：这个世界的想法不可能总是跟你的想法保持一致。你想改变他人的行为，也要考虑对方的意愿。当然，你可以哄骗他人，可以感化他人，可以鼓舞他人，可以激励他人。不过，有时候员工宁可丢掉饭碗，也不愿意改变熟悉自在的工作流程；有时候酒鬼为了再喝一杯酒，可以不计一切后果。

因此，我们无法保证本书能让改变一蹴而就，但至少能让改变来得容易一些。本书阐述的框架建立在数十年科学研究的基础上，简单好记，可灵活运用于家庭、职场、社区等诸多场合。我们希望把这套方法悉数教给你。

想要改变某种行为，必须指挥骑象人，激励大象，还要营造路径。如果能够三管齐下，即使没钱没势，你也可以完成巨大的改变。唐纳德·贝里克使美国医疗体系发生了改观，他的故事就是最好的证明。

拯救 10 万条生命

2004 年，美国医疗卫生促进协会（Institute for Healthcare Improvement，简称“医促会”）首席执行官唐纳德·贝里克医生，对于如何挽救大量患者的生命产生了一些想法。医促会研究人员借助汽车生产线上使用的产品质量检测手段，来分析病人的护理状况。结果表明，病人接受护理的“缺陷率”高达 10%。这是什么意思呢？举个例子，10% 的病人没能在指定时间内服用抗生素，这个比例实在高得可怕。许多行业已经把缺陷率降到了（通常远远低于）1‰。贝里克明白，医疗缺陷率如此之高，意味着每年都有数以万计接受护理的患者白白丧命。

在贝里克看来，可以将其他行业使用的严格流程改善方法运用到医院中去。难道器官移植手术就不能像生产丰田汽车那样既稳定又完善吗？

临床研究证实了贝里克的观点。道理毫无疑问，现实却鲜有改观。贝里克根本没有能力迫使整个医疗行业发生改变，医促会也只有区区 75 名员工。但贝里克并没有因此打退堂鼓。

2004 年 12 月 14 日，贝里克参加了一场医学行业大会，面对着济济一堂的医院管理层人员发表了一次演讲。他说："我认为我们必须做一件事，我们必须拯救 10 万条生命，而且必须在 2006 年 6 月 14 日之前完成，也就是从今天开始的 18 个月内完成。我们要救的人数不是大概多少，我们用来完成目标的时间不是大概多长时间——人数是 10 万人，时间是 2006 年 6 月 14 日上午 9 点之前。"

目标听上去就令人生畏，一屋子听众也颇为惊讶。但是，贝里克相当认真，并且已经带领小团队挑起大梁，应战这不可能的任务。

医促会提出了拯救患者生命的 6 项具体措施。例如，其中一项措施要求医院引入一系列成效显著的安全操作程序来管理呼吸机，避免患者感染肺炎，而肺炎经常会导致不必要的死亡。（其中一个程序规定，病人头部必须抬高 30~ 45°，以防止口腔分泌物进入气管。）

毫无疑问，每个医院管理者都认同挽救生命的原则，但过程总是障碍重重。首要面临的问题就是，医院假如要降低"缺陷率"，就表示承认自己存在缺陷。换句话说，医院就要承认确实有些病人命不该绝。把这样的话用白纸黑字写下来，医院律师可不大愿意遵照奉行。

医院很难承认自身存在疏忽，贝里克知道必须先解决这个敏感问题。在 12 月 14 日的演讲过程中，贝里克邀请了一位因医疗事故而失去女儿的母亲。这位母亲上台发言：“我不知道该说什么，我也有些难过。因为我知道，要是四五年前就发起这场运动，我们家乔茜现在还活在世上……但我很欣慰、很激动，自己能够加入这项运动，成为其中一分子。因为我知道你们能够做到，因为你们必须做到。”

另一位登台讲话的来宾——北卡罗来纳州州立医院协会主席说：“长久以来，太多人在面对这项议题时采取‘鸵鸟心态’，现在是去做正确事情的时候了。事实就是这么简单。”

此外，医促会还简化了加入办法：只要由医院院长签署一纸协议就可以了。贝里克演讲结束两个月后，已经有超过 1 000 家医院加入了这项运动。一旦医院参与进来，医促会工作小组就协助医院落实整改措施。医促会向医院提供研究报告、步骤清晰的操作指南及培训课程，不定期组织电话会议，邀请医院主管相互分享成果和挫折，鼓励较早取得成功经验的医院担任新加入医院的“导师”。

新措施引发了相当大的争议。如果引入医促会所倡导的调整办法，医院必须抛弃沿用数十年的习惯和流程。许多医生都很恼火，感觉新做法束手束脚。不过，推行新措施的医院取得了引人注目的成效，抢眼的成果又吸引更多的医院参与其中。

18 个月后，正当与贝里克承诺的期限分毫不差之时——2006 年 6 月 14 日上午 9 点，他再度登上讲台，宣布结果：“所有参加‘拯救 10 万条生命’运动的医院，据估计，总共保住了 122 300 条生命。同样重要的是，所有医院也开始将新的医疗护理标准予以制度化。未来，新标准将继续挽救生命，提升医护成效。”

闻听此言，全场振奋不已。贝里克带领着仅有 75 人的医促会工作小组，说服了数千家医院改变既有行为，将病患一个个拉回生死线，总共挽救了 122 300 条鲜活的生命——相当于美国密歇根州安阿伯市的全部人口。

早在 18 个月前，贝里克结束演讲时就谈到“拯救 10 万条生命”运动将给世界带来的改变。运动成果实现了贝里克所描绘的愿景：

> 于是，我们将庆贺，以比萨开场，以香槟收尾。我们将称颂所行之事的重要，诚实正直的勇气，彼此扶持的喜悦，运筹帷幄的智慧，以及磨杵成针的功绩。我们将会自行庆祝，因为我们拯救的病患无法加入，因为他们的名字不得而知。我们的贡献在于避免不该发生的事故，赶走不该来临的死神。尽管不知道他们姓甚名谁，但我们能够确信，他们的父母将参加原本无法出席的毕业典礼和婚礼，他们的孙子孙女将认识原本无缘得见的祖父祖母，他们将有机会度假、工作、阅读、欣赏交响乐、打理庭院。如果没有我们，一切萌芽只能不幸早夭，他们只能长眠于野草丛下。[7]

小结

伟大的改变并非遥不可及。

贝里克带领小组催生了拯救 10 万条生命的大改变，但贝里克本人手无权柄。他不能修改法律，不能开除意见不合的医院主管，也不能发奖金给接受倡议的医院。贝里克掌握的工具和你我没什么两样。他是怎么做到的呢?

首先，贝里克指挥骑象人，给出了明确的方向：我们要救的人数不是大概一些，我们要达成的时间不是大概一段；数目是 10 万人，时间是 2006 年 6 月 14 日上午 9 点。但这样还不够，他还要帮医院找出完成目标的具体方法，不能光说“再加把劲儿”（请回顾“活得更健康”和“改买低脂牛奶”的案例对比）。为此，贝里克提出 6 条清晰明确的整改意见，比如抬高呼吸机使用者的头部，这些措施经过验证，确实能够拯救生命。6 项措施定位精确，弹无虚发，贝里克想要避免听众的骑象人在轮番改变中精力耗尽。

其次，贝里克激励大象，让大家从情绪上感觉到改变的必要性。不少听众其实已经知道事实，但仅仅知道还不够。（请回顾一下，斯特格纳公司里的许多主管早已心中有数，但直到他们看到堆成小山的手套以后，才真正触动了大象。）贝里克必须突破已知的层面，于是请来了因医疗事故而失去女儿的母亲现身说法：“……我知道，要是四五年前就发起这场运动，我们家乔茜现在还活在世上。”为了触动没能到场感受气氛的相关人士，贝里克也颇费了几分心思。他没有提出“医界大整顿”或者“医疗护理全面质量管理”之类危言耸听的说法，而是要大家“拯救 10 万条生命”。不出所料，所有人的大象都从心底接受了。

最后，贝里克营造好路径，使医院更加容易接受改变。比如，报名表格仅有一页纸，行动指南可以按部就班，提供培训课程，组建支持团体，甚至配备导师。贝里克营造出的环境，让医院主管更有动力推行改革。贝里克意识到行为具有传染力，于是利用“同行压力”来说服其他医院加入这项运动。（你知道市区对面那家医院吗？他们刚签署协议，加入“拯救 10 万条生命”运动。你真的打算让竞争对手独占道德高地？）此外，贝里克还把参加者串联在一起。一边是在改变过程中遭遇阻力的医院，一边是顺利推进改变的医院，他让两者彼此配合，相互协调，就像匿名戒酒协会里的“导师”帮带制度那样。贝里克创造了医疗护理改革的支持团体。

在这本书中，你将看到一些像贝里克一样的人，他们手上既无资源，又没有掌握重要职权，仍然创造出势不可当的伟大改变。你将看到：一位企业家将疑虑重重的员工改变成醉心于客户服务的典范，保住了自己的小公司。一个刚踏出校门的大学毕业生，拯救了濒临灭绝的物种。一名经理人想出办法，改变了同事的古怪性情。一位治疗师改变了一群虐待孩童的父母。

如果你追求改变，不管是想转变你的家庭、慈善团体、公司，还是整个社会，请完成如下改变三部曲：指挥骑象人，激励大象，营造路径。

第一部分

指挥骑象人

第一章

找到亮点

虾蟹和甘薯叶：改善营养不良的秘方

1990 年，杰里 · 斯特宁效力于帮助弱势儿童的国际慈善组织“救助儿童会”。越南政府邀请“救助儿童会”协助改善当地儿童营养不良的问题，他受命前往，计划在当地设立新的办事处。斯特宁抵达越南后，却发现接待人员寥寥无几，态度冷若冰霜。外交部部长告诉斯特宁，并不是所有的政府官员都欢迎他的到来。外交部部长抛下一句话：“你必须在 6 个月内做出成绩来。”[1]

斯特宁带着妻子和 10 岁的儿子同行，3 个人都不会说越南语。他回忆道：“到达越南机场的时候，我们觉得自己就像孤儿，对于要做什么一点儿主意也没有。”[2] 斯特宁随行的工作人员屈指可数，能调动的资源也非常匮乏。

针对此次任务，斯特宁阅读了大量的资料。研究报告普遍认为，营养不良是一系列问题综合作用的结果：卫生状况差、生活贫困、缺乏清洁饮用水、农村居民往往不重视补充营养。

在斯特宁看来，这些分析固然正确，但毫无用处——全是正确的废话。他认为："数百万孩子等不到这些问题全都解决的时候了。"如果从这条思路入手，就得先消灭贫困、净化饮用水、建立卫生系统，那么解决营养不良的问题就遥遥无期了。何况他只有6个月的时间，而且资金并不充足。

斯特宁想出了更好的主意。他四处拜访农村，调查各个地区的状况。他把所有母亲分成若干个小组，分别测量各村每个孩子的身高、体重，然后把这些数据按组归总。

随后，斯特宁便问这些母亲："有的孩子家里非常穷，却比一般小孩长得更高、更壮、更健康。你们发现这种情况了吗？"母亲们看了看统计数据，点头说："是，是，是。"

斯特宁又问："也就是说，现在这个村子里，有人家里很穷，可还是养出了营养状况良好的孩子，是吗？"

"是，是，是。"

"好，那我们去看看他们家是怎么办到的。"

斯特宁的策略是找到当地社区里的亮点。所谓亮点，指的是值得他人效仿的成功做法。[3] 既然有的孩子家里穷困潦倒却仍健康成长，就表示营养不良并不是无法避免的事；既然有的孩子活得十分健康，也就表示一定有快速见效的实用对策。斯特宁知道，自己铲除不了棘手的"病根"。但是，如果有那么一拨孩子能免于厄运，茁壮成长，为什么其他孩子不能做到呢？

请注意，斯特宁正努力把妈妈们脑中骑象人的注意力给吸引过来。“要让自己的孩子更健康，你该怎么做？”这种笼统的议题不仅太庞大，而且也不可能一次性解决。妈妈们需要的是方向，而不是激励。每个母亲脑中的大象无疑都希望自己的孩子更健康，可问题在于，她们到底该怎么做？

请回想一下低脂牛奶运动，如何将抽象理念（“吃得更健康”）转变成具体行动。斯特宁说，我们不要干坐着分析“营养不良”，一起来研究那些“亮点”妈妈的做法吧。

第一步，斯特宁和妈妈们必须剔除不具有代表性的亮点。比如，这家男孩有个舅舅家境良好，有机会经常给这个男孩送食物加餐。其他家庭不可能如法炮制。

为了弄清亮点妈妈的做法有什么与众不同，斯特宁的小组还必须总结出普通家庭喂养小孩的“传统观念”。为此，他们与数十位父母、哥哥、姐姐、祖父母等交流，发现当地社区的饮食习惯相当明确：小孩跟家人一样，一天吃两顿饭，吃的是适宜儿童的食物——易于消化的单种食材，比如优质大米。

掌握了当地儿童喂食习惯后，斯特宁和妈妈们便开始走访亮点妈妈的家，观察她们异于一般家庭的做法，结果有了出乎意料的发现。首先，亮点妈妈一天给孩子喂 4 次饭（每日进食总量和其他孩子一样，只不过分 4 次吃）。可见，一般家庭一日两餐的做法并不适合这些儿童，因为他们营养不良的胃无法一次消化那么多食物。

其次，亮点妈妈的喂养方式也不同。大多数父母认为，孩子知道自己该吃多少，会自行从餐桌上取用适量的饭。相比之下，亮点家庭喂养孩子的方式要积极得多，必要时父母还亲自喂孩子吃饭。亮点父母还会鼓励生病的孩子多吃点儿东西，这跟当地的习惯做法不太一样。

另外，更有意思的一点是，亮点孩子吃到的食物种类更多。亮点妈妈们会从稻田里捉一些小虾、小蟹，掺在孩子的米饭里。当地人一般认为，虾蟹是大人吃的食物，不适合拿来喂小孩。亮点妈妈还在米饭里加入甘薯叶，这种绿叶通常被视为下等食材。这些饮食上的即兴创造看似怪异或者“下等”，却在无意中帮了大忙：添加的杂食为孩子补充了饮食中严重缺乏的蛋白质和维生素。

身为一个外乡人，斯特宁根本不可能自己想出这些做法，他甚至对甘薯叶一无所知。这些创造性的办法是本地智慧，源自村民的实践经验，因此必然现实可行，也必然能够持久。不过光知道办法还远远不够，为了促成改变，很多母亲必须转变观念，接受新的烹饪习惯。

要是其他人身处斯特宁的角色，可能会想着直接发表声明，召集村民，公布一系列建议。“各位，集合啦！我研究了你们的问题，现在已经有了答案！下面请听打败营养不良的‘斯特宁 5 项法则’。”

不过，斯特宁并不打算这样做，他解释说：“知识未必能改变行为。我们都见过心理学家发了疯，医生大腹便便，婚姻顾问离婚。”斯特宁深知，给这些母亲们上营养学课程改变不了她们的行为，她们需要的是实际可行的操作办法。

当地社区针对50户儿童营养不良的家庭设计了一个项目，每10户人家为一组。参加项目的妈妈们每天定时在临时厨房里集合，筹备餐点，每个人都必须带上虾蟹和甘薯叶。妈妈们先用肥皂清洗双手，然后一起做饭。斯特宁说，这些妈妈开始“接纳新的思考方式”。最重要的是，这种转变来自她们自己，得益于村里的当地智慧。斯特宁的角色只是帮助妈妈们认识到，靠自己的力量就可以攻克小孩营养不良的问题。

斯特宁通过组建烹饪小组，把妈妈们的骑象人和大象都调动了起来。骑象人收到明确具体的指示：如何用虾蟹和甘薯叶煮出可口的饭菜。大象则涌起一种希望：原来真的有办法让我的孩子更健康，而且不太难，我也能做到。请注意，“路径”也发挥了一定的作用：当那么多母亲都在做同一件事时，剩下的人会面临强大的社会压力。实际上，烹饪班正在改变村落的文化。

最重要的是，从亮点入手，可以避免“非我发明”带来的疑虑。有些人总是对这种“舶来品”的做法深怀戒心。试想一下，假如美国政客提议采用法国医疗保健制度，将会引发多大的民意反弹（反之，将美国和法国的角色对调亦然）。人们总是觉得，自己的办法最高明。

在目标村落里找到亮点家庭，可以确保解决之道出自本地。如果斯特宁硬要把其他村子的做法借鉴过来，推广过程将遇到更多阻碍。当地的妈妈们一定会百般不满：这些人跟我们不一样，我们的情况复杂多了，那些方法在我们这儿是行不通的。

找到亮点，推广经验，一举多得，这丝毫不令人意外。成功的改变势必连通整个框架中的三大要素：骑象人、大象、路径。（虽然本书把三要素分开来谈，但我们会不断提醒你，“骑象人”相关章节也涉及大象和路径。三大概念彼此依存，息息相关。）

斯特宁抵达越南村庄 6 个月后，当地 65% 的儿童的营养状况得到了改善，并且继续保持了下去。后来，埃默里大学公共卫生学院的研究人员来到越南收集其他数据，发现即使是斯特宁离开后才出生的孩子，其健康状况也跟直接受到斯特宁帮助的孩子相当。由此也证明，这项改变的确能持久下去，而非昙花一现。[4]

斯特宁的成功经验逐渐推广开来。“我们首先选出 14 个项目进度各不相同的村庄，当成社会交流实验室。越南其他地方的人都想复制这套营养改良模式。每天都有人来到这所社会大学，到村里去摸、去闻、去嗅、去看、去听。‘毕业’后，这些人回到自己的村子，认真执行这套办法，直到取得成果……这个项目影响了越南 265 个村庄，220 万民众。我们一手建立的社会大学，也成为教育村民大幅改善营养不良问题的国内典范。”

没有什么故事能比这个更富有传奇色彩了。斯特宁率领着相信此举有效的小小团队，以及满怀希望的母亲，面对手头拮据的不利状况，还是与营养不良问题打了漂亮的一仗。更加令人叹服的是，这些人根本不是什么专家，也不是一开始就有解决办法。他们最值得称道的事，就是对亮点充满信心。

我们头脑里的骑象人有很多长处，会思考，会分析，也会规划未来蓝图。但我们也看到，骑象人有一个糟糕的弱点，那就是倾向于原地打转。骑象人喜欢再三考虑、反复分析。更糟的是，骑象人的分析对象往往是麻烦，而不是亮点。（你一定听过朋友花几个小时大倒情感问题的苦水，但你还能想起哪个朋友愿意花几分钟分析事情顺风顺水的原因吗？）

喜欢分析当然会很有用，毕竟很多问题要靠分析才能解决。但在需要做出改变的情况下，过度分析反而会让努力白白浪费。骑象人会看到太多问题，又花太多时间一再思量。回顾一下斯特宁在越南遇到的事情吧。大批专家曾分析过越南的情况，面对多重问题——水源供应不足、卫生条件差、生活贫困、蒙昧无知，他们的骑象人只能苦苦挣扎，原地喟叹。专家撰写了无数评估意见，发表了无数研究报告，制订了无数发展规划，但什么也没有改变。

面对重重困难，骑象人会觉得到处都有问题，然后就患上了“分析瘫痪”症：除非得到方向清晰的指示，否则骑象人就会无穷无尽地原地打转。所以，要实现改变，必须想方设法指挥骑象人，告诉他去哪里、做什么、追求什么目标。而在你努力引发改变时，亮点是指挥骑象人的一剂良方。所以，亮点是改变过程中不可或缺的角色。

找出特例，复制经验

“学校糟糕透了！”美国九年级学生博比在接受第一次校内心理咨询时这样说。学校心理辅导教师约翰·墨菲对博比的直白感到很惊讶。[5]

好几位教师忍受不了博比的不良行为，要求他接受心理辅导。博比经常迟到，几乎不做作业，在课堂上捣乱，有时候还在走廊上大声威胁其他学生。

博比的家庭生活也是一团糟。博比不断地往返于寄养家庭和问题儿童特殊教育机构，博比和他的父亲也等着接受家庭咨询，肯塔基州卡温顿市当地的社会服务机构也特别关注博比。就在接受墨菲教师的辅导期间，他还面临着被送往另一所特殊教育机构的危险，因为他在学校的表现着实恶劣。

面对博比的糟糕情况，身为辅导教师的墨菲几乎无能为力。他不可能改变博比的家庭生活环境，而且时间也不容许。他跟博比的谈话只能零散进行，今天聊一个小时，改天再聊一个小时。博比表现好，墨菲没法奖励他；博比表现差，墨菲也没机会处罚他。（处罚其实也没什么用——常常还不到上午 10 点，博比就因为不守规矩被请到校长室去受罚了，但他的行为从来没有改变。）

墨菲忽略了博比对学校的评价，而是先跟他聊天，并且问了一连串不寻常的问题。墨菲和博比之间为数不多的对话由此开始。

现在，我们先快进到 3 个月后看看：事情不但有了起色，而且是大为改观。博比被叫到校长室的次数减少了 80%。当然，博比并没有变成模范学生，但行为改善幅度已经让社会服务机构打消了送他去特殊教育机构的念头。博比的不良行为逐渐减少，这种改变只是因为他跟辅导教师谈过几个小时而已。

那么，墨菲和博比到底谈了些什么呢？

约翰·墨菲是焦点解决短期治疗的实践者。焦点解决短期治疗出现于 20 世纪 70 年代末，由夫妻档治疗师史蒂夫·德·沙泽尔和因索·金·伯格，以及他们在美国密尔沃基短期家庭治疗中心的同事共同发明。[6] 焦点解决短期治疗方法与传统治疗方法全然不同。在传统心理治疗中，医生会和你共同探索心理问题（就像电视剧《黑道家族》里的黑帮老大和心理医生一样）。问题的根源是什么？跟你的童年生活有关吗？感觉像是考古学家发掘遗址：不断深挖头脑深处的想法，用来解释做出的行为。发掘过去往往很费时间：假如每周接受咨询一两次，一位标准的弗洛伊德学派心理分析师可能要花 5 年的时间。（花了 5 年时间，花了 5 万美元，你终于发现，原来一切都是你母亲的错。）

相反，焦点解决短期治疗并不注重“精神考古”。这种心理治疗方法不会四处挖掘行为的形成原因，也不在乎童年经历，它只关心如何解决手头的问题。

婚姻治疗师米歇尔·韦纳－戴维斯最初接受了传统心理分析训练。跟其他心理治疗师一样，韦纳－戴维斯相信童年经历会造成尚未愈合的创伤，从而导致现在的各种问题。于是，她试图帮助心理咨询对象了解在成长过程中如何影响自己在婚姻关系中的行为，但她对心理分析取得的成效并不满意，并在《离婚闹剧》一书中解释道："我的很多咨询对象常常跟我说，'现在我知道我们是在重演父母的婚姻生活，但是该怎么解决呢？我们还是天天在吵架'。"她发现，认识问题不一定能解决问题——仅仅知道是不够的。

韦纳－戴维斯一开始对焦点解决短期治疗方法持怀疑态度："它看起来太简单了……大多数人，包括大多数心理治疗师，都认为改变的过程一定复杂而费力。'一分耕耘一分收获'才是普遍的经验法则。"但后来，她改变了对焦点解决短期治疗方法的看法。为了说明这种转变，她举了高尔夫球场上的例子。

有段时间，韦纳－戴维斯的高尔夫球挥杆动作屡屡失误，她总觉得自己的技巧需要彻底修正，就请了一位职业教练。她注意到，这位教练根本不管她过往的经历，从来不会说："你对于胜利怀有明显的恐惧。你父亲是不是在你小时候恐吓过你？"相反，教练只是给出了一个小建议：球杆别握得太紧。一听到这么简单的建议，韦纳－戴维斯有几分不满，这可太对不起自己付的钱了。不过等上了球场，挥杆打出的球路确实更加平直，球也飞得更远。由此，她开始相信：或许小调整也能产生大作用。[7]

焦点解决短期治疗师在寻求潜在解决办法时，使用的技巧并没有特别之处。进行第一次心理治疗时，在听完咨询对象描述自己的问题之后，治疗师就会抛出"奇迹问题"："我可以问你一个有点儿奇怪的问题吗？假设你今晚睡得很香，到了半夜你还在呼呼大睡。这时候，突然奇迹发生了，你刚刚讲的问题一下子都解决了。那么第二天早上醒来后，你认为什么迹象会让你觉得‘噢，有事发生了——问题解决了’呢？”[8]

以下是回答奇迹问题的案例，来自一对接受婚姻治疗的夫妇，记录人是澳大利亚悉尼的治疗师布赖恩·凯德：

妻子：我应该会很开心，觉得终于轻松了。我会对鲍勃更和气一些，不会随便对他发火。

凯德：那你们会怎么做呢？

妻子：嗯，我们会更加体谅对方，会倾听对方在说什么。

丈夫：是。现在我们都不会认真听对方讲话，总是迫不及待地想要表达自己的想法。

凯德：你怎么判断对方是否在认真听呢？

妻子：我想，从脸上的表情就知道了。我们可能会有更多的眼神交流（停顿，大笑）。我们还会在恰当的时候点点头。

丈夫：没错。我们都会回应对方的话，而不只是攻击或者直接忽略对方的话。[9]

请注意，凯德问了这对夫妇很明确的问题：“那你们会怎么做呢？”“你怎么判断对方是否在认真听呢？”奇迹问题不是让你去描述奇迹本身，而是让你想象出奇迹发生后的具体迹象。

下面这个案例来自一位心理治疗师与一位酒瘾患者的咨询过

程：如果奇迹发生，酒瘾自动消失，明天早上你希望自己做点儿什么不一样的事呢？“不知道，想象不出来。”试试看。“好吧，我所有朋友都是酒鬼，你觉得我能做什么呢？”我知道不容易，但请再想想看。“好吧，是有几件事想做。”先说一件吧。“我可能会去图书馆看看报纸。”到图书馆看报纸，为什么就会让你觉得不一样呢？[10]

焦点解决短期治疗师希望病人把焦点集中在奇迹出现的第一个迹象上——“什么是让你觉得问题已经解决的迹象呢？”因为治疗师不想听到“我的银行存款暴增”“我热爱工作”“我婚姻美满”这种笼统宽泛而不切实际的回答。

当治疗师帮助病人找出明确而明显的积极迹象后，就会进入或许更为重要的第二个问题，我们称之为“特例问题”：“你上次看到奇迹，哪怕是一小会儿，是什么时候？”

如果病人是酒鬼，治疗师可能会问：“你上次保持清醒一两个小时，是什么时候？”如果是前面对话中的妻子，治疗师可能会问：“你上次觉得丈夫在认真听你说话，是什么时候？”

这种策略相当高明。心理治疗师这样问，就是想让咨询对象在潜移默化中意识到，自己有能力去解决问题。事实上，咨询对象的回答也证实，自己曾经解决过问题，至少在某些情况下做到了。比如，布赖恩·凯德曾给一位母亲做过心理治疗，她的孩子不听管教。凯德问了她这样的“特例问题”：“孩子们上次乖乖听话时，有没有什么不一样呢？什么样的环境会让孩子们看起来表现更好一些？”

母亲：（停顿片刻）我想是他们意识到自己实在太过分的时候。

凯德：他们怎么知道自己太过分了呢？

母亲：你知道，这很有意思。我想是我不再朝他们大喊大叫，声音变得很平静的时候……我想要是我没那么焦虑，就可以做到；要是我觉得与其整天担心一堆事要做，不如赶快动手去做，就可以做到。我要是觉得自己来不及把家务全做完，我就会很慌张。

凯德问这位母亲，当她心情好的时候，孩子们会注意到什么迹象。

母亲：我想我看上去会比较平静。

凯德：还有呢？

母亲：我可能会更热情地招呼他们，也会笑得更多些。

焦点解决短期治疗师相信，每个问题都有特例。找出特例就能仔细分析，就像体育赛事录像可用来反复观摩一样。我们一起来看片段回放，看看什么时候事情进展得一帆风顺：当时发生了什么事？你是怎样处理的？你微笑了吗？与他人有眼神交流吗？理论上，分析特例就能找到可行的解决方案。毕竟，这些做法曾经奏效。

这些“特例”就像斯特宁找出的亮点，就像越南的贫困村庄里也有孩子健康成长，就像酒鬼成天醉醺醺，也还有清醒的片刻。亮点正如金矿那样有待挖掘。（再次提醒，亮点不仅给骑象人提供方向，还为大象带来希望和动力。）

这些例子对你有什么意义呢？你可能不需要解决营养不良的问题，也不需要接受心理咨询，但如果你想要改变，就一定能找到亮点。如果你学会辨别亮点、理解亮点，就能解开有关改变的一个关键性谜题：到底哪些做法需要改变？

如果你是人力资源经理，想鼓励各部门经理增加给员工反馈的频次，不必总是积累到一年一度的绩效评估。为此，你组织了公司外部培训项目，让他们练习即时反馈的新模式。当培训结束时，每位经理都保证会贯彻新办法。

四周后，你开始调查经理对新规的执行情况，结果令人喜忧参半。其中两名经理看起来真的乐于接受改变——很兴奋，认为更快的反馈模式改善了自己与团队成员之间的关系；另外 5 名经理则有些被动，表示只尝试过几次；还有两名经理说很抱歉，自己太忙了，没时间尝试；最后一位则深表质疑，认为这套新办法根本行不通。

那接下来呢？亮点法为你提供了行动计划，那就是调查两名做出成功改变的经理。首先，看看两个人的做法是不是真正的亮点。例如，你可能在调查后发现，其中一位经理根本没有更多地给团队成员以反馈，只不过是更经常地与个别下属闲聊。这位经理对新增的社交接触自我感觉良好，但其实干扰了员工的日常工作（因为员工在工作时总是被打断）。这位经理并不是真正的亮点。

另一个成功案例可能就是真正的亮点。或许，经理黛比设计了一份追踪记录表格，提醒自己每周都要给每位员工反馈；或许，黛比替自己定下了“快速反馈”的目标，每次反馈时间绝不超过两分钟，而且只讨论一个议题——这样就不会演变成针对员工各方面表现的批斗大会；又或许，黛比专门开辟了开放式“办公时间”，员工可以在这个时段随时进出经理办公室，获得手头项目的快速反馈。

现在，你已经找到亮点，可以尝试复制推广了。你可以让其他部门经理花一两个小时跟着黛比，亲身体会黛比是如何把新的反馈模式整合进日常工作中的；你可以请黛比参加下一次的外部培训项目，指导其他部门经理有关快速反馈的技术性细节；你还可以和信息技术部门沟通，看是否能改进黛比的即兴发明，开发出更实用、更成熟的追踪记录表格。

总而言之，你要做的事情是：花 80% 的时间探究黛比成功的原因，然后想办法复制。你不必执着于那位不以为然的经理，你也不必为这批人重新设计培训项目。你只需要问问自己：“怎样做才能有用？怎样才能多做一些？”这就是解决单一问题的亮点哲学。

把眼光聚焦在亮点上，似乎有违商业领域的直觉。杰里·斯特宁的合作伙伴之一理查德·帕斯卡莱在 2003 年接受美国基因泰克公司（Genetech）委托的研究顾问工作时发现了这一点。当时，基因泰克公司研制出一种名为乐无喘（Xolair，也被称为奥马珠单抗）的新药，被视作治疗哮喘的特效药。实验研究表明，乐无喘确实能够帮助许多患者预防哮喘发作。但是，新药上市 6 个月，销量依然远远低于预期。

基因泰克公司请来帕斯卡莱和他带领的团队，帮忙找出乐无喘销量不佳的缘由。他们马上开始着手寻找亮点，很快就找到了一个案例：达拉斯－沃思堡地区有两名销售员，卖出的乐无喘比同业平均水平高出 20 倍。进一步调查后发现，这两位女士采用的销售策略很不一般。她们并没有大肆强调乐无喘的疗效——这一点医生早就知道了，而是帮助医生了解如何施用新药。乐无喘不是可服用的药丸，也不是可吸入的气雾剂，而是一种药液，要通过静脉注射的方法输入患者体内。最有可能开乐无喘这款新药的是过敏科医生和儿科医生，这两类医生也恰好不太熟悉静脉注射的给药操作（因此他们的大象被吓坏了）。

这个案例就是典型的亮点。就像把甘薯叶掺进小孩米饭中的越南母亲一样，这两位女销售员掌握的资源并不比其他人突出，销售业绩却出类拔萃。既然找到了亮点，基因泰克公司的主管就可以把这种别出心裁的销售手法推广到整个销售网络。

不料，事态的发展令人大跌眼镜，成功故事最终演变成了警世寓言。实际发生的情况是：基因泰克公司认为，达拉斯－沃思堡地区两名销售员的优异业绩肯定不对劲！销售经理怀疑两位女销售员拥有不公平的优势，最有可能的就是她们负责的销售区域和分配的销售目标有问题，因此打算对此进行重新审核。（后来的调查结果表明，两人负责的客户群和其他同事并没有什么两样。）[11]

平心而论，基因泰克公司的疑虑是可以理解的，两位女销售员业绩优异也确有可能只是异常现象。但是，销售经理对好消息的第一反应竟然是：这肯定是条假消息。这种反应正好提醒了我们，骑象人的分析能力永无止境。当骑象人过于活跃，人们甚至可能把成功当成问题。

规模不对等：小办法，大改变

现在，我们回过头来看问题学生博比的案例。我们已经做好准备，可以开始了解博比惊人的转变了。下面是博比和墨菲在某次心理咨询时的简短会话，请注意辅导教师墨菲是如何提出“特例问题”的：

墨菲：跟我说说你在学校不怎么惹事的时候吧。

博比：我从来不会，哦，是不怎么会在史密斯教师的课上惹事。

墨菲：史密斯教师的课有什么不一样？

博比：我不知道，她人比较好。我们相处得也很好。

墨菲：她做了什么比较好的事？

墨菲并不满足于博比含糊的结论——史密斯教师“人比较

好”。他接着往下追问，直到博比讲出史密斯教师帮助自己守规矩的几个具体事件。比如，史密斯教师总是在博比走进教室时，立刻跟他打招呼（可想而知，其他教师都避之唯恐不及）；史密斯教师给博比布置的作业相对简单，她知道博比的能力有限（因为博比有学习障碍）；史密斯教师每次在课堂上分配任务后，总是会跟博比沟通，确保他能领会课堂任务的要求。

史密斯教师的课就是亮点。我们知道，找出亮点后，你就可以复制亮点，推广经验。墨菲把史密斯教师的课当作范本，把如下几条跟博比打交道的实用技巧告诉其他教师：博比进门时跟他打招呼，确保博比的作业难度适宜，确保博比能理解课堂任务的要求。

一方面，墨菲并没有追根究底做考古工作。他没有费心挖掘博比处境艰难的童年，也没有试图寻找博比愤怒和任性的根源。在墨菲看来，那些信息都如同斯特宁所说的“全是正确的废话”。另一方面，墨菲也不像基因泰克公司那样行事，不由自主就怀疑一切好的事情。其实，头脑里很容易就浮现出吹毛求疵的反对声：史密斯教师就是人比较好，或者，史密斯教师的课比较简单，又或者，其他教师不应该为了一个问题学生就改变教学方式。相反，墨菲找到了亮点，并相信亮点。

收到墨菲给出的明确指点后，博比的教师都很高兴，也乐意试着去遵照执行。墨菲还要求教师追踪成效，并记录博比在三方面的表现：（1）准时上课；（2）完成课堂任务的情况；（3）课堂表现是否过关。前面已经提到，3 个月后，博比因为违反纪律而被叫到校长室的次数减少了80%。通过任课教师记下的表现评估情况，也可以看出博比的日常行为有了长足进步。接受焦点解决短期治疗之前，每天6堂课，博比只有一两堂课表现过关；接受心理治疗之后，博比每天有四五堂课表现过关。博比还算不上模范三好生，但较接受心理治疗前已经进步了很多。

不管是越南母亲还是博比的案例，都有一点值得注意。在这两个案例中，改变相当微小（在饭里掺入甘薯叶、向刚进门的博比打招呼），却对于大问题产生了大影响。问题的规模和解决办法的规模全然不成比例：问题大、办法小。

你将在本书中一再遇到类似的主题。解决大问题时，很少用到在规模上与之旗鼓相当的大方案，反而使用一系列小的方法就能解决，只不过有时花上几个星期，有时则需要几十年。正因为问题和解决办法的规模大小并不对应，热衷分析问题的骑象人很可能会越帮越忙。

骑象人在分析问题时，总是寻求规模与其一致的解决方案。如果骑象人看到坑洞，就会想填平坑洞。如果这个洞直径24英寸[①]，骑象人就会想方设法找一根直径也是24英寸的桩子。但是，这种思维方式并不正确。举例来说，针对越南儿童营养不良的问题，专家学者绞尽脑汁，分析所有对此有影响的系统性成因：卫生条件差、生活贫困、蒙昧无知、水源缺乏。当然，他们也规划

① 1英寸为2.54厘米。——编者注

出规模相称的系统性方案，想要彻底解决问题，但最终没产生任何改变。除了斯特宁，没有人想过："现在怎么做才最有用？"

针对问题学生博比的情况，教师和校方私下里都已经分析得很清楚，认为一切都太糟糕了：博比的家庭破碎，他存在学习障碍，个性冲动妄为，难以驾驭。无论由谁来分析博比的情况，大概都会寻求细致而复杂的方案，才能应对细致而复杂的问题。但除了心理辅导教师墨菲，没有人想过："现在怎么做才最有用？"

错误的情绪偏好：坏比好强大

寻找亮点，也就是在问："怎样做才有用？怎样才能多做一些？"听起来很简单，不是吗？不幸的是，在现实生活中，很少有人会提出这么浅显的问题，我们反而会把更多注意力放在问题本身："哪里出了问题？怎样才能解决问题？"

这种围绕问题本身的思维模式，正是每个骑象人的短板。心理学家研究过一种现象——人们对于负面的偏爱，并得出一些令人着迷的有趣结论。为了更好地说明他们的发现，我们先来看一个实例。下文列出的英文单词选自"在家学英语"网站，都是描述情绪的形容词。[12] 我们依照英文字母顺序摘录了前 24 个，你是否能看出什么眉目：

生气的（angry）　　　　欣喜的（delighted）

恼怒的（annoyed）	失望的（disappointed）
惊愕的（appalled）	狂喜的（ecstatic）
忧虑的（apprehensive）	兴奋的（excited）
背叛的（betrayed）	情绪化的（emotional）
惭愧的（ashamed）	嫉妒的（envious）
糊涂的（bewildered）	尴尬的（embarrassed）
困惑的（confused）	暴怒的（furious）
自信的（confident）	害怕的（frightened）
受骗的（cheated）	极好的（great）
易怒的（cross）	高兴的（happy）
沮丧的（depressed）	惊骇的（horrified）

以上是英语中形容情绪的 24 个常用词，其中只有 6 个词代表正面情绪！另外一项研究更加全面，一位心理学家尽可能统计分析了英语中所有描述情绪的单词，共计 558 个，其中 62% 的单词表达负面情绪，只有 38% 的单词表达了正面情绪，差别相当悬殊。根据古老的都市传说，因纽特语中有 100 个表示雪的单词。看来，负面情绪就相当于我们的“雪”了。

这种负面聚焦不仅限于情绪，对于大多数事情，我们似乎都忍不住紧盯负面情况。一群心理学家阅读了 200 多篇文章后得出结论：人类行为和知觉的方方面面，无不符合一条原理——“坏比好强大”。[13]

证据一：拿出一堆关于好事情和坏事情的照片给大家看，人们把目光停留在坏事情照片上的时间会比较长。

证据二：在人们眼中，他人的坏事总是比好事给人留下更深的印象。人们更关心坏事，更常谈到坏事，对坏事的记忆也更持久，评价他人时，坏事也更有分量。这种模式根深蒂固，认知心理学研究人员称之为“正面评价与负面评价的不对称性”。

证据三：一位研究人员调查了 17 项关于如何诠释生活事件的案例，比如球迷怎样诠释体育赛事，又比如学生怎样在日记里描绘日常学习生活。从工作、政治、运动到个人生活，不论在哪个领域，人们都会不由自主地提到（然后试图解释）负面事件，而不是正面事件。

我们还可以举出更多证据，但此时此刻，我们只想针对这一议题，给出这群心理学家（让人大失所望）的定论：“我们开始调查研究时，十分期待能找到一些例外情况，以证明这种现象有所局限……（但是）我们找不到任何一个重要领域，符合‘好比坏强大’的原理。”

坏比好强大。正如美国文学评论家莱斯利·菲德勒所言，许多小说家因关注婚姻问题而声名鹊起，却从没有一部小说因描绘幸福婚姻而大获成功。

小结

“坏比好强大”，这样的倾向会形成相应的特殊后果，关系到改变能否顺利实现。我们把这种后果称为“问题聚焦”。先举个例子来说明一下：某一天，女儿带着成绩单回家，一科优秀，四科良好，还有一科不及格。身为父母，你会怎样教育孩子呢？

这个情境假设由作家马库斯·白金汉提出，他说几乎所有父母都会想方设法改进那一科“不及格”的课程，因为注意力很容易就被“不及格”吸引过去：这里应该有问题，我们得解决问题。给她请个家教，或者给她一点儿处罚——成绩不进步就不准出门。相反，很少有家长会说：“宝贝，你有一门‘优秀’呢，你肯定在这门科目上很拿手吧。我们要怎样才能做得更好呢？”（读者如果对如何忽略缺点、发挥所长感兴趣，可以阅读白金汉的一系列相关著作。[14]）

骑象人如果看到事情进展顺利，就不会思考；如果事情出了差错，马上就会全神贯注，开始运用解决问题的技巧。所以，当孩子得了优秀或者良好时，你不会对这门科目的成绩考虑太多；而当他们拿到及格甚至不及格的成绩时，你马上就行动起来了。仔细想想，这事儿还是挺奇怪的，不是吗？

骑象人有没有可能更加正面地思考问题呢？假设有一个世界，你按下电灯开关，灯亮了，你就充满了感激；有一个世界，丈夫忘记了妻子的生日，妻子反而重重地吻了丈夫一下，并说：“过去

14年里，有13年你都记住了我的生日！这太棒了！”[15]

显然，我们的世界并非如此。

但在寻求改变的时候，我们的世界应当如此。我们的骑象人不应该聚焦问题，而应该聚焦对策。如果你是管理人员，不妨问问自己：“我花在解决负面问题上的时间和在分析成功案例上的时间，两者所占的比例是多少？”[16]

我们必须把分析负面问题的考古式办法，转变成寻求亮点、传播亮点的解决思路。千万别说不可能。想想杰里·斯特宁，他接触的环境十分恶劣，成功看似遥不可及。如果用分析问题的办法，当然有数不清的机会：他可以在越南待上20年，发表很多关于营养不良的论文和报告。但他没有这样做，而是坚信：失败与成功乃孪生兄弟，如影随形，有失败的地方就会有成功。

一个酗酒者，平日喝得醉醺醺，也可以整整一个小时滴酒不沾。销售员在市场低迷时仍可以创造佳绩。几位越南母亲，并不比其他人更有钱，却能想方设法养育出健康的孩子。

这些成功的“特例”正是亮点，它们照亮了通往改变的行动之路，也燃起了改变的希望。

第二章

制定关键举措

选项越多越疲惫

医生正在研究一位 67 岁患者的病历。这名病人因患关节炎导致慢性髋关节疼痛，服用了多种镇痛药物都没有效果。为此，医生只得考虑采用更激进的治疗方案——人工髋关节置换手术。这种手术需要切开大腿，将股骨从关节窝处取下，锯掉发炎的部位，然后植入人工关节。人工髋关节置换的术后康复期很长，病人也将饱受疼痛折磨。

正当此时，曙光乍现。医生最后一次核查用药记录时，发现有一种药物还没试过。于是，医生陷入了两难的境地：到底是在其他药物均告无效的情况下开这款新处方药，还是直接建议病人接受手术？

这个两难困境的案例由内科医生唐纳德·雷德尔迈尔与心理学家埃尔达尔·沙菲尔基于真实医疗案例提出，借此研究医生做决策的方式。面对这起病例，47% 的医生选择使用药物治疗，希望病人能够免受开刀之苦。

两难困境还可以稍做变化。另外一群医生也遇到了相差无几的情况，只不过这一次，医生发现没有试过的药物有两种。如果你就是患上髋关节炎的病人，一定会喜出望外——两种非手术的选择当然比只有一种要好。不过，面对两个非手术选项的病例，只有 28% 的医生会选择药物治疗。[1]

真是想不通。医生的做法似乎表明，更多药物选择反而让手术治疗变成更好的选项。但如果 47% 的医生都认为第一种药物治疗优于手术，那第二种药物选择的出现不应该让这些医生更倾向手术治疗才对。

这就是决策瘫痪。[2] 更多的选项，甚至个个都是不错的选择，也会让人举棋不定，最终退回到起初的那个备选项——在前述例子中，备选项就是侵入体内、令人痛苦万分的人工髋关节置换手术。这种行为显然不理性，却恰恰反映了人性。

决策是骑象人的领地，做决定需要细心监督和自我控制，这会消耗骑象人的能量。（请回顾前言中萝卜与巧克力和饼干的实验。）骑象人面临的选择越多，就越容易感到疲惫。你有没有注意到，购物比其他轻松的活动要累人得多？现在你知道原因了——购物就是一个接一个的选择。[3] 这一点很重要，因为我们随时随地都会面临选择。以下就是关于决策瘫痪的三个真实案例：

情景一：美食店。店铺经理支了一张桌子，让顾客免费试吃进口果酱。某一天，桌上展示了 6 种果酱；另一天，桌上展示了

24种果酱。不出所料，24种果酱吸引了更多的顾客驻足试吃，但到结账的时候，顾客就很难做决定。展出6种果酱那天的顾客，购买概率比展出24种那天足足高出了10倍！

情景二：办公室。美国一家大公司的员工阅读了401（k）① 养老金计划的材料，打算开始提取部分工资，存入退休金账户。人力资源部门贴心地提供了很多投资选择：国内成长型股票基金、国内价值型股票基金、地方政府债券基金、房地产投资信托基金、新兴市场基金、成熟市场基金、货币市场基金……每一种投资业务下面又有多种选项。[完整的401（k）计划可能提供数十种选择。] 但是，选择太多反而吃力不讨好：每增加10种投资选项，愿意参加401（k）的员工比例就减少2%。决策瘫痪打消了员工储蓄退休金的念头！很多公司都会拨款到员工的401（k）账户，金额与员工提存的部分一致，放弃养老金计划就相当于放弃了这部分额外津贴。

情景三：小酒吧。今晚是闪电约会之夜：单身男女用5分钟与形形色色的异性一对一交流，期待邂逅一段浪漫情缘。但是，决策瘫痪让“小爱神”丘比特也束手无策。有些年轻人与8个异性接触过，还有些年轻人与20个异性接触过，结果发现前者“速配”成功的概率更高。[4]

总结：决策瘫痪干扰了医疗、购物、投资和约会的决策。我

① 401（k）指美国1978年《国内税收法》新增的第401条k项条款的规定。——编者注

们甚至可以大胆推断，决策瘫痪还会影响工作和生活里的其他决策。

试想一下你在组织层面遭遇决策瘫痪的根源。各行各业都要在极具吸引力的选项之间进行抉择：是快速增加收入，还是将利润率最大化；是不断优化产品，还是加快市场投放；是发挥创新能力，还是提高效率。把所有矛盾对立的选项摆在一起，绝对是制造决策瘫痪的不二法门。两种药物疗法就把医生弄糊涂了，你觉得你们的团队能承受几个选项？

想想本地私立学校的董事会。每过一年，问题和解决办法都要翻上几番。你可以想象一下校董们头脑里的独白："虽然财产税收在不断下跌，但是教师却以物价上涨为由要求加薪 3%。另外，社团活动开支不能少（幸好去年取消了游行乐队），而且我们一定要继续投资科学特色班（要是不成功可就太丢脸了）。不过最需要解决的问题恐怕是修缮陈旧的基础设施，还有扩建都快放不下学生的教室。"一边是想得昏头昏脑，说得口干舌燥，一边是直接在去年预算的基础上增长 1.5%，后一种做法无疑更加让人心动。

正如巴里·施瓦茨在《选择的悖论》一书中所说，当面临的选择越来越多，"我们将不堪重负。选择不再带来自由，反而会削弱自由，甚至可以说压制自由"。[5]

4 个关键举措，将拉美运输扭亏为盈

人对现状感到稳定舒适，是因为多数选择都已被挤出我们的生活。你形成了自己的一套每日例行公事，也形成了处理事情的既定办法。一天中的大部分时间，骑象人都在自动驾驶；但是在面对改变的时候，自动驾驶系统不再管用，选项骤增，自动反应的习惯变成了陌生的决定。节食塑身，意味着不能再每天定时到墨西哥快餐店大嚼玉米卷，饮食就面临重新选择；换了上司，意味着不能再用以前的习惯与其交流，该怎样调适沟通也面临选择。

改变带来的一连串选择会造成新的不确定性。说得清楚些，决策瘫痪的成因不光是众多选项让人眼花缭乱（比如从 100 种不同口味的甜甜圈里挑出 1 种来），还有含混不清、暧昧不明的状态。改变发生时，你可能并不清楚眼前到底有哪些选项可供选择，就像桌上摆了 24 种乃至更多种果酱，这种不确定性也会导致决策瘫痪。

指向不明会让骑象人疲惫不堪。骑象人紧拽缰绳，想要指挥大象走上新的道路。但如果不确定新路在哪里，大象就会坚持走回原路，走回最为熟悉的老路，就像前文例子中医生选择手术治疗方案那样。为什么？因为不确定性让大象感到焦虑。（不难理解，身处陌生的场合时，你总是愿意朝熟悉的面孔走过去。）这也正是决策瘫痪能扼杀改变的原因——现状永远是最熟悉的老路。

很多领导者喜欢设定高层次的目标，并且以此为傲——我要

设立远大愿景，我不关心细枝末节。鼓舞人心的目标固然很关键（下一章将详细讨论），但仅有愿景还不够。面对改变，宏观统领、放任不管的领导方式并不合适，因为改变中最困难的部分，也是最容易导致决策瘫痪的部分，恰恰是细节。

我们在前言中谈到，人们看似抗拒改变，实则行动方向不明。西弗吉尼亚州两个社区的居民饮食习惯不健康，但在几位教授指导他们购买低脂或脱脂牛奶后，大的改变也随之发生。这些居民不需要别人来教会自己宏大愿景，没有人不知道“吃得健康”是崇高目标。他们想要获得的指导，是怎样把远大目标融入日常行为，是怎样精简让人目不暇接的健康之选，是怎样选择一个起点开始改变。

方向不明是改变的大敌。想要成功改变，就必须把模糊不清的目标转化成具体实在的行为。简而言之，改变需要制定关键步骤，也就是制定关键举措。

1995 年，巴西时任总统费尔南多·恩里克·卡多佐决定将巴西的铁路私有化。卡多佐把铁路系统拆成了七个区块（就像贝尔母公司被拆成了七家本地电话公司一样，人称“贝尔七兄弟”），竞标拍卖经营权。前任政府没有花心思投资建设，所以铁路系统在拍卖时已是千疮百孔。一项研究显示，50% 的铁路桥梁需要修护，20% 的桥梁几近垮塌。巴西铁路系统的运输技术远远落后于其他发达国家——事实上，铁路系统中竟然还有 20 辆蒸汽动力的火车头在工作。

民营企业GP投资公司决定投标途经巴西最南部三个州的“南部路线”。在1996年12月的竞标中，GP投资公司出价最高，成功中标。经过一段时间的管理过渡期，GP投资公司派出本公司的业务主管亚历山大·贝林接管，这段路线后来发展成为拉丁美洲物流运输公司（America Latina Logistica，简称“拉美运输”）。贝林接手这一重任时，才30多岁——4年前刚从商学院毕业。

贝林可以施展拳脚的地方寥寥无几。根据企业资产负债表，拉美运输所剩的账面现金只有3 000万巴西雷亚尔。在贝林前期主持召开的一次会议上，某位中层主管恳求他拨款500万雷亚尔，仅是用来修复一座铁路桥。虽然内心很支持，但贝林也知道，要想把所有坏桥都修好，大概需要上亿雷亚尔。需求紧急，但贝林面前横亘着无法撼动的高墙：拉美运输的银行账户已弹尽粮绝。

GP投资公司买下的铁路原本就是一个乱糟糟的烂摊子。贝林率领团队接手后，随着新加入的员工带来新的经营思路，混乱境况更是雪上加霜——决策瘫痪似乎已在所难免。如果贝林还不能尽快指明确切的行动方向，那么决策瘫痪就更是板上钉钉的事了。

贝林的首要任务就是缓解拉美运输岌岌可危且捉襟见肘的财务状况。为此，贝林和时年35岁的首席财务官杜伊利奥·卡尔乔拉里共同制定了管理公司投资行为的四条原则：

原则一：必须把钱投资在短期内能为拉美运输带来更多收益的项目上。

原则二：解决一切问题的最佳方案，是眼下最省钱的方案，即使长期来看成本较高，即使方案本身质量较差。

原则三：能够快速解决问题的选项，优于长效较好但见效较慢的选项。

原则四：再利用或者回收现有物资方案，优于购入新物资方案。

四条原则用意明确：（1）保障收益增长；（2）减少预支成本；（3）重快不重优；（4）物尽其用。这些原则合在一起，确保了现金只花在以钱生钱的项目上。花很少的钱，然后让钱生钱，就能多赚一些钱。

这就是我们所说的“制定关键举措”。改变始于个人层面的决策和行为，但个人层面时常内心交战，冲突不断，因而也最难实现。惰性加上决策瘫痪，让人不免想要沿用原先的办法，继续走原来的老路。要激发人们朝新的方向改变，你必须提供一清二楚的行动指南。正因为如此，制定关键步骤相当重要。你必须认真思考，面对难关时能够采取确切行动，不管难关出现在巴西铁路系统里，还是深更半夜堆满零食的柜子前。

你不可能制定每一步棋着（就像下棋时试图预测棋局第 17 个回合的走法那样），也无须制定所有棋着，关键在于制定关键举措。回想一下，西弗吉尼亚州的研究人员决定将运动重点聚焦在牛奶上，因为牛奶是人们日常饮食中最大的饱和脂肪来源（研究人员没有针对面包、汽水、黄油或者薯片提出建议)。他们制定了这场运动的关键举措：改喝低脂或脱脂牛奶。

与此类似，贝林提出的四条原则聚焦于财务角度。贝林不具备制订长期规划的宽裕条件，他需要团队所有成员立即朝新的方向前进，他希望员工能为拉美运输的焕然一新争取时间。(请注意，贝林完全没有提及其他重要问题，比如鼓舞员工士气、改进营销策略、加大研发投入。)贝林始终把焦点放在制定关键举措上，使得员工更加容易改变方向。

举例来说，1998年，拉美运输因为火车头数量不足，不得不暂停谷物运输的业务。竞争对手正在花时间商谈购买新火车头事宜时，拉美运输的工程师则在夜以继日地维修旧火车头。(重快不重优，减少预支成本。)

此外，拉美运输的工程师还找到提高火车头燃料利用率的办法，既让马儿跑得好，又让马儿少吃草。因此，拉美运输减少了火车头的停工时间，增加了每个火车头行驶的路线。正如美国西南航空公司缩短每架飞机的周转时间一样，使飞行班次比竞争对手多了好几趟。(保障收益增长。)

面对影响火车行驶速度的残损铁轨，工程师还发挥创意，想出如何解决这一长期困扰他们的问题。不是购入每吨价值400美元的新铁轨，而是到废弃的火车站里拆下可用的旧铁轨，替换到正在使用的铁路线上。(物尽其用。)

3年后，贝林这四大原则获得了回报。拉美运输的经营状况得到极大改善，从 1998 年净亏损 8 000 万雷亚尔，变成 2000 年净获利 2 400 万雷亚尔。[6]

根据我们对骑象人的认识，贝林的做法终获成功也不足为奇。他制定的关键步骤帮助员工在面对难关时也能够做出决定。指向不明不但让骑象人疲惫不堪，还让改革面临功亏一篑的危险，而贝林解决了这个问题。不管面对何种投资决策，贝林的四条原则都能指向正确的选择。

为了说明制定关键举措的作用，我们再回到医生与髋关节炎患者的例子上。试想，如果医院领导者制定好关键步骤，其中一项方针是：介入性手术应作为不得已的最后选择。那么应该没有人会怀疑，这条指导原则会在很大程度上改变医生做出的医疗决定。

在下文的灰色区域内，我们准备了名为“实战分析”的特色内容。在每个实战分析里，我们都会描述一个在现实世界出现的真实状况，请你开动脑筋，借用本书提出的框架来创造改变。我们会在每个实战分析末尾给出建议，但我们鼓励读者先想出自己的行动策略，再看参考答案。实战分析有点儿像暂停键，读者可以跳离行文，思考如何把读过的内容付诸实践。我们希望，实战分析提供的案例能够有助于读者练习运用本书框架。实战分析内容与正文相互独立，如果你想一口气读完本书，那么也可以把这些内容放在最后阅读。

实战分析

如何让员工准时上交费用报表？

面临状况

芭芭拉是一家咨询公司的主管，今天又为了费用报表的事情而火冒三丈。为什么大家总是迟交报表呢？昨天是这个月的截止日期，到现在还有38%的人没交表。报表迟交会给芭芭拉的团队增加压力——特别是公司的“费用女皇”玛丽亚——因为他们必须准时完成公司每月账目结算，而费用报表是必不可少的材料。芭芭拉就像霜打的茄子一样，满心沮丧，又开始撰写满是下画线和感叹号的提醒邮件——催表信已经成了每月一度的例行公事。为什么总要等她“发飙”以后，大家才肯开始做原本就应该按时完成的事呢？

（以上是根据真人真事虚构出来的案例，这种状况在现实生活中屡见不鲜。）

转变目标与障碍所在

芭芭拉期望的目标相当明确：员工必须在截止日期前上交费用报表。

障碍在什么地方并不清楚：可能是流程太复杂，骑象人陷入瘫痪状态；可能是流程简洁清晰，但大象总觉得其他事情更重要；也可能报告提交系统太过时，路径才是阻碍前进的元凶。下面让我们将三种情况各个击破。

如何转变

- **指挥骑象人。**找到亮点。芭芭拉应该先调查亮点案例——有 62% 的员工每月准时提交报表。这些人的做法有何不同之处？或许这些人自行设计了一套实时记账法，所以不必积累到截止时间才手忙脚乱。一旦找出亮点案例的诀窍，芭芭拉就可以请他们与同事分享。制定关键举措。可能报表提交系统的某些环节令人费解，导致决策瘫痪。或许对于特定费用如何归类存在争议，或许对于某笔费用该分配给哪位客户的规定模糊不清。芭芭拉应该仔细观察迟交者完成报表的全过程。在目睹问题之前，芭芭拉无法制定关键举措。
- **激励大象。**找到感觉。没有人会对迟交报表这件事有“感觉”。芭芭拉的确用电子邮件催迟交的人，但是当这些人连续 6 个月都收到同样的邮件，催表信看起来也就不痛不痒了。芭芭拉必须找出这些同事在意的事或人。毕竟，公司每月账目结算都要靠玛丽亚，如果来不及结算，这些迟交的人都负有责任。因此，目标的本质并非提交费用报表，而是每个月帮玛丽亚一次忙。人们可能轻易将不遵守行政期限规定的行为自我合理化，但要让仰赖自己的同事伤心失望则比较困难。

- **营造路径**。调整环境。填写费用报表的难度如何？会计部门应当尽量简化流程，包括预先在报表上填好员工姓名、分发装收据的空信封等。想想亚马逊网站的一键下单功能。每清除一道障碍，路径就变得更清晰。召集同伴。很多同事可能会误以为，大家都迟交报表，所以迟交行为也就变得可以接受了。（说不定芭芭拉的催表信还加深了人们的这种想法：除非另外那些人也迟交了，否则为什么也发邮件给他们呢？）人们对于社会规范很敏感，所以芭芭拉的电子邮件应该强调这样一点：将近三分之二的费用报表都准时上交了。没有人愿意听到自己的工作表现比同事差。

反面教材：令人费解的“食物金字塔”

亚历山大·贝林为拉美运输制定了四条原则后，员工很快就完成了转变；西弗吉尼亚州的居民在接受研究人员指导后，马上就改买脱脂或低脂牛奶。但是，这些改变步骤为什么需要他人来帮忙制定呢？难道对西弗吉尼亚人来说，应该饮用低脂或脱脂牛奶而不是全脂牛奶，这不是明摆着的事吗？

其实，这并不显而易见。很少有人知道，一杯全脂牛奶的饱和脂肪含量相当于五片培根，这不是人们天生就知道的常识；拉美运输的员工也不能凭本能就决定说："对，我们该把废车站的铁轨拆下来用，而不是去买新铁轨。"当你希望他人接受新的行为时，就应该解释清楚何为"新行为"。千万不能想当然地以为，这种新做法不言自明。

制定的改变步骤应当具体明确。为了更好地理解这一点的重要性，我们来看一个堪称低脂牛奶运动"反面教材"的案例。动机良好，精心策划，却彻底忽略甚至完全违背了低脂牛奶运动的每一条成功要素，这样做的反面教材会是什么样子？大概就像美国政府推出的"食物金字塔"一样。[7]

"食物金字塔"详尽列出了美国人健康饮食所需的食物种类及其摄入量，却成为无法改变人们行为的最佳范本。这个案例值得花时间仔细研究一下，因为"食物金字塔"表现出来的致命缺陷也可能让你的改变计划最终成为泡影。

你的健康之路
来自"我的金字塔"网站

我们首先来看金字塔的形状。金字塔结构隐含“层级”的意思，但“食物金字塔”中的各类食物并不存在明显的层级关系。第一版“食物金字塔”用横向色条来表示食物类别，最底层是谷物类，最顶层是油脂类。有些人看到金字塔的排列后，想当然地以为这代表油脂类食物最重要。（那可就糟了！）本书给出的附图是修正版“食物金字塔”，改变了横向条状的排列方式，代之以纵向条纹，以免造成层级排布上的误解和暗示。这样做的结果是，整个金字塔形结构就变得没有意义了。所谓“食物金字塔”，完全可以改画成“食物菱形”，甚至“食物公鸡形”。

请再看一眼“食物金字塔”——这个图形的意义实在让人费解。一道道斜纹代表什么意思？唯一能让人看了一目了然的部分，就是左侧在往上爬台阶的抽象小人，意思是：“你应该运动。”但是，其他更有意义的问题（该做多少运动？多久运动一次？做什么运动？）却得不到明显的回答，反倒让看的人感到更加模糊不清。

想要了解“食物金字塔”所传达的信息，你必须先破译金字塔的图像密码。费了一番功夫后，你终于知道，原来不同的斜纹代表不同种类的食物，比如油脂类、谷物类等。要是研究得更深入一点儿，你还会发现，每种条纹还附带了推荐食物摄入量。比如，美国农业部建议成年人每天摄取 5~7 茶匙油脂。

快速回答：你今天摄取的油脂有多少茶匙？

快速回答：你今天吃下的谷物相当于多少克？

你还能想出比“食物金字塔”更不可能改变公众饮食习惯的

信息吗？人们的日常饮食经验，来自到市场上采购食物，去快餐店买汉堡，等等；而金字塔使用的语言和概念，无可救药地脱离了现实经验，抽象成各类食物摄入量的统计图表。因此，“食物金字塔”传达的信息让人既困惑又沮丧：我根本看不懂这是什么。

举个类似的例子，很多人都知道汽车每过 3 个月或者每跑 3 000 英里[①] 就要换一次机油，并且能够遵照执行。这样的指令既清晰易懂，又简单可行，就像低脂牛奶运动提出的做法那样。要是汽车行业也推出吓人的汽车版“食物金字塔”，说不定叫作“汽车彩虹”，彩虹的每一种颜色代表一种检测项目，比如粉色是在警告你不要让机油里的沉淀物超过阈值。可以想见，提供更换机油服务的汽车保养中心，不出几个月就会关门。

好吧，要给“食物金字塔”挑问题实在太容易了，但我们从中学到的教训却严肃而实际。如果你正在主导一项改变，就必须删去改变愿景中指向不明的部分。诚然，这并不简单。你必须知道如何制定关键举措，如何规划关键步骤，如何化愿望为行动。要求你的团队“变得更有创意”或者“勒紧裤腰带过日子”，就像告诉美国人“过得更健康”一样，这样做远远不够。

《企业复兴的关键路径》一书介绍了一项有关组织变革的开创性研究。研究人员把所有分析过的改变方案分成三组，分别是最优案例（前 1/3）、一般案例（中间 1/3）和最差案例（后 1/3）。研究结

---

① 1 英里约为 1.6 千米。——编者注

果表明，纵观三组结果，几乎所有的案例都为改变设定了目标：最优组设定目标的比例为 89%，最差组为 86%。（典型的目标可能是：将每月存货周转次数提高 50%。）但是，案例改变效果越好，越有可能是设定了行为目标：最优组设定行为目标的比例为 89%，最差组仅为 33%。（典型的行为目标可能是：各项目小组必须每周开一次碰头会，每个小组的每个职能部门必须至少派一名代表参会。）[8]

假如无法让改变的目标落地，无法将改变的抽象理念转化成具体的行动，你就不可能准备好引领一场转变。要让人采取行动，你必须做到明确而具体：你应该努力朝低脂牛奶运动看齐，而避免重蹈“食物金字塔”的覆辙。

虐童家长改过自新

上述理论的适用范围有多广？明确的行动指示能产生多大的不同？为了检验这种理念，我们不妨假定一个极端严峻的问题：你能够通过制定关键步骤，来改变虐童家长的行为吗？

2004 年，研究人员针对 110 个虐童家庭展开调查。结果表明，其中 73% 的父母曾对子女施暴，比如挥拳猛打孩子；20% 的人则表现出更加暴力的行为，导致孩子出现骨折或严重撕裂伤。

家长习惯把虐待行为的原因归咎到孩子身上。“那些父母会说，‘我必须这样管教孩子，因为他太调皮了，太不听话了’。”美国俄克拉何马大学健康科学中心的研究教授贝弗莉·芬德伯克说。这些父母认为，自己生了一个“坏孩子”，生性固执，除了采取暴力别无他法。

芬德伯克团队的任务是改变父母的行为，让他们停止虐待孩子。要是你觉得这听起来像天方夜谭，那确实是很多人的正常反应。刚刚接手这项工作时，芬德伯克心里也一样惴惴不安。

芬德伯克采用的手段被称为“亲子互动治疗”。亲子互动治疗法试图中断越演越烈的“压制—挫败”循环，而这个循环逐步恶化，会产生虐待事件。在亲子互动治疗的第一个步骤，芬德伯克指派给父母一项任务：“我们希望你每天和孩子一起玩 5 分钟。规则是，你必须把 100% 的注意力放在孩子身上，不能接电话，不能说教，只能陪孩子好好玩。”家长们非常怀疑这 5 分钟会产生任何效果。“拜托，”其中一位家长说，“我每天所有的时间都花在这孩子身上了。”

起初，5 分钟亲子游戏时间在研究中心的实验室里度过。家长和孩子坐在一间空荡荡的屋子里，里面只有一张桌子和几把椅子，桌子上放了三四件玩具。根据指令，父母要让孩子主导整个玩的时段，不能给孩子下命令，不能批评孩子，甚至不可以提问题。对这些家长来说，放手让孩子指挥行动显得异常困难。

游戏过程中，一位治疗师透过单向镜观察家长的行为，并通过耳机给予家长实时指导。芬德伯克描述了典型的互动场景：

> 家长和孩子也许从涂色游戏开始。家长想要跟孩子一起在孩子的纸上涂颜色，孩子拒绝了。于是我们告诉家长：“下面拿出另外一张纸，模仿孩子的动作。”

如果孩子在给彩虹涂色，家长也要跟着涂彩虹，嘴里要说："我跟你一样，也在画彩虹。你用绿色，那我也要用绿色。"

有些孩子特别逆反，可能会伸手抓住家长拿的绿色蜡笔，大喊："我要这支。"我们则会指导家长回应说："好，我很开心能跟你分享这支蜡笔……不如这样吧，我把所有蜡笔都放在你旁边，你就可以想用哪支就拿哪支了。"

或者家长会说："正好，我打算在我的彩虹上涂粉红色。"而孩子说："粉红色很丑，别涂粉红色！"如果孩子的态度格外差，我们会让家长装作没听见；不过，通常我们会要求家长赞同孩子的意见："你说得对！用粉红色涂彩虹不好看！我还是涂红色吧。"

我们试图让家长像苇草一样柔软顺从，不管孩子做什么，家长都不去阻拦，因此孩子就失去了反抗的对象。

惯于诉诸暴力的家长往往觉得，这5分钟十分累人。（这一点不难理解，家长的骑象人每时每刻都需要密切观察。）芬德伯克和同事要求，无论在实验室还是在家，父母每天都要执行同一套行为（"儿童主导的互动"），并且将这套行为模式习惯成自然。某种行为越接近人的本能，骑象人需要用到的自我控制力就越少，这种行为也越能持久。

芬德伯克团队还教给家长一些技巧，虽然一开始父母会觉得别扭。家长要学着找机会称赞孩子的某些行为。（"我喜欢你认真努力的劲儿。”“你对那个洋娃娃真友善，太棒了。”）家长还要学着单纯描述孩子的行为，让孩子感觉受到重视。（“哇，你看，现在你把车子放进车库里了呢。”）

随着项目的进展，家长已经能跟孩子进行短期的良性互动了。接着，芬德伯克开始指导家长，如何传达孩子肯听从也肯执行的指示。家长学到一道十分明确的命令公式：下命令时，在其中加入理由，才不会让孩子觉得你武断专横。（“小约翰，校车要来了，赶紧穿鞋吧。”）

芬德伯克和俄克拉何马大学的研究团队研究了 110 个虐童家长，随机挑选其中的一半家长接受 12 次亲子互动治疗，另外一半家长接受 12 次愤怒管理治疗（愤怒管理治疗重点帮助家长控制情绪，是虐童父母的标准治疗方法）。疗程结束后，研究团队持续跟踪受试家长 3 年。在这 3 年中，接受愤怒管理治疗的家长有 60% 再次出现虐童行为，而接受亲子互动治疗的家长只有 20% 再犯。

亲子互动治疗并没有根治问题，大约 1/5 的家长再度虐童。不过，从行为改变的角度来看，结果已经相当惊人了。大多数人都觉得，虐童的人一定存在无可救药的心理缺陷，不然的话，他们怎么可能下得了手殴打自己的孩子呢？更让人难以置信的是，区区 12 次注重简单指导的治疗，居然可以纠正家长的虐童行为。

芬德伯克说：“按照我的经验，在生理上虐童的家长，其实跟正常家长的目的一样，只是他们的方式和观念出了问题。他们觉得自己的孩子糟透了——明明交代过 3 岁孩子只能在前院玩，没过一会儿，孩子就跑到了大街上。家长不了解，3 岁小孩可能是忘记了父母的嘱咐，也可能控制不了一时的念头。所以在这些家长眼里，处罚孩子是为了孩子好，因为孩子没有乖乖听话，可能会遇到危险。”[9]

我们之前说过，看似抗拒改变或者反对改变，实则行动方向不明。亲子互动治疗的案例也说明，虐童的部分成因可能是缺乏理解、缺乏清晰明确的行为规范或行动指导。当然，这绝不能成为家长虐童的借口。这个例子告诉我们，制定简单的行动步骤，可能带来超乎预期的效果——这个办法连对虐童的家长也管用。

一小群人如何挽救整个城市?

1995 年，也就是巴西总统卡多佐宣布铁路私有化的那年，美国南达科他州霍华德市的一群高中生打算发起一场复兴运动。为了振兴日益凋敝的社区，他们总想做点儿什么，也什么都愿意做。

数十年来，霍华德市与周边地区迈纳县渐趋没落。农业和工业的工作岗位渐渐消失，也没有出现新的工作机会。霍华德市的房价中值仅为 26 500 美元，常住人口大约为 3 000 人，并且仍然在不断流失。迈纳县人口老龄化程度位居全州之首，青年劳动力外流情况也最为严重。这意味着年轻一辈长到一定年纪后，就会背井离乡，一去不返。

“我们已经衰退了 90 年。”兰迪 · 帕里坦言。帕里久居霍华德，在当地高中教授商业课程、担任篮球队教练，还兼职经营了一家冰激凌店。

霍华德高中的学生刚刚读完一本有关艾奥瓦州农业社区消亡的书。帕里回忆道，当时学生们都认为："这就是我们，再过70年的我们……于是他们就开始在课堂上提问，'我们该如何改变这种局面？'"

考虑一下这种状况可能带来的决策瘫痪。可想而知，影响一座城镇兴亡的因素数不胜数：过往历史、人口构成、地理位置、经济基础、气候条件，还有无数其他要素。这个问题过于复杂，没有人能够一下子解决。人们并不缺乏动力：迈纳县的每一位居民都对社区振兴跃跃欲试，每个人的大象也都已经做好了行动准备。但问题是，该往哪里去呢？一小群人怎样才能挽救整个县城呢？

学生们开始着手研究现状，设计调查问卷，发放给抽样选出的1 000名迈纳县登记选民。其中一项调查结果引起了学生们的特别注意：半数居民不在县城内购物，而是开一个小时的车到苏福尔斯的大商店消费。

迈纳县想要重生，经济势必要发展。刺激经济增长的大多数办法——投资、创业、移民，都超出了学生的能力范围。不过他们发现，有一件事他们可以掌握：在当地消费。于是，学生们提出了第一句战斗口号：让迈纳县的钱留在迈纳县！

帕里鼓励学生，把研究结果告诉社区居民。学生欣然接受挑战，开始准备汇报展示。

年轻学生为振兴家乡而萌发的热忱，恰好与社区居民寻求改变的努力相呼应。迈纳县另外一个社区的居民已经召开了一系列会议，聚集众人共商未来。他们举办了5次集会，有几次在当地高中，有几次在居民家中举行。他们邀请了各行各业的居民前来参加，从农民、商人、神职人员到退休人士。他们相互诘问：我们怎样做才能让迈纳县重现活力？

大家提出的议题五花八门：为什么我们县看起来这么破败，街上到处都是生锈的车？为什么农民有补助，而商人却没有？我们何不打造一条更繁荣的商业街？很多议题都是正确的废话，无法仅凭社区力量得到解决。还有些议题需要大量注资，但由于税收有限，居民显然也筹措不到资金。不过他们知道，有些事情可以靠自己的双手来改变。

费多拉镇共有150人，镇上有位加油站的老板抱怨说，多年前因树木生病砍掉树干，现在还遍地残留树桩，这让整个镇子看起来荒凉凋敝。热心的民众立刻决定解决费多拉镇的残桩问题。某个星期六，农民们带上链锯，开着拖拉机和铲斗机来到费多拉，其他居民为这些农民准备了三明治和饼干。一天之内，他们挖掘掉了400根残桩。

当天掌管伙食团队的凯茜·卡利斯说，能看到50个年龄从5岁到95岁不等的人一同前来为社区做事，这实在太神奇了。卡利斯记得那天快结束时，“所有人都感觉，‘看看我们一天做了多少事啊’。当你和别人一块儿挖树根，你会开始发现，原来大伙儿对社区未来都有共同的理念，然后事情就变得不一样了”。（请注意，清理树桩这一天同时兼具了很强的大象要素和路径要素。来自创造改变、做出成就的胜利快感，给予大象继续坚持的力量；来自社区的强烈支持，使得路径看起来不那么困难，因为有人陪伴，可以走得更远。）

众人拾柴火焰高，社区运动开始踊跃举行。卡利斯记得，某一天社区热心居民正在办公室里开会，80 多岁的菲莉丝走了进来。老太太解释说：“我天天在家里等你们给我打电话。我想，你们要是需要我，就会打给我。后来一拍脑袋：‘我说呢，大家都那么忙，哪有时间打电话。’你看，我就自己跑来了。”菲莉丝在自家冰箱上贴了一幅十字绣，上面绣着“退休退休，退你个头”。

那一天，霍华德高中的学生们已经准备就绪，打算宣布倡议。那一天，85 位居民聚集在学校体育馆聆听学生的汇报，其中不乏迈纳县各城镇的一把手：学校董事、市议员，还有县级官员。

所有人都聚精会神地聆听学生们的发言。帕里说：“连一根针掉在地上的声音都听得见……有人说，‘我无法说不，因为我希望这里成为孩子们有朝一日能够回来的地方’。如果走另一条路，那就是坐以待毙，眼睁睁看着家乡江河日下，那么这里很快将只剩一堆黄土。”

学生们准备了许多令人过目难忘的电子表格、曲线图和柱状图，但也把复杂的数据简化成一个出人意料的真相：根据学生的计算，只要霍华德市居民将 10% 的可支配收入用于当地消费，地方经济将增长 700 万美元。

听众悉数铭记于心，汇报展示取得的成效也远超预期。学生们替迈纳县制定了第一个关键举措，当地居民也迅速跟进，自觉在县城内完成更多消费活动。一年后，南达科他州税务部门公布了一份惊人的数据：迈纳县内消费金额增加了 1 560 万美元，是学生预期数字的两倍还多。

改变像雪球一般，越滚越大。随着迈纳县税收增加，当地团体先前搁置了的其他改革方案也一下子获得了足够的资金支持。学生做完汇报后的数年间，当地税收不断增长，社区也开始有能力解决更为棘手的问题了。随后，霍华德市和迈纳县收到了来自不同基金会共计 600 万美元的转型赞助资金。兰迪·帕里辞去教职，成为全职的复兴计划总指挥。霍华德也变成 21 世纪新兴产业的摇篮，有机牛肉生产商、风力涡轮机维修厂都在这里茁壮成长。

“冰冻三尺，非一日之寒，一切都从小处开始。”帕里说，“就像我刚刚接管高中篮球队的时候，他们在刚结束的赛季里输惨了，根本拉不到观众来体育馆看比赛。但当你开始赢球，就会有一些人来看球，接着就会有越来越多的人来看球。最后，我们就一路赢了很多比赛。”迄今为止，帕里已经和来自 33 个州的社区领袖交流过迈纳县浴火重生的故事。[10]

小结

一条铁路，一座南达科他州小城镇，两者都日薄西山，问题从生，也没有实际资源可以帮助他们脱困。在这两个案例中，各自都空降了一位看似无力回天的领导者：一个是刚从商学院毕业的年轻学生，一个是高中篮球教练。不过，两位领导者都根据打算解决的大问题，制定出较小的对策。（在前述杰里·斯特宁越南经验及问题儿童博比的案例中，我们已经见识过这种问题与解决办法在规模上的不对等了。）

迈纳县所面临的挑战不仅规模庞大，而且散乱芜杂：从产业基础衰退到人口老龄化危机，林林总总。居民非常清楚自己面对的问题，但这些认识都是正确的废话，毫无帮助，反而容易使人陷入决策瘫痪。

在骑象人看来，大问题需要大办法。但如果你找出跟问题一样复杂的解决办法，那么结果就是又一座“食物金字塔”，仍是于事无补，什么都改变不了。（骑象人一个劲儿地想理清头绪，却只能在原地绕圈子。）骑象人需要受到外界刺激才能停止反省，停止分析。骑象人需要一套解释具体步骤的行动计划，因此我们所看到的成功案例无不包含干脆利落的指向——购买低脂牛奶，只花能挣钱的钱，多在当地消费。

关于改变，我们听过的“常识”观点不胜枚举：人们不喜欢改变，人们会抗拒改变，人们总爱走老路，人们总固执己见。但现在，我们所看到的事实却迥然不同：铁路点石成金，城镇脱胎换骨，饮食习惯移风易俗，虐童家长改过自新。

指示清晰明确，便能消除抗拒。

第三章

指明目标

抓住一年级学生的心

2003 年，克丽丝特尔·琼斯加入“为美国而教”教育计划，参与了消除美国教育不平等状况的运动。琼斯被分配到佐治亚州亚特兰大的一所小学里担任一年级教师。这所小学没有附属幼儿园，所以对很多孩子来说，琼斯是他们人生中遇到的第一位教师。

刚开始，琼斯就发现班上学生的水平差异令人生畏。她说：“有两三个学生认得幼儿园水平的单词，也有一些学生连铅笔都握不好。有些孩子从来没上过学，基本行为跟课堂规范根本就是风马牛不相及。更不用说，还有些学生不认识字母，也不认识数字……这些孩子的水平参差不齐，但没有一个人符合学校对于一年级学生的要求。”

琼斯很有信心提升孩子的能力。她可以设计出一大堆精彩的教学方案和课堂活动（这表明琼斯有能力制定关键举措）。但是结果将会是什么？面对一屋子的一年级学生，你该怎样告诉他们朝哪个方向前进，又该怎样解释为什么值得努力前进呢？前提是要以孩子们能理解的方式。

让我们先来看“为美国而教”计划另外一位女教师的想法，她没有考虑这一前提。这位教师设定的学年目标如下：

> 针对本学年的学生阅读能力，我引入三种评估办法：通用标准写作测试、理解力评估和蒙斯特测试。今年 9 月，我使用通用标准写作测试得出班级平均水平为 1.5 级。我的目标是提高学生的认字能力，使班级平均水平达到 3 级。今年 9 月，我通过分析理解力评估测试数据，确定班级达到平均水平的学生为 41%。我的目标是提高学生的理解能力，使达到班级平均水平的学生为 80%。蒙斯特测试结果显示，班级平均水平处于“半语音期或语音期”。我的目标是提高学生的发音和拼写能力，使班级平均水平达到“过渡期”。

这个目标很有抱负，也相当具体，可能非常适合教师制订教学计划。然而，这显然不可能点燃一年级学生心中的火苗。

相反，克丽丝特尔·琼斯知道要想激励孩子，必须使用孩子的语言。学年一开始，琼斯就在班上宣布了一个她确信会吸引每个学生的目标：到这个学年结束时，你将成为三年级学生。（当然不是说真的读三年级，而是说能力达到三年级学生的水平。）

这个目标简直是为一年级学生量身定做的，完全切中孩子们的心理。在一年级小学生心目中，三年级学生的形象是更高大、更聪明，也更酷的。你还记得自己为奥林匹克运动员的优雅和力量而折服的那种感觉吗？那正是一年级学生心目中三年级学生的样子。

琼斯认真地选择目标。她一方面很清楚佐治亚州对三年级学生的要求，一方面也知道班上孩子们目前的水平。因此，她打心眼里相信自己能弥补这部分差距。

琼斯在初期做了一系列尝试，其中一项就是在班上营造出学习的文化。她称呼学生为“学者”，还要孩子们彼此以“学者”互称。当有人来教室参观时，琼斯便会介绍说班里有一群学者，接着让学生向来宾解释“学者”这个词。孩子们会大喊：“学者，就是活到老学到老，而且很会学习的人！”琼斯还鼓励“小学者”们与家人分享自己学到的东西。

有一天，一位“小学者”因为校方管理的需要被叫到了教室外面，班里有些孩子开始嘀咕起来。大多数班级出现这种嘀咕声是因为嫉妒——把我也叫出去就好了。令琼斯感到意外的是，她注意到这次的嘀咕声里带有一丝惋惜——这位小朋友要错过一些“学者工作”了。琼斯说，那一刻，“我知道我抓住了他们的心”。

次年春天，孩子们的测试成绩已经达到二年级学生的水平。为此，琼斯特意在放春假之前举办了一场毕业典礼。在这个学年接下来的半年中，孩子们都兴致勃勃地称自己为“二年级学生”。学年结束时，超过 90% 的学生的阅读能力已经达到，甚至超过了三年级学生的水平。[1]

同样是这群孩子，9 个月前甚至连字母表都认不全。

克丽丝特尔·琼斯面临的这项挑战，让人联想到《基业长青》一书中，吉姆·柯林斯和杰里·波勒斯做过的一项有关永续经营企业组织的精彩研究。书里提出一个令人印象深刻的名称——胆大包天目标：宏伟、艰险、无畏的目标（Big, Hairy, Audacious Goal，简称 BHAG）。20 世纪初，亨利·福特的胆大包天目标是“汽车大众化”；1990 年，沃尔玛设立的胆大包天目标是 10 年内企业成长到当时的 4 倍，2000 年的销售收入增长到 1 250 亿美元。柯林斯与波勒斯给胆大包天目标下的定义是：“一个时间跨度 10~30 年、朝向未来愿景不断前进的无畏目标。”两人的研究显示，设定激励人心的宏大目标，正是这些屹立不倒的长青企业与不那么成功的企业的区别所在。[2]

在创造改变的过程中，虽然我们总是很关心眼前的短期目标（由父母、中层管理者、社会活动人士即可推动实现），但我们也需要一个可以努力数月、数年，乃至数十年的长期目标。

我们需要的东西或许可以被称为“终点明信片”。这是一幅关于未来可能性的生动图景，这是基于短期未来显露出或将到达的终点，这也是我们迄今尚未谈到的部分。我们见识了发现亮点的重要性，讨论了指挥骑象人如何行动的办法，但我们还没有回答一个非常基本的问题：我们最终要去向何方？终点是哪里？

克丽丝特尔·琼斯准备了一张了不起的终点明信片：你马上会成为三年级学生！请注意，琼斯给学生设立的目标不仅指挥了骑象人，还激励了大象。这个目标鼓舞人心，直指情感层面。柯林斯和波勒斯也发现，目标应当具备情感要素——胆大包天目标不能仅仅壮志凌云、摄人心魄，还必须“打在人们的心坎上”。对于一年级小学生来说，9 个月内变成三年级学生，就是一个扣人心弦的目标。

“不出屋就能看完病”的愿景

不少患上乳腺癌的女性都愿意长途跋涉到旧金山，接受劳拉·埃瑟曼医生的治疗。埃瑟曼是一位外科医生，也是加利福尼亚大学旧金山分校的副教授。埃瑟曼凭借自己的亲切热忱和同理心赢得了病人的热爱：她会把私人手机号码告诉病人，有时病人躺在手术台上等待麻药起效，她还会哼着歌伴她们入睡。

埃瑟曼充满人情味和贴心的举动，与罹患乳腺癌妇女通常所受到的待遇截然不同。诊断结果带来的噩耗还不够吓人吗？远不止于此。乳腺癌患者在治疗过程中必须四处奔波，承受的压力也越来越大。斯坦福大学研究了有关病例，总结出乳腺癌的典型治疗过程。起初，女性通常在每月自我检查时发现乳房肿块，然后她们会满心焦虑地打电话给医生，接下来就是数天（乃至数周）的等待，之后，到了预约的治疗时间，医生表示需要进一步检查才能确认肿块，于是将患者转到另一间科室的放射科去做乳房 X 射线（爱克斯射线）检查，然后患者又要煎熬好几天，如坐针毡地等待拍片结果。

然后，X 光片上出现了可疑的阴影，于是患者重新被安排到外科医生处进行面谈，并且再次确认肿块的存在；然后，等到患者再次见到医生时，很不幸，乳房 X 光片还没有送过来，联系放射科又耽搁了好长一段时间；然后，外科医生做了活体组织切片，并且把切片送到病理科，分析肿块是否含有癌细胞；然后，医生告诉病人回家等候电话通知。

如果乳腺癌被确诊，患者需要先接受一次外科手术；然后，外科医生会将她转到放射科做放射治疗，再转到肿瘤内科做化学治疗。放疗和化疗的治疗地点不同，预约流程不同，间隔时间也不同。为了让治疗过程更加顺畅，就算是在同一家医院就诊，患者可能也得备齐自己的病历、X 光片、组织切片等材料，并且随身携带。整个过程从头到尾可能要花几个星期，身陷其中的女患者不由得想问：我到底能不能挺过去呢？

这样充满焦虑的经历令劳拉·埃瑟曼感到震惊。埃瑟曼心中生出愿景，期盼情形早日得到改善。能不能开设这样一种关爱乳房门诊，女性早上怀着对乳房肿块的担忧进门，晚上带着诊断结果出门？离开医院时，她可以确认肿块究竟是良性还是恶性；如果是恶性，她也能了解后续的治疗计划。

实现这个愿景的最大阻碍，就是医院各部门各自为政，缺乏协调。如果能够加强部门之间的整合，就可以免除病人数周的痛苦等待，使病人无须在各个科室之间穿梭往返，治疗流程也可以由部门导向变成病人导向。这就是埃瑟曼的“终点明信片”，一张令人赞叹不已的“明信片”。

但是，埃瑟曼的身份只是一所大型大学医疗中心的副教授，远没有学校重要人物呼风唤雨的能耐，可供她调配的资源也少之又少。就算如其所愿，成立乳房护理门诊，她也永远无法主动聘请或开除工作人员，甚至没办法跟他们谈薪酬问题。事实上，真正掌握财权和资源的是放射科和病理科这样的部门。最常用来形容加州大学旧金山分校医学院的字眼是“官僚”和“政治”。“有的部门手里有钱，有的部门有势力范围，你不可能把他们协调到一起。”后来成为埃瑟曼行政主管的梅蕾迪思·门德尔松这样说。

埃瑟曼说：“放射肿瘤科医生由放射肿瘤科管辖，外科医生由医学院管辖，肿瘤内科医生由内科管辖，护士和职工由医学中心统一管理，心理治疗师和社工又由另外的部门负责分配。怎样让人找到一种归属感，是组织层面的一大挑战。”由于埃瑟曼几乎没有制度层面的权力，所以她推动改变的最好武器，就是自己不屈不挠的韧劲，以及推销乳房护理门诊愿景的宣传能力。

埃瑟曼和门德尔松从小规模做起，成立了每周运营一天、每次开放 4 小时的“乳房护理中心”。她们连哄带骗地让各部门科室开始整合在一起，这需要坚持不懈，也需要磨合。“放射科负责乳房 X 射线拍摄，就跟火车站一样。”门德尔松说，“假如预约的时间是 12：15，那就只能在 12：15 进行拍摄。放射科就是这样的工作模式。”不过，埃瑟曼希望建立的治疗办法以病人需求为中心，而病人需求未必能配合放射科的时间安排。于是埃瑟曼与放射科一起研究，想办法在严格死板的传统流程中加入些许弹性。

“我们不能占用放射科太多时间。”门德尔松说，于是她们想出了一些临时的解决办法，“埃瑟曼医生会在上午出诊——她是唯一这样做的医生。到中午，埃瑟曼会送走病人，让她们‘去吃午饭，去购物，下午 1 点再回来’。午餐期间，埃瑟曼会去放射科，同放射科医生一起检查每张 X 光片，决定每位病人下一步的治疗方案。”

第一年，乳房护理中心只能一周接诊一天。接着，护理中心运转越来越顺畅，埃瑟曼获得一周两天的接诊时间。接下来，参与门诊的外科医生越来越多，然后是护士、顾问、后勤人员——雪球开始滚动起来。

最终，乳房护理中心因工作成效卓著，从加州大学旧金山分校新落成的癌症中心那里分到一整层楼。“放射科在哪里？”埃瑟曼看到大楼平面图后这样问道。根据癌症中心的总体规划，放射科仍留在旧楼，但是这违背了埃瑟曼的计划——“不出屋就能看完病”。为此，她同意让出乳房护理中心三分之一的面积，专门设置乳房 X 射线拍摄室。（这一做法令旁人大为不解——各科系经常为了抢地盘而争个你死我活，埃瑟曼居然主动放弃自己的空间！）

现在，埃瑟曼拥有两份有力的资产：一处适合乳房护理中心的理想空间，一群越来越支持她这个愿景的工作人员。慕名前来乳房护理中心的病人越来越多，从 1997 年到 2003 年，每月看诊人数从 175 人飙升到 1 300 人。没过多久，乳房护理中心成为加州大学旧金山分校的主要利润来源，也是全美公认的乳腺癌护理与研究领域的佼佼者。这个护理中心正日渐演变成埃瑟曼在“终点明信片”上描绘的地方。

埃瑟曼这样描述如今患者就诊的全过程：

> 病人进入乳房护理中心，我可以在当天就走到同一楼层的另一侧去看她的片子；病人走进检查室，我们可以马上为她做组织切片，5 分钟后可拿到检查结果。我们的医疗团队中有一位妇科医生，专门负责解答乳腺癌患者的生育问题；执业护士团队中还有一位心理治疗师兼遗传学顾问，为患者提供咨询意见。病人只需留在同一个地方，不必东奔西跑。

乳房护理中心还建有康复花园和咖啡厅，患者可以徜徉其中，放松身心；小商店里除了售卖常见的花卉和礼物外，还提供接受化疗者所需的假发和围巾。

“这是第一次，”埃瑟曼说，“我们以女性为中心。”[3]

当你在描绘一个引人注目的终点时，也是在帮助骑象人克服他的一个重大缺陷——在分析中迷失的倾向。在大多数发生改变的情形里，我们会本能地提供数据资料给骑象人：这就是我们需要改变的原因，这是证明需要改变的表格和图表。骑象人热衷此道，会开始钻研资料，分析数据，试图找出漏洞，还喜欢与你争辩你所得出的结论。对于骑象人而言，分析阶段带来的满足感大于实干过程，这一点对实现转变很不利。

不过，当你指明那个引人注目的终点后，请注意接下来发生的事情：骑象人会开始把力气花到如何到达终点上。比如，当埃瑟曼宣布“不出屋就能看完病”的愿景后，她的团队就开始思考这句话所涉及的一系列含义：我们想想看，为了到达那个终点，我们非得纳入放射科不可；为了纳入放射科，我们必须让出一部分空间……

如何善用骑象人的力量，你可以选择有所作为。一般情况下，骑象人会拼命分析该走哪一条路，或者到底该不该往前走。但是，你也可以引导这股力量为己所用，让其成为迈向终点的助力。为此，你需要一个扣人心弦的目标，一个既能打动骑象人，又能吸引大象的目标。想一想埃瑟曼的“不出屋就能看完病”的愿景，想一想克丽丝特尔·琼斯激励一年级学生成为三年级学生的情形。

然而，大多数组织提出的目标都缺乏情感共鸣，取而代之的是老生常谈的“聪明”（SMART）目标——明确（Specific）、可衡量（Measurable）、可操作（Actionable）、相关的（Relevant）和及时的（Timely）目标。典型的聪明目标可能是：“本营销活动将在 2009 年第三季度末为业务团队带来 4 500 个有效的销售机会。”

聪明目标的明确性有助于避免设置最差劲的目标——既含混不清，又离题万里。（“每一天，我们都要想尽办法取悦客户。”）不过，聪明目标比较适用于稳定的环境，而不适合变革时期，因为聪明目标已经预先假定这个终点具有追求价值。如果你认为帮助业务团队发掘4 500条销售线索是值得完成的重要职责，那么聪明目标将大有成效；但如果一位新老板想推行新政，指派从未做过业务的新手扛下开发4 500名潜在客户的任务，那么很可能会出麻烦。聪明目标假定了情感因素，但不能激发出情感共鸣。

想要让目标打动大象，走进心坎，绝不能指望聪明目标。（当然也有人会为了“未来18个月内增加30%的资金流动率”的目标而心旌摇曳，这种人的名字叫作会计师。）20世纪80年代，一项有关企业改革方案的重大研究发现，财务型目标所激发的成功改变低于情感型目标（例如为客户提供更优质的服务、生产更实用的产品）。研究人员认为：“有效愿景传达出的价值观能让员工对组织产生认同感……一名玻璃公司经理坦言，‘净资产收益率为15%这样的目标实在很难让人兴奋起来’。”[4]

“终点明信片”具有双重效用：告知骑象人去往何处，晓示大象此行的价值。

实战分析

如何让企业避免短视近利？

面临状况

朱迪·塞缪尔森在阿斯彭研究所领导一支名为“商业与社会项目”的政策智库团队，团队宗旨是避免商界的“短视主义”。塞缪尔森指出，来自商界的参与是许多全球性问题（全球变暖、贫穷、能源短缺）得以解决的关键。毕竟，有的企业掌握的资源甚至超过了某些国家。但是，只重视眼前利益的公司无力解决长期性问题。塞缪尔森详细描述了自己与一位大型金融服务公司的首席执行官之间的对话。对方告诉她，很希望能为当前世界的重要议题尽一份力，但他指了指墙上的季度日程表坦言："这才是我的现实。"意思是：公开市场强迫他把重点放在公司每一季度的业绩表现上。身为小型非营利组织的领导人，塞缪尔森有可能影响这股巨大的力量吗？她该如何抗击"短视主义"呢？

（这是发生在2009年的真实案例。我们将在探讨塞缪尔森采取的策略之外，加入笔者的部分看法。）[5]

转变目标与障碍所在

我们希望企业首席执行官能够基于长远思维采取行动。

问题出在哪里？首先，有骑象人的大问题。看到"短视主义"，我们希望你先不要想太多。这个词汇能精辟地指出塞缪尔森所要对抗的问题，但是想改变，还必须拟订关键步骤。（"长远思维"并不是行为。）其次，路径也有麻烦。股票市场的文化鼓励短线思维。有意思的是，这个案例中的大象或许不是反派角色；相同情况下，大多数首席执行官都愿意把眼光放长远。换句话说，动机或许不是我们的问题。最后，坦白地说，塞缪尔森需要的是巨大的改变。我们不能指望有百试百灵的妙药，但是大转变可以始于小步骤。如何才能提高塞缪尔森成功的概率呢?

如何转变

- **指挥骑象人**。制定关键举措。塞缪尔森找到一种将宏观目标转化成具体行动的办法。她的想法是：直接要求执行官停止公布每季财报预期。原因是投资人能理解起伏不定的盈利数字，但社会大众未必能理解。每一季，上市公司都会制定下一季财务报表“预期”达到的每股利润。接着，当公司公布财报后，奇迹发生了：公司宣布每股利润比预期目标高出1美分！天啊，太神奇了！股票市场对这套游戏乐此不疲。事实上，财报预期并非法定程序，公司在公布季报前根本不必设定任何目标。换句话说，塞缪尔森找出了一个执行官能够决定的特定行为。预期心理的高低起伏正是短视思维的典型症状之一。指明目标。塞缪尔森应该向这些执行官推销她的愿景。对于这些思想进步、愿意放下季报重担、关注长线发展的首席执行官而言，一切将有何不同? “终点明信片”是什么?
- **激励大象**。缩小幅度。请注意，塞缪尔森成功降低改变幅度，是因为她把眼光放在每季度的目标利润上，这正是迈向长远思维的路上切实可行的一步。寻求认同。塞缪尔森应该广为宣传一些全球知名企业（如通用电气、微软、可口可乐、谷歌等）的执行官已经达成这项改变的事实。如果其他执行官也想成为“长远思维的执行官”，那就最好照做无误。

- **营造路径**。培养习惯。还记得唐纳德·贝里克和“拯救10万条生命”的运动吗？贝里克简化了参与程序，医院只要交一页带有院长签字的表格即可。贝里克团队身体力行，帮助医院一举培养了新习惯。塞缪尔森能否也举行一场容易加入的“取消财报预期”运动呢？她的团队应该提供一份简单的注意事项检查清单（包括法律、公关、运营等层面），并且在公司开始改变时提供支持。召集同伴。有些首席执行官不愿意取消财报预期的原因是，唯恐此举会让投资人误以为公司陷入危机，进而抛售股票。塞缪尔森可以确定在某个特定时段举行“取消财报预期”运动，打消执行官的种种顾虑。如此一来，在此期间宣布取消财报预期就不会引发无端的猜测。同时，塞缪尔森可以将所有对此观点感兴趣的商业领袖集结到一起，激起一股人人争先恐后的潮流效应。稍后我们将看到——行为具有传染力。

人类惰性：将失败自我合理化

“终点明信片”展现了辛苦换来的未来图景，鼓舞人心的效果有时出奇地好。一年级学生梦想着成为三年级学生，劳拉·埃瑟曼的团队想象着满足病患需求的新型乳房护理门诊。

但如果你的团队不为所动呢？

万一，你的团队成员在私下里，甚至不避讳公开反对你所勾勒的未来愿景呢？我们在这里遇到一个新的敌人：自我合理化。比如，每个人一定都许下过“来年生活更健康”这样的新年愿望，脑海中还浮现出自己有朝一日健康苗条的倩影。但在内心深处，我们其实还没有许下承诺。新一年的元旦刚过，肚子一饿，我们就看到柜子里那包令人垂涎的奇多膨化薯条了。

毫无疑问，大象想要赶快拆开美味的薯条，大快朵颐。当大象心里想要某件东西时，骑象人势必会被牵着鼻子走——不然还能怎么办？而且骑象人可能开始找借口，将违规举动自我合理化。好了，我们上个星期四刚吃了沙拉。而且，拜托，我们还到店里买了低脂牛奶呢！节食也不能做得太过火，吃一点儿奇多薯条算是给良好表现的合理奖励。于是眨眼间，整包薯条就进了肚子。更加神奇的是，我们还是从心底相信自己真的更健康了。

“过得更健康”这样的目标大而无当、毫不精确，其中的指向不明给了大象踌躇摇摆的空间，容易将失败自我合理化。应对这类困境的方法之一是提出极其明确的目标，比如公司可以宣布

“我们今年的收益要增长 14.2%”。诚然，这已经比“所有员工做到最棒”这样的目标好很多了，但即便数字够明确、够稳固，我们面对数字的态度却不那么明确，也难以稳固。假如最终公司收益只增长了 12.3%，你觉得真的会有人被炒鱿鱼吗？还是更有可能用自我合理化的说辞来粉饰数字上的差距呢？各位，以当前的经济形势来看，增长 12.3% 已经是很大的成绩了！

个人生活中也存在类似的陷阱。试想一下，为了控制饮酒量，你给自己定下规矩，每晚至多喝一杯红酒。好了，面对现实吧，总会有一个晚上，你的大象渴望喝第二杯的，界限便开始模糊起来。你可能会倒上满满一整杯红酒，满到快溢出来，但也还是“恪守”你的“一杯原则”；你也可能会把未来某天的一杯份额挪到今天喝，至于将来那天到底喝不喝，那就不得而知了。在自我控制的关头，人人都摇身一变，成了“善于钻空子的律师”。

如果你担心在家庭或工作中出现自我合理化行为，就必须把目标中含混不清的因素剔除干净。换句话说，你需要非黑即白的目标。所谓非黑即白，就是指要么全有，要么全无，这类目标有助于消除人类的惰性。或许你可以设立饮酒习惯的非黑即白目标为“再也不喝酒”，一点儿空子也没有。又或者，可以把新年愿望从“生活更健康”改成“每天去健身房”，甚至“再也不吃奇多”。非黑即白目标没有模糊地带，也没有回旋余地。要么每根手指沾满该死的奇多调味粉，要么丝毫不碰它。

请注意，“再也不吃奇多”“再也不喝酒”这样的非黑即白目标一点儿也不激励人心，只能百分之百地限制人。而且，非黑即白目标只制定关键举措，没有描绘终点图景。“终点明信片”提供情感力量，而非黑即白目标具有消灭自我合理化倾向的优势，有没有可能把两者合而为一呢？有，请看英国石油公司的例子。1991 年，英国石油公司宣布了一个非黑即白目标，让公司里长年投身石油产业的一众员工大为震惊。这个目标就像价值数十亿美元的“再也不吃奇多了”。

非黑即白目标：英国石油转型成功

20 世纪大多数时候，石油勘探人始终“遵从自己内心的声音”。这样做的确能奏效，因为从业者直觉敏锐，当时全球石油储藏量还很丰富。20 世纪 60 年代，英国石油公司一名出色的石油勘探员吉姆·范德比来到埃及。刚开始，他一口气连钻了四五口枯井，上司赶紧发电报要他停止尝试。范德比没有接到电报，至少他是这么说的。无论如何，他还是不顾一切地继续钻井。这一次，范德比在苏伊士湾进行了尝试，一下就钻出了世界上第一座 10 亿桶产量的油田。

英国石油公司的好运一直延续到 20 世纪六七十年代，其间陆续发现包括美国阿拉斯加州的普拉德霍湾油田（1968 年）、北海的蒙特罗斯油田（1971 年）等多处大型油田。到 20 世纪 80 年代后期，命运之神不再眷顾它，油田命中率日渐走低。美国阿莫科石油公司（Amoco）在20世纪90年代末并入英国石油公司，该公司的资深主管皮特·卡拉格说：“这个领域最大的改变在于越来越难找到油田。早期油田占地面积广袤，采用二维地震勘探技术就能发现。如今，勘探目标越来越小，也更难察觉，所以配套技术需要随之做出改变。”

产业形势日新月异，英国石油公司的战略也在与时俱进。1989年，英国石油公司高层锁定了指导未来15年石油勘探工作的政策。一方面，英国石油公司将只专注于大型油田，不再争夺小型油田，从而避免与数百家小型竞争对手狭路相逢。另一方面，英国石油公司决定压缩成本。当时在很多人看来，英国石油公司已是全世界效率最高的勘探公司。即便如此，公司高层仍然认为花在勘探油田工作上的费用过高，决心将勘探成本从每桶5美元降到每桶1美元。连公司员工都觉得这个目标简直不可思议。

要大幅降低成本，英国石油公司必须减少钻到“枯井”的数量。根据以往经验，石油勘探行业的成功率大约是八钻一中，英国石油公司的成功率已经高于同行业，即五钻一中。为了将每桶勘探成本从5美元降到1美元，英国石油公司必须把钻井成功率从“高”提升到前所未有的新高度。（有人称之为“不可能”的任务。）

英国石油公司的研究人员开始分析以往的勘探记录。其中一项研究内容是分析勘探员是否能准确预测打出的井里有没有石油。研究人员回顾了过去10年来所钻的油井，发现石油勘探员的预测基本精准。如果勘探员预测一口井的出油概率是 20%，那么成功钻出石油的概率也确实是 20%。

但是，这些平均数字隐藏着一些有意思的偏差。当勘探员预测一口井出油的可能性是 20%~70% 时，预测结果非常准确；当勘探员认为一口井的出油率超过 75% 时，那么几乎每次都能成功地钻出石油；当勘探员判断一口井出油的概率为 10% 时，实际成功率大约只有 1%。因此，勘探员对油井的直觉判断是正确的，他们的确知道怎样分辨油井能否成功出油。不过，勘探员并没有借助数据资料分析，尤其是在判断出油率特别高或者特别低的油井时。

在传统层面，勘探员也是他们油井的推销员。他们不断要求管理阶层大开绿灯，核准一个又一个的钻井项目。20 世纪 80 年代，勘探员学会了自我推销的一系列风险经济学工具，特别是期望值的概念。

当风险和收益都很明确，期望值计算的确无懈可击。比如抛硬币，你很确定获胜的可能性是 50%。但如果换成钻中油井的问题，成功概率会有多大？就算真的钻出石油，收益又有多少？这些都属于主观判断。将主观判断代入期望值计算公式中，你会得到一个确切数字，进而制造出科学证实的假象。（“我们估计这口油井价值 1.128 亿美元。不用多想了，赶紧挖吧。”）

勘探员不可能没有注意到，如果真想挖一口井，只需要借用数学工具制作出一张电子数据表格就行了。只要勘探员提高成功率或者收益率，期望值自然会跟着大涨。（这种数据堆砌不一定是蓄意为之，当事人自己可能也未曾觉察。记住，当大象非常渴望某样东西时，骑象人一定会千方百计为其找出合理化的借口。）

更微妙的是，期望值的概念让人们觉得勘探油井是一种数字游戏。正如英国石油公司勘探队的最高主管吉姆·法恩斯沃思所说："勘探员从风险概率的角度来进行思考。大家沉迷在数字中，想着，'好吧，如果我们钻 10 口成功率为 10% 的井，那么至少能钻出一口油井，那么我们就能赚很多钱了'。但仔细想想，其实可能性为 10% 的井从来没有成功出过油，这就是看似精确的统计数字所造成的错觉。"

操纵概率给了所有人一种虚假的舒适感：嘿，要是我们钻出了一些枯井，那表示其他井里至少有一座能出油，到时候就能回本儿了。勘探员变得像风险投资人一样，整天埋在混乱的投资组合里，盼着终有一日撞大运，蒙上一家易贝（eBay）或者谷歌公司。

假如你是英国石油公司高层主管，希望削减 80% 的勘探成本，首要任务就是消除这种荒谬的舒适感。目标模糊含混，只会纵容自我合理化心态悄然滋长。那么，该怎样改变团队成员的行为，让所有人认真看待每一次勘探机会呢？又该怎样让大家的骑象人一往无前、无路可退呢？

先来看几条备选的战略口号："我们要让命中率翻倍！""不再钻没用的井！""将期望值最大化！"听起来挺靠谱，但是请注意，每句口号都隐藏着逃避的空间。每一位合格的勘探员都能躲开“不再钻没用的井”——试想，哪个人会抛弃自尊地觉得自己在钻一口没用的井？“命中率翻倍”相对好一些，但还是有很多空间可以为合理化枯井找到借口。至于“期望最大化”，嗯，那就更无须多言了。

时任英国石油公司勘探部门主管的伊恩·范恩想出一个消除蒙混空间的办法：范恩宣布的新愿景是“杜绝枯井”。[6]

一口都不允许。

勘探员不由得怒气冲天，怨声载道。他们觉得这个目标简直荒唐可笑，这些领导简直是在强人所难。枯井一直以来都是石油行业可以接受的正常现象，要知道枯井的数量可是成功油井数量的 4 倍。而现在，范恩竟然视钻中枯井为失败。

“杜绝枯井”是一个令人不爽的非黑即白目标。概率预测论永远在为失败开脱，正如吉姆·法恩斯沃思所言：“我们希望摆脱有关概率的说法，也不允许员工在勘探油井失败后拿‘我早就告诉过你概率只有五分之一，所以我没错’当挡箭牌。我们提出‘杜绝枯井’，是想要员工尽心竭力，做到最好，确保自己研究过每一份数据，进行了每一种分析。”

勘探员在开始议论“杜绝枯井”这条四字规定时，其实也开始卸下勘探员的思维，换上地质学家的帽子。形成一座可供开采的油田需要具备诸多条件，地质学家会在勘探之前通过不同的手段来衡量各项地质特性：这里的含碳源岩基底是否足以形成石油？基底下方是否有一层坚固的不透水层，可在石油形成时起到集聚和储存的作用？假设这里在某一地质年代形成了石油，有没有可能被后来的地底压力或者高温降解了？

为了避免挖到枯井，这批地质学家开始更积极、更系统地绘制地图，汇总手头资料。他们给地图涂上各种颜色：绿色代表某项指标说明此处可能有油田，琥珀色代表信息缺失，红色则代表确定此处没有油田。接着，地质学家将标好颜色的各张地图层叠起来，每一张地图分别代表一项地质特性检测结果。地图被叠放好后，只有所有评估标准都显示绿色的地区才可以挖。

事实上，“杜绝枯井”能有效遏制两种合理化草率钻井的说法。其中一个理由是“学习”——哪怕勘探油井最终失败，勘探队还是能够从中学到许多东西，增加未来成功的可能性。范恩说：“我可以给你举出 100 个这样的例子。因为没能利用好现有经验，犯下大错，然后一个个都说学到的东西对下次有帮助。”另外一个合理化说辞是某些油井具有“战略价值”。卡拉格说：“假充内行的人最后总会扯到‘战略’上面去。‘这口井有战略意义，非钻不可。’”“杜绝枯井”的原则去除了逃避的借口。这口井可能有战略意义，也可能没有，但无论如何，它不能是一口枯井。

担任英国石油公司这一时期首席地质学家的戴维·班福德说：“我可以想出很多例子，技术团队早已知道这是口枯井，高级管理层却迫于政府或者商业伙伴的压力坚持挖。”勘探一线的工作人员本来就很难反对这样的决策，再加上顶头上司自认为是唯一知道什么是“同行压力”的人，那又怎么可能挺直腰板大声拒绝呢？

“杜绝枯井”政策鼓舞了一线员工的信心。判断钻井与否的“勘探员论坛”变得更加直言不讳，还否决了因“战略原因”而推行的低成功率钻井项目。毕竟，公司的政策是“杜绝枯井”，而不是“杜绝除了有助于笼络重要伙伴以外的枯井”。这项方针政策在某种意义上平衡了低级别员工在决策问题上的发言权。

这个非黑即白的目标发挥了英国石油公司管理团队预期达到的效果。公司不留任何回旋余地，员工也就不再试图逃避。所有人紧锣密鼓地投入分析，做决定时越来越少依赖运气，而是严谨认真地利用每一份数据资料，同时也更坚定地扛住了来自政府和商业伙伴的压力。

到 2000 年，英国石油公司的油井命中率达到三分之二，位居业界翘楚。这几乎是 1989 年成功率的三倍。英国石油公司当然还会挖到枯井，但是这个目标取得了许多人原先以为不可能取得的进步。英国石油公司消除了自身的模糊地带，成功实现自我转型。每钻一口新井，就不能是枯井。

注意，英国石油公司管理层没有说：“三分之二——已经够好了，我们一起庆祝吧！”每一口枯井都是一次失败，没有讨价还价的余地。既然勘探员们已经不能随便把“这是战略考量”或者“这是学习机会”当成失败的借口，他们只剩下唯一的选择：下一口井必须更好。

如果你担心自己的团队可能会消极应对，又或者担心无声的抗议会拖累乃至破坏刚刚起步的改变，那么非黑即白的目标或许不失为一种解决之道。但也要知道，你不会永远都需要这么强硬的目标。克丽丝特尔·琼斯鼓励一年级学生成为三年级学生，这不是非黑即白的目标。说实在的，就算这帮孩子只有数学和科学达到三年级学生的水平，但是词汇没达到要求，我们还是会让他们顺利“毕业”。劳拉·埃瑟曼的乳房护理中心的愿景也不是非黑即白的目标，而且也没有必要。

问题的关键在于，长期目标需要和短期关键步骤结合起来。埃瑟曼的愿景固然动人，要是无法付诸大量实际行动，只会沦为空谈。

换句话说，“终点明信片”必须配上一份优秀的行动计划。这就是成功的秘诀。你无须预测从今天走到终点的整个旅程，规划每一步路，每一道弯——这当然没什么不好，只是不可能做到。如果你自认为可以像功能强大的地图软件那样，从头到尾勾勒出所有步骤，未免有些不自量力。

改变开始后，不要执迷于中间的旅途，因为现实往往和预想的有差别。真正重要的是一个有力的开始，一个有力的结尾，然后赶快上路。

安排好开始，设定好结尾

一般投资大众决定选购股票前，可能会听听股评节目主持人吉姆·克拉默的说法，看看新闻报道，又或者不由自主地紧盯消费者新闻与商业频道（CNBC）。但是，像慈善基金会或者教师退休基金这样的大型机构投资者，则备受华尔街青睐。一直以来，投资银行会出资设立研究部门，免费为这些机构投资者提供服务。交易办法非常清楚：银行提出优质建议，机构投资人则通过这家银行的交易员来买卖股票，反过来给银行带来收益。

由于研究分析部门在本质上是吸引大型机构投资者的源头，因此深受华尔街重视。每一年，《机构投资者》杂志会邀请各大投资机构评估所收到的研究报告，该杂志再基于这些回馈，公布所有产业的研究分析师排行榜，以及华尔街各家研究部门的总体排名。《机构投资者》发布的权威榜单在业界被奉为圭臬，不但最佳个人分析师能因此坐收巨额红利，位列研究机构榜首的投资银行也会财源滚滚。

1986 年，希尔森·雷曼公司的研究部门排名创下新低，跌至榜单第 15 名。雷曼公司高层想要换掉部门领导，于是聘请了杰克·里夫金前来接管公司。里夫金曾帮助知名投资咨询公司佩因·韦伯银行（Paine Webber，2001 年被瑞士联合银行收购）一手打造出实力超群的研究部门。雷曼公司高管对里夫金只有一个要求：跻身榜单前五名。

里夫金对公司研究部门的第一印象并不乐观。“我进入雷曼公司时，研究部门乱成一团，一点儿地位都没有。”雷曼公司的一位首席分析师伊莱恩·加尔扎雷利说，“整个部门毫无纪律……人们各行其是，为所欲为。不需要在例会上发言，也不用定时提交报告，更没有人提到《机构投资者》全美排名的事情。”

里夫金进入公司后，雷厉风行地改变了许多部门规矩：雇用弗雷德·弗伦克尔（曾任美国一家知名金融公司的副总裁）当副手，成功地从希尔森·雷曼那里争取到更多人员编制和部门预算，淘汰了团队里的老弱残兵，改变了部门的薪酬体制。

这些改变固然重要，但归根结底，里夫金还必须逐渐改变团队分析师的日常行为。打个比方，假如你是一支棒球队的总经理，手头可供处置的资金也够宽裕，那么你可以签下更多“天才球员”，可以换掉表现最差的人，还可以在球队打进季后赛时发放奖金。这些改变都很关键，但是不能直接影响球员打球的行为模式。要改变球路，你还需要另请教练。

里夫金的职责既是总经理，又是教练。身为教练，里夫金知道自己的团队成员必须彻底转变工作态度，为此他需要制定一些初期的行动指示。首先，里夫金要求每位分析师每月至少与客户主动对话 125 次。他要求每个人记录谈话要点，并发布在内部网络上。这样，分析师每月与客户接触的次数和质量都成了公开记录。一位当时刚进公司的分析师说：“当分析师联络客户的成绩单开始张贴在网络页面上时，每个人都想挤进前几名，没有人想垫底……分析师会相互请教，‘你怎么能打那么多电话？你是怎么挤出时间的？’”

每月 125 次电话的要求令整个研究部门焕然一新，一扫先前无精打采的局面。大多数分析师每天工作 12~15 小时，几乎全年无休。(请注意这项指令清晰明确，相当于里夫金式的低脂牛奶运动。)

其次，里夫金还希望部门成员培养团队意识，转变传统模式里各自为战的文化。他要求分析师在向客户做演示时，应当至少两次提到同事的研究成果："我不想听到演示时一直'我、我、我'地说，我要听到'我们'，我要听到其他人的名字。"这种（刚开始的）强迫分享观点和贡献的做法，不仅凝聚了整个团队，更造福了分析师，因为他们有机会吸收以往不会接触的信息。

里夫金不但制定了关键举措（每月打 125 次电话、彰显同事的功劳），还指明了终点（登上《机构投资者》榜单前五名）。于是，部门每位成员都达成了共识，也备受激励。

事实上，研究部门当时还流传着一句玩笑话："不登顶，毋宁死。"不过整个团队士气大振，这可不是开玩笑。18 个月内重整团队，分析师脱胎换骨，其中 95% 的人都登上了《机构投资者》各自产业领域的个人分析师榜单。客户注意到雷曼公司分析师的热忱态度和殷勤相待，因此当《机构投资者》来电调查投资者最信赖的智囊团时，投资者纷纷为之投上一票。雷曼分析师团队荣膺桂冠，尚属首次。

里夫金的方向设定与华尔街的一般做法背道而驰，管理手段也独树一帜，整个部门为此做好了背水一战的准备。结果，这场战役巩固了雷曼团队在《机构投资者》排行榜上的地位。

1988 年，雷曼公司一名分析师开始调查一款名为依泊汀（Epogen）的药品。依泊汀由美国安进公司（Amgen）生产制造，美国强生公司（Johnson & Johnson）负责销售。依泊汀是促红细胞生成素（一种蛋白质激素）的人工合成物，能够增加人体红细胞的制造量。红细胞负责将氧气输送到人体全身的细胞。依泊汀能使红细胞数量增多，因而是多种不同类型重度贫血症的特效药，比如可以用于因化疗而导致红细胞减少的患者。当时，这款新药尚处于进展缓慢的药物审核阶段。由于即将面市，股票投资者开始预测药品销售情况，市场状况势必会反映在安进公司的股票价格上。

其他公司的研究部门大多只评估依泊汀的一个主要市场，但雷曼的分析师认为还存在别的可能。根据他们的推断，一款增加红细胞数量的药物当然应该会有更多用途。于是，所有人开始全身心地投入调研工作。弗雷德·弗伦克尔说："每一位分析师在打电话，每一位助理也在打电话。他们联系了全世界 100 多家医院和药店，预测这款新药的市场潜力。所有数据汇总以后，他们就知道，安进手上这款药价值几十亿美元。没有哪家研究机构能只靠一位分析师和一位助理就得出这个评估结果。"

雷曼分析师团队罔顾主流意见，断定安进公司拥有一款重磅炸弹级药品。事实上，雷曼的研究部门信心满满，甚至在《纽约时报》和《华尔街日报》大做广告，发表这一预测结论。

他们说对了。依泊汀成为安进公司有史以来第一款畅销药，也是当时整个生物技术产业最成功的药品。1990 年，雷曼名列《机构投资者》榜单全美研究团队第一名。雷曼的研究部门从毫不起眼的第 15 名跃升至魁首，仅用了 4 年。[7]

押宝安进药品大卖，并不在里夫金的预期内，里夫金也没必要做出此种预测。他只是专注于自己所能掌控的两件事情：其一，提供“终点明信片”（“不登顶，毋宁死”）；其二，提出部分行动指示，让团队重新起步。里夫金安排好开始，设定好结尾，中途即使意外插入安进事件，整个团队也已准备就绪。

小结

到目前为止，我们已经谈了许多骑象人的话题，并且讨论了骑象人的长处和缺点。一方面，骑象人富有远见卓识，愿意为了长期目标而做出短期牺牲（这也正是骑象人为何总与大象对抗的原因：大象往往看重眼前享受）；头脑清晰，善用谋略，拿到路线就能按图索骥。另一方面，我们也看到骑象人的诸多缺点：力量有限，遇到指向不明或选择过多的状况时就会陷入瘫痪状态，并且过分聚焦于问题而非对策。

告诉你一则好消息：骑象人的优点扎实稳定，缺点也能得到修正。如果你试图与自己或其他的骑象人对话，行动策略一定要简单直接。

第一步，找到亮点。回想一下，越南不少贫瘠的村落之间，依然有营养状况良好的儿童；在基因泰克公司销量低迷之际，数名销售员依然迎难而上，取得优异业绩。只要深入分析，一定能找到独树一帜的成功例子。别只盯着失败，相反，应该仔细研究亮点，复制推广亮点。

第二步，指挥骑象人——包括开始和结尾。送给骑象人一张“终点明信片”（“你很快就会成为三年级学生”），并且制定关键行动步骤（“购买低脂牛奶”）。

完成这两步，你不仅能帮助骑象人做好引领转变的准备，也给予骑象人工具去对抗不情愿的可怕伙伴——大象。

第二部分

激励大象

第四章

找到感觉

塔吉特传奇：用视觉展示改变一切

1992 年，塔吉特（Target）是美国明尼苏达州一家市值达 30 亿美元的区域零售商，与竞争对手凯马特（Kmart，市值达 90 亿美元）和沃尔玛（市值达 300 亿美元）比起来，只能算无足轻重的小角色。不过，塔吉特一心想要与众不同，即使当时规模尚小，打出的广告也够时尚新潮。可惜，公司售卖的商品跟不上广告的口号，顾客常常抱怨：广告看起来很棒，但店里卖的商品跟沃尔玛一样没劲。

想必你已经知道故事的结局了。15 年后，塔吉特成为市值达 630 亿美元的巨擘，是零售业的苹果公司，是可爱红心箭靶标志的持有者，也是时尚前哨、设计之王。为塔吉特这段崭新时代揭开序幕的是迈克尔 · 格雷夫斯所设计的茶壶系列产品，接着轮番闪亮登场的是托德 · 奥尔德姆的寝具组合产品，艾萨克 · 米兹拉希的浴帘系列产品，莫西莫的毛衣，还有其他既时尚又实惠的产品，数不胜数。

塔吉特传奇的开场和结局家喻户晓，但你大概还不清楚故事的中间过程，真是可惜。因为其中出现了一场改变。这场改变并非出现在董事会，而是始于一群像萝宾·沃特斯这样的人。

沃特斯起初完全没想过要去塔吉特工作。她自认为是时尚达人，也曾发誓再也不回家乡明尼苏达州了，那里的冬天比其他季节都漫长。毫无疑问，她根本不打算去折扣商店上班。沃特斯在纽约布鲁克林高档时髦的乔丹马什（Jordan Marsh）百货公司有一份令人艳羡的工作，过着高端、有品位的生活："我会飞到意大利，跟阿玛尼（Armani）和范思哲（Versace）的人开会，接触的圈子都是时尚人士。对一个 30 多岁的人来说，这已经是最酷的了。没想到突然有一天，我们通通被解雇了。就在那时，我才开始考虑别的工作机会。"

1992 年，沃特斯加入塔吉特，在"成衣"潮流部门担任经理，负责黑色马镫裤、运动衫，还有印着华纳兄弟卡通人物的 T 恤衫业务。她不禁自问，自己要怎样调适从范思哲沦落到翠迪鸟（Tweety Bird）的转变呢？

沃特斯加入公司时，塔吉特正处于重要的转折点。鲍勃·乌尔里克刚从公司首席执行官职位退下，出任董事长一职。乌尔里克对塔吉特有着清晰的愿景：他希望有一天，塔吉特可以凭借产品设计焕然一新，最终成长为一家"高级折扣商店"；他梦想有一天，塔吉特的红心箭靶能成为人人追捧的品牌，正如可口可乐、披头士、乐高那样备受尊敬和喜爱；他期待有一天，红心箭靶能像麦当劳的金色双拱门一样，无处不在。

然而在当时，塔吉特距离这样的愿景还有很长一段路。公司负责挑选上架商品的进货员早已习惯盲目模仿。沃特斯说，当时负责采购服装的进货员的普遍心态就是："找到今年最热卖的衣服款式，把样品带到亚洲，大批量生产，明年再半价出清。"要让塔吉特主打设计牌，公司必须停止追赶潮流，转而开始驾驭流行趋势。这正是沃特斯所在潮流部门的使命。

问题在于，沃特斯根本没有推动改变的实权，进货员也无须与她打交道。"我没有权力命令他们'今年必须进紫色系衣服，这是流行趋势'，所以只能拉拢他们。"沃特斯回忆道。

渐渐地，公司开始有人认同沃特斯的想法。最早有一位负责采购高领毛衣的进货员，厌倦了年复一年的陈旧样式——你知道，就是那种每家折扣店都在卖的可爱的雪花驯鹿图案。于是，在沃特斯的劝说下，这位进货员请来一名设计师开发新款服装。不出他们所料，新款服装的销量一鸣惊人。

早期采纳这些建议的进货员积累了许多经验，成为沃特斯迫切需要的成功案例。塔吉特的企业文化向来重视分析，以数据为导向，因此公布这些早期销售成果才最关键。沃特斯可以在公司内部宣传为了取得成功甘愿冒险的"英雄"。（"去查看一下高领毛衣采购员的成绩吧。"）

零售业潮流服装一度只卖中性色调服饰，所有衣服不外乎灰色、白色、卡其色、棕褐色或者黑色。直到某个季度，无论是纺织品面料展会，还是伦敦、巴黎的零售店，开始涌现出五彩缤纷的颜色。彩色风潮如巨浪袭来，格外夺人眼球。因此，身为塔吉特的设计推手，沃特斯必须让进货员对色彩提起兴趣。但是进货员往往重视数据：他们可能会翻看一下过去几年的销售记录，然后发现彩色服装长期没有销路。（在这种情况下，因为数据资料不支持沃特斯的观点，想要打动骑象人注定会宣告失败。）

为此，沃特斯必须出奇制胜。她来到纽约FAO施瓦茨玩具城的糖果店，店里可以买到五颜六色的M&M巧克力豆。沃特斯买了满满几大袋颜色亮丽的M&M，走进公司内部会议室，把巧克力豆哗啦倒进玻璃碗，倾泻出一道闪着土耳其蓝、亮桃红和酸橙绿的瀑布。“所有人都发出‘哇’的一声，我马上说：‘看见了吗，你们对色彩多敏感。’”

沃特斯还准备了苹果公司刚刚发布的台式电脑iMac，外壳颜色包括酸橙绿、草莓红、蓝莓蓝、葡萄紫和蜜橘黄。这款电脑引发了极大轰动，消费者有史以来第一次可以像挑选汽车颜色一样选择电脑外观。此外，沃特斯时常与进货员分享世界各地时尚精品店的照片。比如，她会拿马球衫的照片给进货员看，并且说：“看看这家店的款式。除了三种中性色，还有鹅黄色，后来还出了宝蓝色，十分鲜亮。”接着她会举办一些服装实物展示，摆出各色样品供进货员亲眼查看，亲自比较（对，那种蓝色很亮眼）。没过多久，宝蓝色马球衫就出现在塔吉特商场的某个服装柜台，还卖了整整一季。

这就是组织层面的改变。

沃特斯在谈到这一时期时特别强调，自己并不是塔吉特传奇故事里的“英雄”，只是助推公司转型的芸芸众生之一。无论怎样评价沃特斯的贡献，最不寻常的一点是，她在缺乏权力和资源的情况下获得了成功。沃特斯说：“那时我根本没有人手，总是从别处借调，部门预算也总是透支。不过，我不断地得到进货员们的支持。有的人会说，‘噢，我们部门又多了一个额外的人手。你可以请这位设计师，不过他只做我们的产品’。另一个部门马上会有人说，‘哇，那我也要这个’。”[1]

沃特斯不但无权控制进货部门，甚至连沟通语言也有天壤之别。事实上，沃特斯得以成功的最大谜团应该是：塔吉特如此注重数据分析，数字才是通用语言，为什么一连串与数字无关的视觉展示就改变了这一切呢？

先看见，再感觉，然后改变

在《变革之心》一书中，约翰·科特与丹·科恩谈及了一项他们在德勤咨询公司（Deloitte Consulting）帮助下完成的研究报告。研究小组访问了来自美国、欧洲、澳大利亚、南非共计 130 多家的 400 多名员工，希望了解大型组织为什么会发生变革。科特与科恩总结了所有的调查资料，发现大多数组织变革的环境里，管理者一开始总是聚焦于战略、结构、文化或者系统，而忽略了最重要的议题：

> 问题的核心总是与改变人们的行为有关，而在最成功的案例中，行为改变大多诉诸人的情感面。即使最重视分析和定量数据的组织亦是如此，甚至自认为具备 MBA（工商管理硕士）思维的聪明人士也不例外。在最成功的变革方案中，引领变革者帮助他人看到问题或者找到对策，凭借的不单是传递想法，还要影响他人的情感。

换言之，改变的发生是因为领导者同时说服了大象和骑象人。

大多数人在处于沃特斯的角色时，都会围绕设计的力量建立起一份“商业案例”。我们会在幻灯片中放入一大堆图表和数据，还会技巧性地引用几位看重设计的公司领导的讲话。幻灯片演示结束后，屋子里的每位听众都理解了我们表达的意思，甚至还深表赞同！但这些人真的会改变自己的行为吗？科特的研究表明，答案是否定的。

科特和科恩认为，人们多半以为改变发生的顺序是：分析→思考→改变。先分析，再思考，最后进行改变。正常情况下，这套模式可能行得通。如果你想降低打印店 6% 的复印成本，或者想要节省 5 分钟的通勤时间，上述流程可以助你一臂之力。科特和科恩指出，分析性工具最能派上用场的情境是“变量已知，假设极少，目的明确”。

但是，巨大改变的情境却全然不同。人们碰到的大多数改变，变量并不那么清楚，未来更是模糊不明。大象因为改变带来的不确定性而抗拒改变，分析论证无法消除这股抗拒力量。（如果某人不确定是否应该跟恋人结婚，你是不会想要用结婚能节省税收和房租这类理由来说服他 / 她的。）

科特和科恩得出的观察结论是，在几乎所有成功的变革案例中，改变发生的顺序不是分析→思考→改变，而是看见→感觉→改变。你会看到一些让你产生感觉的迹象：或许是问题本身的丑陋面貌，或许是解决方案的灵光一现，又或许是目前习惯的真实反思。不管是哪一种，你所看见的东西一定触动了情感面，也说服了大象。[2]

沃特斯在同事面前搭台展示服装样品，正是看见→感觉→改变哲学的最佳实践。她组织实物展，正是为了让进货员看见改变的可能性：看见了吗，那件蓝色马球衫有多亮眼？看见了吗，这件衣服怎样抓住你的眼球、引起你的关注？她带来 iMac 电脑和 M&M 巧克力豆，正是为了让进货员发出连声惊叹："看见了吗，你们对色彩多敏感。"（对了，要是能跟和苹果公司同步，那该有多棒呀！）

沃特斯精心设计了让同事看得见的事物，因为这可以让同事产生她所期望带来的感觉：精力充沛、希望满怀、创意迭出、竞争力十足。同事们也果真会照单全收。

我们也不要忘了前言里乔恩·斯特格纳在会议桌上展示手套的案例。斯特格纳知道，同事不会对他提出的集中采购方案特别感兴趣，所以干脆绝口不提数字，反而摆出让同事们看见以后会产生感觉的物品。（“我们真的买了这么多不同的手套？”）人们需要先看见，再感觉，然后改变。

试图用分析论证的办法来消除惰性和冷漠，无异于扔给溺水者一只灭火器，根本是牛头不对马嘴。

不过有时候，想要找出他人不支持改变的缘由也并不容易。是因为他们了解不够，还是缺乏兴趣？你需要从大象还是骑象人入手？即使对专家而言，答案也未必显而易见。

“再生任务”游戏：重建癌症患者的认知

美国研究机构“希望实验室”的创始人帕姆·奥米戴尔深知，罹患癌症的青少年将面对的煎熬。他们必须忍受在医院几个星期痛苦的化疗，回家后依然苦不堪言——精力耗尽、头发掉落、喉咙破皮疼痛、免疫系统极度脆弱。幸好，等到告别医院回家休养时，他们终于可以看到乌云背后的一线光芒了——最糟糕的时刻已经过去。接下来，这些患者的任务相对轻松：密切观察病情，一旦出现发烧等症状便立即报告医院；谨遵医嘱按时服药，可能包括抗生素疗程，以及连续服用两年的低剂量化疗药物。

但是很多青少年患者做不到，部分原因是遵行药物疗程并不容易。即使是低剂量化疗，带来的副作用也令人难以忍受——恶心、皮肤溃烂、易疲劳、易怒。老实说，与高强度密集化疗相比，居家治疗的副作用简直是小巫见大巫，不过漏服药物却会带来癌症复发的风险。“希望实验室”研究总监史蒂夫·科尔说：“药少吃20%，不等于癌症复发率增加20%，而是增加200%。”

患者怎么会甘冒这么大的风险呢？奥米戴尔确信，他们只是不了解这样的信息。为了改变孩子们的行为，她想出一种新办法，打破常规，改用青少年的语言。奥米戴尔的奇思妙计是：开发一款电子游戏。

经过数月的努力，“希望实验室”开发出一款名为“再生任务”的游戏。玩家在游戏中扮演一个有着银色外壳、全副武装的纳米机器人萝克茜，专门负责在血液中用绿色化疗电流消灭肿瘤细胞。每一关开头的过场动画里，都会有一个名叫史密蒂的顾问机器人进行简要的“作战指导”，告诉玩家更多有关化疗和康复的知识。

“再生任务”共有20个关卡，每一关历时1小时，里面充满了各种信息。“希望实验室”团队相信，如果孩子们能把这款游戏玩通关，一切有违医嘱的错误认知都将消失殆尽。

最终，团队首次将“再生任务”游戏用于临床实验。2008年，研究结果发表在医学期刊《小儿科》上。令人欣喜的是，这款电子游戏有效增强了青少年严格执行药物治疗方案的程度。玩过这款游戏的孩子，血液中化疗药物的含量提升了20%。听起来比例并不高，但是这种恪守医嘱的微小行为转变，能大幅改善健康状况。只要化疗药物服用率增加20%，战胜癌症的概率就会增加一倍。

这款游戏的成功背后，还藏了一个小意外。很多孩子其实并没有从头到尾玩完整个游戏，可能只玩了一两关，但即便如此，这些患者的服药规律程度也得到了切实提高。事实上，只玩一两关的孩子和玩了20关的孩子相比，服药行为的改变幅度不相上下。

乍看起来，这一发现似乎荒唐可笑。毕竟只上一个星期课程的学生，比起上完整个学期课程的孩子，学习成绩不应该势均力敌。研究总监科尔也承认："前面两关教不了孩子太多东西，因为机器人大多数时间都在飞来飞去，旨在消灭肿瘤细胞。"那么，为什么只玩过游戏的冰山一角，也可以有效改变患者的行为呢？

科尔开始四处请教，试图解开谜团。一位在斯坦福大学担任营销学教授的朋友这样解释："可以从营销学的角度来考虑这件事。我们可以用简短的电视广告来改变观众的行为，靠的不是释放信息，而是塑造一种认同感，'我要是也买辆宝马轿车，就会变成这样的人；我要是也那样度假，就会变成环保人士'。"

科尔顿时豁然开朗。青少年不遵从药物疗程，问题不在于知识层面，而是情感层面。他说："归根结底，这是认同感的问题。经历了高强度化疗，就会觉得癌症偷走了他们的大半个人生。所以孩子心里想的是'我只想回到原来的我'，再也不想当'生病的孩子'了。"[3]

这款游戏打动了孩子的内心，与他们建立起一种深厚的情感联系。你就是纳米机器人萝克茜，你在勇敢地战胜癌症；你用化疗和抗生素来为枪支装满弹药，你靠药物来获得力量。偶尔出现的提示动画里，顾问机器人做出恪守医嘱的指示，反而和患者的改变毫无关联。改变不是源于理解，而是源于感觉。那种感觉就是：我能做到，我的人生由我做主。化疗不再象征病痛，而是帮你赢得生命，从病魔那里夺回本该属于自己的人生；吃药也不再成为一种负担，而是让你永远告别那个得了癌症的病童。

实战分析

如何让产品开发人员更关心终端用户？

面临状况

在许多软件公司里，负责新软件开发的工程师会爱上自己编写的代码。于是当消费者试用过软件后，工程师总是对试用反馈有所怀疑。例如，微软公司一项新功能的试用结果显示，10 名使用者中有 6 个人不知道怎样使用这项功能。当测试实验室将此数据与工程师分享后，后者的反应则是："你去哪儿找来的这 6 个笨蛋？"其实，很多公司都遇到过类似的问题。有没有可能说服软件工程师更重视消费者的反馈意见呢？

转变目标与障碍所在

归根结底，公司希望软件工程师能够根据消费者的反馈意见来修改代码，否则开发项目将注定失败。

但有时，工程师根本就不承认或者不考虑消费者的意见，仅做出象征性的小修小补，从不试着解决消费者的真正难题。这或许是大象的问题，因为工程师很清楚公司的要求，却不愿意为了“愚蠢”的用户而改变自己漂亮的代码。但是，我们先别急着给工程师“定型”（比如“这伙傲慢自大的技术专家”）。我们将在第七章中谈到评价他人性格反映出心理学上的偏见。因此，我们应该关注如何为软件工程师提供更多的激励，以及如何营造更有利的路径。

如何转变

- **指挥骑象人。**指明目标。我们应该描绘出产品推出后广受用户好评的光荣图景。这批工程师会成为软件界的英雄，简历上将有一笔永远卓著的功勋。用心倾听消费者的需求，只不过是加速荣誉到来的简单办法。制定关键举措。我们是否清晰地对工程师说明了要求？如果我们只是告诉工程师产品的“易用性”被评价为“差”，请问他们该拿这句话怎么办？工程师的骑象人会长时间地原地兜圈子，尝试从几十种可能的修改方案中选出一种方案。制定关键举措是我们的责任，给工程师提要求的时候请补上一句：“我们希望用户在进行‘旋转’操作时更方便。”
- **激励大象。**找到感觉。在微软，软件工程师会受邀参观可用性测试实验室。在实验室中，工程师可以通过单面镜亲眼看到试用者如何挣扎着使用软件。参观效果非同一般。

测试实验室主管称，当工程师看见使用者时，"心里马上浮现出20种想法。首先，你马上对使用者产生同理心。以前那些胡说八道的解释——'嗯，真的不会用，看看说明书就好了'，或是'我的设计很棒，只不过你找了6个笨蛋'，诸如此类的想法马上就消失了"。影响他人。工程师也许担心，一旦修改代码，就意味着自己能力不足。（第六章有关"定型心态"的段落中会有更详细的阐释。）我们需要强调的是，一位软件工程师是否优秀，并非取决于第一版代码的质量，而是在编写时能否解决可能遇到的难题。我们应当对巧妙解决用户问题的方案给予赞赏。

- **营造路径**。培养习惯。用户反馈意见是否在软件开发流程中最适宜的时间被提出？工程师有一套规律的工作习惯，我们能否让用户测试环节与现有习惯更好地衔接起来，以免让路径变得过于复杂？调整环境。许多公司的工程师配有最先进的电脑。这对于产品开发来说很好，但不利于形成对用户的同理心。一位主管曾说，每当工程师使用的机器比用户领先一代时，设计出来的软件总是存在易用性问题。为什么？因为工程师想象不出自己的软件在普通机器上的运行速度有多慢。解决办法：要求工程师使用和一般用户相同的计算机来编写程序。（这是微软公司已经采取的另一种解决方案。）[4]

积极错觉：我们并不擅长自我评估

人们推动改变却失败，常常会归咎于他人对某事缺乏了解。某位母亲抱怨："要是我女儿了解她的驾驶习惯有多危险，她就能改掉这种习惯了。"某位科学家认为："要是国会议员能了解全球变暖的危机，一定会采取立法行动。"

事实上，改变失败，往往不是理解出了问题。吸烟者都知道烟草有害健康，却不戒烟；美国汽车制造厂在 21 世纪初就知道，市场销量过度依赖 SUV 车和卡车两种车型（因而也过度依赖低油价），却不想创新。

在某种程度上，我们其实了解这种对抗的必然性，我们也知道"坐而论道"和"起而行动"之间的差别。但是，每当我们碰到需要改变他人行为的情况时，第一反应总是教育对方。抽烟真的很不健康！服用化疗药真的很重要！应该与大象沟通的时候，我们却不停地在找骑象人。

针对改变提出完美无瑕的理性解释，却改变不了对方，这真是一件令人沮丧的事。为什么沃特斯要不辞辛劳地举办服装样品展给塔吉特的同事看？难道设计创意本身的道理不足以说服他们吗？

为什么不能单凭思考就改变行为呢？答案是，某些时候，我们真的不能相信自己的思维。

你待在房间里，突然一个陌生人走进来，坐在一张桌子前，拿起一张报纸，用正常语调大声朗读一则天气预报：“明天最高气温超过 27 摄氏度，夜间最低气温为 12 摄氏度……”整段“播报”历时 90 秒，随后他走出了房间。

现在，请你猜测此人智商几何。

你在参与一项心理学实验，你会拒绝回答这种荒谬可笑的问题。我对这个人一无所知。他只不过走进来念了一则天气预报。这则天气预报也不是他写的，他只是照本宣科！我怎么可能知道他的智商是多少！

最后，你还是万般无奈地猜了一个答案；另一边，假天气预报员也必须给自己的智商打个分数。谁猜得更准？

令人吃惊的是，你猜得更准，尽管你根本不认识这位假天气预报员。这项实验由德国比勒费尔德大学的两名心理学家彼得·博克瑙和阿内特·利布勒主持。他们发现在猜测某人的智商时，陌生人猜的答案比本人更准，正确率高出 66% 左右。[5]

要知道，这并不是因为你善于猜测，而是因为对方拙于自我评估。事实上，我们每个人都不擅长进行自我评估。大学生预测室友的恋情长短，总是比预测自己的爱情保鲜期准得多。

请花一点儿时间来细细品味这看似荒诞不经的实验结果。假天气预报员知道自己所有的信息，你对他却全然不知。他拥有几十年的数据资料，包括每年测验分数、大学入学考试成绩、工作表现等。他应该是全世界最了解自己的专家才对！

如果自我评估的优劣取决于掌握信息的多少，那么以上实验结果将大为不同。你想要猜准他人的智商，就好比在街上随便找一位母亲，要你猜猜她有几个小孩一样。

但是自我评估还事关诠释，大象在此会发挥作用。大象总倾向于用最乐观的态度来诠释每件事。（“成绩高分证明了我的聪明才智——代表学校课程难度太低，我一点儿都提不起劲头念书。”）

我们知道许多研究结果表明，大多数人自认为驾驶技术超过一般水准。在心理学文献中，这种现象被称为积极错觉。人的大脑是一座积极错觉的工厂：只有 2% 的高三学生承认自己的领导能力低于平均水平，25% 的人相信自己的社交能力位居前 1%，94% 的大学教授认为自己的工作表现高于平均水平，人们总觉得自己患上心脏病、癌症，甚至沙门氏菌感染等消化道疾病的概率比同龄人低。在种种自我欺骗中，最让人如沐春风的一条是：人人都觉得自己比其他人能更正确地评估自己。[6]

在谋求改变的过程中，积极错觉是一个棘手的难题。人们在改变自我、迈向新方向之前，必须先看清真实的自己。但积极错觉让人们难以认识自我，难以正确定位自己的处境，难以合理评估自己的表现。那么，应该如何在不致引发过多抗拒的前提下，消除他人的积极错觉呢？

唤醒麻烦人物“阿提拉”

美国马萨诸塞州州立机构青少年服务部为打破积极错觉做出

了良好示范。青少年服务部主要是为失足犯法的问题孩子提供服务，它既是一个教育感化机构，又是一个社会服务组织。20世纪70年代末，马萨诸塞州率先在少年司法制度方面进行了大幅修正，尽量以“过渡之家”“团体之家”、门诊咨询中心、就业服务中心等非营利性组织来取代少年监狱，目的是帮助少年犯重返社会，并且能留在家庭所在的社区。

随着马萨诸塞州政策向新型网络模式转变，青少年服务部也发生了翻天覆地的变化。服务部不再直接面对青少年，而是主要外包给“过渡之家”、门诊咨询中心等机构。服务部员工的工作方式也随之发生改变，绝大多数人都顺利完成了角色转换。

唯一例外的是会计部门。

会计部门经理是一位信奉铁腕政策的“独裁主义者”，因经常大喊大叫而为人所知。有些同事甚至给他起了个外号，称其为“会计部的匈奴王”——会计师阿提拉（Attila）。“阿提拉”近乎病态地遵守着规则。要是你在交给会计部门的费用报表里少填了某一项——哪怕只是日期或者金额小计，会计部门绝不会帮你填上，只会立刻把报告丢回到你桌上。几乎每个人都受过这种气；根据时任计划与研究部门主管的西姆·西特金回忆，“阿提拉”称得上是“全体员工的眼中钉”。“阿提拉”领导的会计团队丝毫不觉得自己是服务部门，反而自喻为监督委员会。

青少年服务部转型为社会网络模式后，会计部门的工作重点也随之发生转变。如今前来提交报销申请的不再是内部员工，而是外包的社会福利机构。不过，“阿提拉”的作风只能用4个字来形容：始终如一。面对这些外部机构，“阿提拉”依旧不改加诸公司同事的独裁风格。要是提交的报表不完美，便会被直接打回去。不过，这种做法造成了很大的麻烦。就像西特金所说：“非营利性组织的资金不多，经常朝不保夕，付款拖延会严重影响机构为孩子们提供服务。”

青少年服务部副主任盖尔·安妮·希利和西特金一样，开始接到许多来自非营利性组织的呼吁电话。某些时候，少了“阿提拉”的拨款核准，他们就毫无办法了。西特金和希利试图对“阿提拉”晓之以理，一再解释及时给付款项的重要性。但我们在前面已经多次看到，理解不足以带来改变。“阿提拉”还是“阿提拉”。

西特金和希利很沮丧，只得邀请“阿提拉”一同参加某次实地探访。一行三人驱车造访了数家青少年服务部的主要合作机构。这些机构往往坐落在破落社区的老房子里，办公室看起来又旧又乱。就在这样的环境中，工作人员依然满怀热忱，追求一个又一个小小的奇迹。“非营利性组织的典型员工，”西特金说，“就像值勤巡警和社工人员的集合体一样。这些人或许曾经也过着机构所服务的孩子那样的生活，如今努力帮助这些孩子，这一点有时很打动人。他们收入微薄，工作却很认真。”

视察过程中，“阿提拉”亲眼见识到一线机构有多忙碌，工作环境又是多么混乱。他们不像“阿提拉”有一间独立的办公室。临时居住在这里的青少年来来往往，喧声如潮，有时来煮饭，有时四处乱晃，有时聊聊天。社工人员则四处奔波，仔细照料每个孩子，还要领着他们去看医生或者找工作。

非营利性组织的财务状况捉襟见肘，“阿提拉”看见了，也感觉到了。这些机构开支吃紧，入不敷出，每一张拖延的支票都代表着一笔无法兑现的款项。可能会迟发工资，可能要缩衣节食，还可能耽误某个孩子急需的诊治。第一次，破天荒的第一次，“阿提拉”切身体会到自己吹毛求疵给他人所带来的伤害。回到办公室后，“阿提拉”彻底地脱胎换骨了。

提醒你一下，“阿提拉”依然是“阿提拉”，依然独断专行，依然大吼大叫——但是训斥的内容不再如常。“以前，他会冲手下喊：‘为什么要把这种没填完的报表交给我？’”西特金说，“后来，他的话变成了：‘你不知道我们延迟拨款的后果吗？他们等着领工资啊！’”[7]

“阿提拉”改过自新，意味着成功战胜了积极错觉。探访视察以前，要是让“阿提拉”给自己的会计工作表现评分，他无疑会给自己打 90 分以上的高分。在他的心目中，会计师的职责就是关注细节，一丝不苟，以及不屈从于政治压力。

“阿提拉”确实在自己定义的会计职责上表现出色，但这同时也是一种自我满足。我们之所以相信自己是优于平均水准的领导、司机、配偶或合作伙伴，原因之一是我们会从迎合自身的角度来确立评估标准。（我很善于进行团队合作，我还时不时教同事一些完善自我的小秘诀！）其实，助长我们的错觉的，往往是“领导艺术”或者“团队精神”之类笼统抽象的表述——也正因为如此，很少有人会自认为是优于平均水准的撑竿跳运动员。

“阿提拉”看见社工人员之后，自诩“优秀会计师”的幻象土崩瓦解。他目睹了社工在嘈杂的环境里辛勤工作，同情心油然而生，而这种同情则荡涤了他的积极错觉：我曾以为好会计就应该一板一眼，现在才意识到好会计也要提供服务。自从被迫直面过去的不当做法，“阿提拉”开始奉行另一种信条：各位，赶紧准备好支票——大家都指望着我们呢！

这个故事或许算不上温馨，但绝对是一次成功的大转变。“会计师阿提拉”固然是一号麻烦人物，但希利和西特金最终穿透他刺猬般的外壳，唤醒了他的感觉。感觉一到，改变就接踵而来。这个结局给了每个人以希望，鼓足勇气去面对自己生活中的“阿提拉”（爸爸“阿提拉”、老板“阿提拉”、青春期“阿提拉”）。

“火台”：用危机感引发改变

能够激励大象的因素是情绪。想要推动改变，必须先找到感觉。不过，是哪一种感觉呢？愤怒、希望、气馁、热情、恐惧、快乐，还是惊喜？

“希望实验室”为癌症孩童量身定做了一套电脑游戏，赋予孩子们控制权和力量。斯特格纳堆起手套塔，吓坏了各部门主管，更坚定了大家解决问题的决心。微软的可用性实验室让软件开发人员产生了同理心，设身处地地为用户着想。那么，是不是联系上任何一种旧感觉都会有用呢？

我们总是听说人们只有在面对危机时才肯做出改变，这意味着必须营造出害怕、焦虑和无助的感觉。哈佛商学院的两位教授曾撰文探讨组织变革，认为改变很难是因为人们不愿意改变卓有成效的旧有习惯。文中写道："只要不是燃眉之急，员工总是因循守旧。"为此，两位教授特别强调危机的重要性："领导者若想改弦易辙，必须说服员工，公司正处于生死存亡的关头；或者至少劝导员工相信，唯有发生天翻地覆的改变，方能维持企业存续。"[8] 换句话说，如有必要，我们必须制造出一场危机，让人们确信自己大难临头，除了改变，别无选择。

危机的重要性在心理治疗界也一度盛行，大多数治疗师相信酒瘾或毒瘾患者非得触及谷底才能有机会反弹。在 20 世纪 80 年代举行的一场专业研讨会上，治疗师露丝·马克斯韦尔向与会者进行展示，建议同人，即使患者还没有跌到谷底，也可以采取家庭"干预"手段，说服成瘾者参与治疗。马克斯韦尔在《突破》一书中写道，她几乎是"被嘘声赶出了会场……与会的治疗师大多深受传统精神病学理论熏陶，坚信唯有动机才能促使患者接受治疗"。至于"动机"，唯有经历人生低谷才能形成。[9]

既然提到了危机的感觉需求，我们不妨来谈谈"火台"，这是有关组织变革的文献书籍中的常见术语。"火台"一词出自 1988 年发生在北海派珀阿尔法（Piper Alpha）石油钻井平台的一场可怕事故，瓦斯泄漏引发爆炸，将整个钻井台一分为二。有位记者描述当时的场景："生还者面临着噩梦般的抉择，要么跳到 150 英尺①开外、熊熊燃烧的火海，要么留在断裂的钻井台上等死。"钻井平台的一位负责人安迪·莫肯说："要么被烧死，要么跳下去，所以我跳了。"最终，北约部队和英国皇家空军将他救起。

这场人间浩劫衍生出一种相当可笑的老派商业理论。当公司管理层说需要一个"火台"时，意思基本上就是要设法让员工闻之丧胆，进而接受改变。所谓制造"火台"，就是把现状描绘得悲惨绝望，无路可退，迫使员工不由自主地"跳入火海"。（这里的"跳入火海"指的是改变组织行为。也就是说，"火台"一词算得上是一种标准的夸张手法。）

简而言之，"火台"对员工来说是有效的精神喊话："各位，不想被烧死的话，一定要奋不顾身地跳进海里！所以，现在赶紧回去工作！"[10]

暂且不论这个愚蠢的"火台"比喻，恐惧的确是一种强大的刺激动力。1964 年美国总统大选前，林登·约翰逊团队制作了一则家喻户晓的电视竞选广告《雏菊》，片中一个小女孩手捧花朵，背后缓缓升起一朵蘑菇云。广告用声光效果暗示选民，假如共和党候选人巴里·戈德华特当选，你的孩子将被迫置身于核战争险境。在 1984 年普利策戏剧奖得主戴维·马梅特的剧作《拜金一

---

① 1 英尺约为 0.3 米。——编者注

族》中，贪婪卑鄙的地产商威吓道："公司业绩排名第一者奖励凯迪拉克轿车一部，第二名可获得牛排餐刀一组，第三名请吃炒鱿鱼。"[11]

健康教育工作者也常常遵行同样的逻辑。曾记否：禁烟广告里印着瘾君子肺部发黑、变形的照片，著名反毒品宣传片《这是你嗑药时的大脑》用煎鸡蛋来形象比喻吸食大麻时的大脑。（真是讽刺，煎鸡蛋画面反倒令吸毒者饥肠辘辘。）

负面情绪无疑能起到刺激作用，没有人想看到自己的孩子遭受核武器攻击。不过，这些情绪究竟激起了什么呢？

"要是鞋子里进了颗小石子，很硌脚，你就会处理它。"宾夕法尼亚大学心理学家马丁·塞利格曼说。在某种意义上，负面情绪的目的正是要你把鞋子里的石子倒出来——引发特定动作。生气的时候，你会收缩瞳孔，紧握双拳，进入备战状态；恶心的时候，你会皱起眉头，鼻翼内合，避免闻到令人作呕的东西；害怕的时候，你会双目圆睁，全身紧绷，做好逃跑的准备。日常生活中，负面情绪帮助我们规避风险，直面问题。

总而言之，如果你希望快速引发特定动作，负面情绪可能帮得上忙。但多数时候，谋求改变的情境并不像鞋子里有小石头那么简单。减少温室气体排放，让塔吉特变成"高级折扣商店"，改善婚姻质量，这些都不是鞋子里的石子——这些情况需要的是创造力、灵活性和独特巧思。很遗憾，"火台"没办法带给你这一切。

那么，什么样的情绪才可以呢？

小结

1998 年，心理学界对负面情绪的研究已经开展了数十年，美国心理学教授芭芭拉·弗雷德里克森写了一篇惊世骇俗的论文《正面情绪好处何在》。此文已成为学界经典之作，被引用次数比一般的心理学论文多出 100 多次；它还助推了正面心理学的发展，近年来许多探讨幸福的畅销书都发端于此。

弗雷德里克森的论文题目已经表明，正面情绪实在是一个难解之谜。与负面情绪不同，正面情绪不会激发挥拳、逃跑、闪避等特定动作，甚至没有固有的鲜明的面部表情。事实上，不论欢乐、满足、骄傲、爱情，还是乐趣，似乎都会产生同一种“我很高兴”的通用表情——“杜兴笑容”。19 世纪法国神经学家杜兴发现，人在发自内心微笑时，嘴唇上翘，眼角周围肌肉收缩，形成皱纹——正如你询问你的另一半“你是不是瘦了？”时会看到的笑容。我们往往通过千篇一律的“杜兴笑容”来传达正面情绪，好比通过低音大号来吹奏交响乐，好比历届选美冠军都不约而同笑得一脸灿烂。更糟的是，我们甚至很难辨别眼前的“杜兴笑容”是真心还是假意。（诀窍：真诚自然的“杜兴笑容”伴随着难以伪装的眼角细纹。）

负面情绪多半会给我们的思维带来“窄化效应”。当你走在黑洞洞的巷子里时，全身会绷得紧紧的，脑子不太可能还在想明天要做的事情。恐惧、愤怒、厌恶，这些情绪让人注意力集中，它的功能就像给人戴上遮眼罩。举个例子，警察给枪击案受害者做笔录时总是一筹莫展，因为受害者只能详尽描述凶犯手上拿的那把枪，却对凶手是否长着胡子毫无印象。

弗雷德里克森认为，正面情绪的作用恰恰与负面情绪的窄化效应背道而驰，反倒能“拓展和充实”我们整体的思维和行动。一方面，欢乐的情绪让我们想要玩乐。玩乐没有固定做法，但能拓展我们的思考，为我们提供更多选项。我们开始到处闲逛，探索或发明新的活动。另一方面，欢乐的情绪激发了玩乐的动力，进而充实我们的资源和技巧。举例来说，孩子们通过打闹学会肢体技巧，通过玩玩具、积木和蜡笔学会操控物品，通过扮演动物或者“超级英雄”学会与人相处。

又比如，兴趣拓宽了我们的研究范围。一旦我们觉得对某物感兴趣，就会希望自己能参与其中，学习新事物、获取新体验，自己也更容易接纳新的想法。再比如，达成目标的自豪感，则扩展了我们未来愿意面临的挑战的种类，鼓舞我们追求更为远大的目标。[12]

我们的组织或社会所面临的大问题，多半笼统且模糊，这些问题也在发生变化，这与“火台”状况毫无共通之处。“火台”要求人们倾尽全力，做出艰难却又明确的行动，但在解决更加棘手、更加抽象的问题时，我们需要敞开心胸，需要独辟蹊径，还需要永怀希望。

这让我们回想起塔吉特的成功案例，萝宾·沃特斯就是一位正面情绪大师。她没有试图营造“火台”：“沃尔玛在抢我们的饭碗！塔吉特的一只脚已经踏进棺材！快随我跳进火海！”相反，沃特斯想办法鼓舞团队，让同事心生创意，满怀热忱。要是我们产品的颜色也像 iMac 电脑那么抢眼会怎样？看看这几家巴黎精品店的摆设——我们也这样陈列毛衣如何？

沃特斯循序渐进，帮助公司改变了根深蒂固的文化，因为她发现了激起同事心中希望、乐观、兴奋的办法——她找到了感觉。

第五章

缩小改变幅度

抢先起跑：让对方感觉目标很近

2007 年，阿利娅·克拉姆与埃伦·兰格两位学者发表了一份有关酒店女服务员及其运动习惯的研究报告。研究内容听起来或许不值一提，结论却出人意料，令人难以置信。（实际上，我们认为研究人员在解读实验结果时出了偏差，得出的结论有误。）

让我们先从酒店女服务员说起。

女服务员平均每人每天要打扫 15 个房间，每个房间耗时 20~30 分钟。我们不妨花点儿时间，想象一下女服务员其中一小时的工作内容。在脑海里像放电影一样快进一遍，你会看到女服务员走动、弯腰、推车、手举、肩扛、擦洗、掸尘……总而言之，她们的工作就是运动。事实上，女服务员的每日运动量已经远远超过了卫生部门建议的运动量。

但女服务员似乎并不认为自己每天做的事情就是运动。研究刚开始时，67% 的女服务员告诉克拉姆和兰格自己没有做过规律运动，甚至有超过三分之一的女服务员表示自己完全不运动。什么？这简直就像三分之一的脱口秀主持人说自己从来没见过陌生人一样。

那么，到底什么是“运动”？按照一般人头脑中的定义，运动就是站在健身俱乐部的跑步机上，目之所及皆是穿着弹性运动服的女人和汗流浃背的男人。照这样想，那么女服务员说得没错。但是，我们的身体不管具体的运动类型，消耗一卡路里就是消耗一卡路里。

两位学者都很好奇，要是女服务员发现自己其实是运动模范，会发生什么事。于是，研究人员向其中一组女服务员报告了这则好消息。研究人员给她们每人发了一份说明运动益处的文件，还告知她们日常工作已经足以获得运动的好处。研究人员向她们解释，运动不一定非得艰难痛苦不可，也不是必须去健身房，只要运动肌肉时能消耗卡路里就行了。她们还拿到每项工作的卡路里消耗值对应表：换床单被套 15 分钟消耗 40 卡路里，使用吸尘器清扫 30 分钟消耗 100 卡路里，等等。与此同时，研究人员也给另外一组女服务员每人发了一份介绍运动益处的文件，但没有进一步解释日常工作内容与运动之间的关联（也没有发放相应的卡路里消耗数据表）。

4 周后，研究人员再度对这两组女服务员进行调查，结果有了不可思议的发现。得知自己做了很多运动的女服务员，体重平均减轻了 1.8 磅①——每周减少了差不多 0.5 磅，减重效果极佳。而另外一组女服务员的体重则没有任何变化。

克拉姆和兰格试图找到合理的解释。体重下降不能归结为统计波动现象，因为接受调查的女服务员人数很多，排除了巧合的可能。更何况，女服务员不仅体重减轻了，体脂肪率也跟着下降了。不过，这些女服务员也没有变成运动狂人——相比之前，她们并没有在工作之余进行更多运动。

两位研究人员还排除了一大堆可能的原因：女服务员工作强度如常，饮酒、喝咖啡、吸烟量不变，饮食习惯照旧——既没有多吃蔬菜，又没有少吃甜食。尽管如此，这些人还是变瘦了。[1]

那么她们瘦下来的原因是什么呢？

一家本地洗车店推出积分会员卡促销活动。顾客每洗一次车，就可以在卡片上盖一个章，集满 8 个章就能免费洗车一次。

这家洗车店向另一批顾客发放了稍微不同的积分卡，顾客需要集满 10 个章（而不是 8 个）才能享受一次免费洗车服务。不过，他们可以“抢先起跑”，因为他们拿到的积分卡上已经事先盖好了两个章。

事实上，两组顾客要达成的“目标”一模一样：购买洗车服务满 8 次，兑换免费洗车服务 1 次。但两组顾客的心态却大为不同：一种是从零开始，另一种则是已经抢跑了 20% 的路程。几个

---

① 1 磅约为 0.45 千克。——编者注

月后，从零开始的顾客只有 19% 换得了免费洗车服务，预先盖了两个章的顾客则有 34% 达成目标。（不仅如此，后者成功兑换服务所花的时间也更短。）[2]

已经走完长途旅程的一段，似乎比从头开始的短途旅程更加振奋人心。所以，筹募慈善资金活动有个惯例：在尚未募得半数资金以前，最好不要公开宣布自己正在筹集善款。（毕竟，谁会想要捐出 100 万美元善款中的头 100 美元呢？）[3]

因此，鼓励人们采取行动的办法之一，就是让对方感觉自己距离目标越来越近了。

克拉姆与兰格两位学者将女服务员体重下降归因于“安慰剂效应”。换言之，研究人员认为体重下降是由于女服务员意识到自己的日常运动量，而不是因为女服务员的行为发生了改变。

安慰剂效应是现代医学中广受实证的现象之一，因而这个解释乍看起来很有道理。我们都听朋友说过某些偏方（比如臭气熏天的植物或者山羊角提取物）具有神奇疗效，那么或许女服务员也是因为听到好消息后才产生了类似的心理作用。

不过请注意，安慰剂效应的适用情境都有一个共同点：这种效应出现在自我报告的时候。吃了一片止痛药，医生会问你：“现在你感觉有多痛？”服下抗抑郁药物 6 周后，治疗师会问你：“现在你感觉如何？”可以理解（虽然本质上还是很奇怪），服用安慰剂而不是镇痛药雅维（Advil）或百忧解（Prozac）的病人，的确可能报告感觉好多了。

但女服务员的例子并非如此。没有人问这些女服务员感觉如何，或者有没有自认为变得更加健康。女服务员只是站上体重计，数值显示体重变轻了——安慰剂可没办法对体重计发挥作用。

那么换个角度想，如果你突然发现自己其实是个运动好手，这种心理转变会不会形成生理效应？会不会让你的新陈代谢一下子超速运转或是发生其他变化？我们不能排除这种可能，但老实说，如果思考的力量能让人变瘦，这恐怕是跟冷核聚变差不多伟大的科学成就了。（也会成为一本热卖数十亿美元的畅销书——《享受"想"瘦》。）

其实，女服务员体重减轻的实验比较接近于洗车店积分活动。一部分女服务员拿到的是已经盖了两个章的积分卡，换句话说，她们惊讶地发现自己原来一直在做运动。她们已经朝目标前进了20%的旅程，而不是从零开始。这为她们提供了强大的认知激励：我不是懒虫，我一直在运动！

我们不妨来模拟一下类似的情境。假设有位科学家跑来告诉你：你不知道吗？你这份办公室工作根本就是有氧运动天堂！每点一次鼠标就消耗8卡路里！每次上网查询球队得分数据，相当于跑步1英里！看，我做的事儿多有用！

重点就在这儿：你一旦接受这种想法，就会立刻改变自己的行为。一旦意识到做小事情也是在做运动，你大概会想方设法再多做一些小动作。

同理，女服务员听到好消息后激发了满腔的热情。或许她们会比以往更卖力地擦洗浴缸，或许她们为了多走点儿路，特意在更换床单被套时多往返推车几次，或许她们去吃午餐时不乘电梯，改为走楼梯。女服务员愿意做出额外的努力，因为有人在运动卡上事先盖了两个章。突然间，她们发现自己距离终点比预期的更近了。

有所进展的感觉很重要。我们的大象很容易心灰意冷，很容易惊慌失措，也很容易脱轨掉队。正因为如此，大象需要被安抚，需要恢复信心，即使是在旅途刚起步的阶段。

如果你正在引领一场变革，最好赶快在团队的积分卡上盖下头两个章。不要过分关注改变将要带来的不同之处，而应当设法提醒人们已经克服的困难。“各位，我知道新的财务报表结构有所变动，但请记住我们雷康（RayCom）公司的会计团队已经成功推行了。”“亲爱的，要减 40 磅肯定不容易。但是你已经戒掉了汽水，我敢打赌光靠这个就能在年底前减掉 5 磅了。”

有些商业理论建议我们“抬高标杆”，但把目标定得过高，无论如何也无法激励不情愿的大象。你应该降低标准，把横杆降到大象正好可以跨越的高度。

要让一头不情愿的大象迈开脚步，你必须缩小改变幅度。[4]

“5 分钟房间拯救行动”

或许你跟其他人一样，喜欢房间一尘不染却又讨厌做家务。

由于没有及时打扫卫生，随着时间一分一秒流逝，办公桌上的纸张越叠越高，没洗的脏衣服越堆越多，餐具柜里的灰尘越积越厚，于是你心里的畏惧感也与日俱增。问题愈加恶化，恐惧之情愈加蔓延。结果你更不想打扫卫生了，房间也会更加脏乱……如此恶性循环，你不会对这种情况感到陌生吧？

但是，我们到底在害怕什么呢？想一想，把地板上的衬衫捡起来丢进洗衣篮，这会让人害怕吗？不会。把一只玻璃杯冲洗一下再放进洗碗机，把一份文件夹放入档案柜，用玻璃清洁剂喷一下浴室镜子，这些都不是让人害怕的事。那为什么这些微不足道的小事集合起来却令人产生恐惧之情？或许因为一听到要“打扫房间”，（依照定义）我们就必须一直收拾到整个房子非常干净为止，而当我们朝着终极目标眺望过去，脑海中会浮现出一路需要攻城拔寨的任务——橱柜、碗碟、马桶、地板，根本就迈不出第一步，感觉要完成的事情实在太多了。

然而我们却不害怕一点一滴存入退休金，也知道退休金会日渐积少成多。同样的道理，让房间干净一些不也比让房间干干净净容易得多吗？我们是不是也可以用分解任务、缩小幅度的办法来摆脱恐惧呢？

这种思路衍生出一种聪明的自助技巧，“5 分钟房间拯救行动”应运而生。提出这一方法的是家务达人马拉·西利，自称家政小飞女（试想一下小飞女嗡嗡拍着翅膀做家务的形象）。房间拯救行动如下：拿出厨房计时器，定时 5 分钟；走到家里最脏最乱的房间（就是从不让客人进去的那间），按下计时器，开始着手收拾，计时器一响就坦然停工。[5]听起来不太难，对吧？

这是针对大象的小计策，大象讨厌做没法立刻获得回报的事情。（要是你见过有人硬拉着骡子朝反方向走，对，就是那种感觉。）要让大象挪动屁股，你得向它保证任务不会太困难。你看，只要5分钟，能有多糟呀？

打扫5分钟会有什么效果呢？不太多。但至少你开始做了，这正是最难的一步。开始做一项讨厌的任务，永远比继续做下去更难。所以只要你开始打扫房间，即使过了5分钟，你还是有可能继续清理下去的。你会惊喜地发现原来房间这么快就能变干净，你也会开始怡然自得地欣赏自己的成果：先是光可鉴人的洗手池，接着是洁净清爽的浴室，然后是干净的楼梯。自豪感与自信心交替增长，形成良性循环。但在进入良性循环之前，你必须缩小改变幅度。

债务雪球：快速还清债务的技巧

史蒂文·法勒是电子商务网站eBay上的卖家，妻子阿曼达·法勒则是一位药剂师，夫妇二人双双陷入财务困境。“一切始于我们毕业后。当时我们已经欠下6万美元的助学贷款，这很正常。然后我们买了一套房子，两部新车，又增加了3.5万美元的信用卡债务。我们的想法很简单，不是为了跟别人攀比，也没有一直买乱七八糟的东西，只是当初没考虑周全。”最终，恐慌不期而至。法勒夫妇发现，自己距离破产仅一步之遥，只要一场意外或者双方中一人失业，这个家就完了。他们深知自己需要帮助，于是开始采取个人理财专家戴夫·拉姆齐的理论方法。

拉姆齐在年轻时经历的一场意外改变了他的人生轨迹。26 岁那年，拉姆齐和妻子拥有一套价值 400 万美元的房产，但这笔财产顷刻间化为乌有。拉姆齐在《抓住你的财富》一书中写道：“我们在 3 年内掉进财务地狱，失去了一切。我们被起诉，无力赎回抵押品，最后只剩一个新生婴儿和一个学步儿童。我们破产了。当时的感觉不只是害怕，应该说是崩溃。但我们紧紧握住对方的手，下决心要进行改变。”

拉姆齐摆脱这场家庭财务的濒危困境后，决心帮助他人避免犯类似的错误。他通过出版书籍、制作广播节目，为苦苦挣扎的个人和家庭提供财务建议。人们最常遇到的问题就是债台高筑。

拉姆齐最有名也最受争议的处理债务技巧被称为“债务雪球”。当法勒夫妇发现自己的负债已经超过 10 万美元（还不包括房贷）时，便开始实践“债务雪球”的方法。第一步，列出所有负债（不论是信用卡负债、超期电费，还是助学贷款）的清单，按照数额由小到大逐一排列。第二步，“债务雪球法”规定，法勒夫妇只能支付每笔债务的最低还款金额，只有一种例外情况：支付最低还款金额后，剩下可支配的余额总计可以偿还清单上排位第一的债务。由于清单上的第一笔债务金额总是最小的，可以较快还清，这样，法勒夫妇就能将这笔债务从清单上删去，手头上剩下的钱直接用来偿付第二笔债务，然后是第三笔、第四笔。每删去一笔债务，他们就少了一笔最低还款金额，也就会有更多的钱解决下一笔债务了。这就是以上方法名为“债务雪球”的原因——每还清一笔债务，剩余现金的“雪球”就会增长一分，于是“雪球”越滚越大，越滚越快。

请注意，我们忽略了一件事：利息。如果法勒夫妇债务清单上第一笔是逾期电费，虽然电费不产生利息，但拉姆齐还是建议他们先偿清电费，再来处理利率为 20% 甚至更高的信用卡账单。

一般的理财顾问听了这个建议，恐怕会大惊失色。毕竟，只要简单计算一下就知道，当然是先去付高利率的债务比较划算。不过，拉姆齐自有道理：

> 我以前是个名副其实的书呆子，总是习惯一遇到问题就用数学方法来进行处理。后来才发现，数学固然必不可少，但有时动机比计算更重要——比如现在这种情况……说实在的，要是你刚开始节食，不到一个星期就瘦了，你一定会继续坚持这种饮食习惯；要是你尝试节食，体重反倒有所增加，或者 6 周都没有显著效果，你一定会放弃。我在给销售员做培训时，会尽快帮助他们卖出一两件商品，以点燃他们心中的斗志。当你开始执行“债务雪球法”，并在头几天就偿清一

> 些小债务时，相信我，你也会燃起斗志。我不管你是不是心理学硕士，你都需要快速取得胜利来点亮心中的星星之火，而心中的星星之火正是超级重要的事情。[6]

大多数理财顾问出于余额利用最优化的考虑，会建议客户先偿还高利息的债务。但是，拉姆齐并不关心数学上的最优方案，而是为了解决有关大象的问题。拉姆齐知道，人们之所以陷入财务危机，是因为失去了自我控制。面对小山一般高的债务，更让人感到力不从心。数学克服不了无力感，只有证明人们可以战胜债务的方法才行。如果你拿 185 美元去部分偿还一笔高利息的 2 万美元信用卡债务，还是会让人觉得无能为力；但如果拿这笔钱一次付清过期水电费，你的成绩就变成了消灭一笔债务。是的，你消灭了一笔债务，取得了一场胜利！

拉姆齐的“债务雪球法”与“家政小飞女”的“5 分钟房间拯救行动”如出一辙。当人们面对某个难题时，望之兴叹、心生逃避，那你就必须分解任务。缩小改变幅度，让改变小到人们可以轻松取胜的程度。只要打扫干净一间屋子、偿清一笔债务，心中的恐惧感便会无影无踪，进程也会像雪球一样越滚越快。

实战分析

如何在不引发政治纠纷的情况下削减预算?

面临状况

玛丽·卡尔是一所大学的首席财务官，目前该校招生人数急剧下降。由于学生人数减少，学费收入自然下滑，进而导致学校的财务出现缺口。卡尔的任务是监督全校30个部门有效削减预算。

（以上是真实案例。）

转变目标与障碍所在

卡尔要求各部门主管在不致引起过分抗拒和政治斗争的情况下，削减本部门预算。她已经努力厘清了思路并确立了目标：分析报告显示，各部门必须削减5%的预算。

大多数部门主管对此表示理解，也同意进行削减，但卡尔担心难免会有人拖后腿。她需要尽快完成预算精简，而这主要取决于她能否激励主管脑海中的大象积极行动起来。

如何转变

- **指挥骑象人。**跟随亮点。卡尔能否找出一些部门主管开动脑筋进而精简花费（例如改装感应式灯具和暖气、外包行政岗位）的成功案例？如果可以，她应该协助其他部门复制推广亮点案例。

- **激励大象。**缩小幅度。削减 5% 预算的目标清晰明确，但削减这个议题往往会引起担忧。“当你提出‘我们必须削减 5% 的预算’时，大家不免会产生恐慌。”卡尔说。她能否将整个任务化整为零？结果显示，卡尔是“家政小飞女”的信徒，她的灵感来源于“5 分钟房间拯救行动”。卡尔每周会挑选出两三项小额预算（如办公用品、培训、差旅），然后询问部门主管能否在原有的基础上削减 5%。卡尔描述道：“每次只挑出较大任务中的一小部分，能够安抚他人的恐慌情绪。”卡尔缩小了改变幅度，减轻了大象的抗拒感。给自己人以信心。一旦部门主管成功削减了前 3 项小额预算后，卡尔希望大家保持这样的动力。她会告诉主管们：“我们已经完成了任务的三分之一！”她在大家的积分卡上盖下了两个章，于是主管知道自己已经朝目标迈进了很大一步。
- **营造路径。**培养习惯。卡尔会在每周一准时发布预算调整的最新状况。她会要求部门主管及时更新削减进度，并且给出简单的行动指示，例如：“如果你觉得自己没法削减 5% 的差旅预算，请在今天来电说明。”卡尔借由始终一致且可预期的一套程序，试图让预算削减流程更接近于常规习惯，久而久之，也更容易自动化。召集同伴。预算削减进行到某一程度后，所有部门主管都应邀参加年度计划大会。第一天，每个人都能看到各部门前一轮预算削减的成果。接着，主管们在当天晚上花时间讨论下一轮更深入的削减计划。第二天早上，主管们彼此分享自己的精简计划构想。卡尔解释说："每个人都能看到其他人已经削减了哪些项目，以及未来可能的计划。通过了解大家的状况，与会者做出了共同决定，而不是个别部门主管在单独行动。大家视这所大学为一体。"在本质上，部门主管在彼此身上发挥了正面的同伴压力，而整所大学的立场（这是强大、共享的认同）成了社会规范，大家不再只着眼于各自部门的利益了。

设定里程碑：将官僚惰性转变为前进的动力

缩小改变幅度的方法之一是限制资源投入量，比如只做 5 分钟家务，只偿还一笔债务；另一种方法是设定小胜利，追求那些近在咫尺的里程碑。[笔者二人的父亲弗雷德·希思曾在 IBM（国际商业机器公司）工作超过 30 年，每当"里程碑"过于遥远时，他总会告诉团队应该寻找"寸程石"。"说得好，老爸。"]

假如你想鼓励孩子打扫一下房间，可能会用到"5 分钟房间拯救行动"来克服他一开始的抗拒情绪。要是你再有策略性地指定他从某个房间开始打扫，效果将会怎样？你可以要求他先清理小小的客房浴室，因为你确信只要 5 分钟，那间浴室就会变得干净明亮。打扫整幢房子的总目标太过遥远，也难以激励人心，但如果打造出 5 分钟就能取得的小胜利，或许就能带给孩子足够的热情去追求下一个里程碑。

如果你有过开长途车的经历，那么一定对这一技巧不陌生。或许你以城镇为单位来分解旅程，或许按时间来划分，又或许你告诉自己再开 120 千米就犒赏自己一杯咖啡。想着“开 120 千米后喝杯咖啡”，比想着“8 个半小时后开到奶奶家”要轻松得多。

你不能指望这些里程碑自动出现。要想激发改变，你必须主动寻找里程碑。

我们一直在讨论个人层面的小胜利，包括鼓励长途驾车司机或者让孩子打扫房间。其实，这种概念也适用于大型组织。例如，一位名叫史蒂文·克尔曼的男士就找到了在联邦政府取得小胜利的办法。

克尔曼是哈佛大学肯尼迪政府学院的一位公共管理学教授。1993 年，克尔曼接到克林顿政府的来电，邀请他接手联邦采购政策办公室（Office of Federal Procurement Policy，简称 OFPP）的工作。身为采购办公室的领导，克尔曼的职责是改革联邦政府的采购活动。采购就是购买资源，不仅个人离不开采购，政府也是采购狂。仅 2003 年，美国政府就花了 3 200 亿美元购买商品和服务，采购项目从办公室里的回形针到国家公园管理局用的直升机，无所不包。这笔钱事关重大，不可能派人直接跑到贝尔直升机公司，掏出一张信用卡，买一架新直升机回来。（换个思路想，这样刷一次卡能累积的航空里程数还真不少。）

克尔曼起初不愿接受任命，他知道就算全力以赴，也未必能使采购活动有所改观。但最终他还是接受了这个职务。他很清楚自己将面临怎样的局面，因为3年前他刚写完一本关于采购改革的书。[7]

现有的联邦采购活动问题很多。多年来，政府建立起很多防范弊端的规章制度和保障措施。这些制度和措施刚被制定时的出发点很好，但随着体系日渐形成、内容逐层扩张，到头来反而导致了比想要防治的问题更严重的问题。例如，在决定采购哪一家厂商的产品时，禁止采购官员参考厂商的“以往表现”。假如联邦政府曾向“代码王”公司签约开发一款软件，结果“代码王”不但延期交付，而且品质低劣。但是政府部门在评估另外一个软件采购项目时，却不准援引“代码王”公司的以往表现！（就好比你不能参考发型师的以往作品，就要决定请谁来为自己理发一样。）

有时候，连篇累牍的采购规定反而会弄巧成拙。曾有一个著名的例子是，美国国防部为了甄选部队食用的巧克力曲奇饼干，公布了一份多达20页的“军用规格书”，详细列出了包括成分、尺寸、烘焙过程等条目的诸多规定。这些要求生生抬高了饼干的采购价格，因为像奇宝（Keebler）、纳贝斯克（Nabisco）这些真正懂得大规模生产饼干的公司，反而因为标准制作流程不能完全符合那叠厚厚的“军用规格书”而丧失竞标资格。另外，这份规格书甚至完全没有提到饼干必须美味可口。

身为联邦采购政策办公室首脑，克尔曼的职责是引领采购变革，但他手中并没有多少实权。克尔曼直属团队共有员工 20 多人，没有人真正负责过任何大宗政府采购项目，采购决策权实际上分散在数十家大型联邦机构手上。要想改革采购政策，克尔曼必须改变联邦政府所有采购人员的行为。

如果说世界上果真有撼动大树的蚍蜉，那么克尔曼正是这样的人物之一。为了更直观地感受政府采购是怎样一棵大树，可以将 3 200 亿美元折算如下：这笔钱可以买下美国整个计算机硬件产业一年内所生产的每一件产品——所有的戴尔笔记本电脑、所有的 IBM 主机、所有的希捷（Seagate）硬盘，以及所有的其他产品；不仅如此，剩下的钱还足够买下美国汽车产业所制造的每一辆汽车和每一个零部件。[8]

联邦政府的采购活动涉及数千名员工。即使 1993 年上台的总统克林顿算是新老板，但在这些员工眼中，克林顿在位时间不过 4 年而已，因而没打算依照总统的心意来做。此时，克尔曼无畏地踏入这座处处弥漫着怠惰气氛的大沙坑。他是一名教授，不过如此；他写过一本关于这处沙坑的精彩著作，仅此而已。他现在的职责是改造沙坑，但他根本没办法掌控沙坑（除了东边角落里那 20 多粒沙子）。如果这都行得通，你可能也会请一个名不见经传的电脑专业记者来整顿计算机产业。

克尔曼知道自己必须在卷铺盖走人之前尽快有所进展。“要是能找到快速实现的成功的改变案例，那么或许就可以带动其他改变。”他后来这样写道。克尔曼在寻找一个见效迅速、容易达成、能见度高的小胜利，一个可以适用于包括国防部、卫生及公共服务部等所有政府部门的小胜利。要是能借由一项简单的任务（比如“5 分钟政府拯救行动”）来牵动众人的大象，他相信继续走下去就不是难事。

某一天，克尔曼在与一位政府雇员谈话时灵光闪现。这名公务员告诉克尔曼，当她要用到类似计算机磁盘这种便宜的小东西时，想直接走到街对面的电脑超市购买，但采购规定禁止她这样做，这种限制时常让人敢怒不敢言。

克尔曼准确地抓住了一个机会。他会见每一位资深采购主管，并提出一项挑战：明年贵单位的政府采购卡使用量必须增加一倍。（请注意，这项挑战指示明确，类似于低脂牛奶运动。克尔曼清晰、准确地描述了行为改变，指挥了众人的骑象人。）按照他的规划，每当公务员需要小物品时，比如几张电脑磁盘、一块硬盘或一箱办公用纸张，都可以拿着政府购物卡，直接走到马路对面购买任何所需要的东西。克尔曼要求各家采购单位正式“宣誓”，表示认同这一想法。在采购单位的支持下，克尔曼更进一步，第二年又推出了四项新誓词。

第二项宣誓内容的挑战要大得多：克尔曼要求采购单位打破不考虑竞标者以往表现的惯例。他知道这个想法推行起来并不容易，所以他决定先找到至少8家愿意宣誓的采购单位，再向所有部门公开宣布。克尔曼不断打电话联络，下属和幕僚也想办法动用各方人脉。最后有8家单位同意响应这个号召，但克尔曼并没有就此停手。“找到第9家宣誓单位后，参加单位就开始像雪球一样，越滚越多了。很快我们就会跟拒绝我们的单位说：‘除了你们以外，几乎所有单位都加入了。’”（这个结局印证了我们将在第九章提到的行为具有传染力的观点。克尔曼的做法将本书基本框架的三要素成功结合起来：指挥骑象人，激励大象和营造路径。）

最终共有20家采购单位愿意加入“以往表现宣誓”运动。为了确保誓言得到落实，克尔曼敦促各单位制定共计58项即将竞标的采购项目，并保证将明确考察供应商以往的表现。

通过这些宣誓，克尔曼将罄竹难书的官僚惰性转变成确凿可靠的前进动力。5年后的一项内部调查表明，采购单位一线公务员中有70%的人首肯采购改革。1998年，广受赞誉的美国智库布鲁金斯学会发表的一项研究报告，评估了此前8年来美国各项“政府再造”运动的成功程度，克尔曼的采购政策改革是唯一赢得“A”级评分的措施。单枪匹马，就这样闯入联邦政府，促成了一场大改变。

从0到10量化奇迹

打造早期成功，其实正是打造希望。希望是改变旅途中的稀世珍宝，是激励大象的动力。

一旦踏上改变之路，并不断前行，让人们看见自己取得的进步就显得至关重要。有些改变的成果容易度量，减肥的人只要站上体重计就行了。但很不幸，“研发新产品”或者“降低碳排放的影响”没有现成的体重计可用。身为改变的领导者，你该到哪里去找这种成果的衡量标准呢？

我们在第一章谈到的焦点解决短期治疗师，创造出了心理治疗领域的量化指标。回想一下治疗师向病人提出的奇迹问题：“假设今晚你睡得很香，突然奇迹发生了，你刚刚讲的问题一下子都解决了。那么第二天早上醒来后，你是怎么发现的？”

这些治疗师知道，奇迹在病人身上发生的概率还相当小，他们必须让病人在抵达目标前保持动力、满怀希望。为此，治疗师设计出一套在通往奇迹路途上量化进度的办法，他们发明了一条刻度从 0 到 10 的“奇迹标尺”。[9] 事实上，治疗师通常在第一次对病人进行咨询治疗时，就会要求病人自我评估当前的状况。病人一般会回答 2 分或者 3 分，治疗师则立即给予热情洋溢的回应：哇，你已经前进了 20%！有种似曾相识的感觉吧？没错，治疗师在给病人的积分卡上盖了两个章。

随着心理疗程逐步展开，治疗师会持续跟踪病人自我报告的进展。治疗师会祝贺病人取得的每一次小的进步，每一场小的胜利：当病人报告自己从 3 分进步到 4 分时，治疗师一定会兴高采烈地积极回应。[10] 庆祝小小的进展并非我们的本能，会有几个销售经理因为业绩定额达成40%而在办公室载歌载舞呢？但这种鼓励对病人来说十分关键，这是一种强化。当你庆祝由1分进步到2分，再由2分进步到3分时，你会充满信心地迎接下一个阶段。

将奇迹予以量化的另一个好处是，消除整个过程的神秘感。举个例子，你正在帮助上初中的儿子克服极度害羞的心理。或许你儿子眼中的奇迹是能够开口邀请某个女生一同参加校园舞会，现在的他觉得这件事是想都不敢想的壮举。不过，你已经和他谈论过害羞的问题，他自己也承认，而且表示不喜欢这么害羞。这段对话本身，至少就值2分了。

焦点解决短期治疗师可能会问你儿子："怎么做才能进步到3分？我们先不管能不能一口气取得奇迹，我们确实还无法达到那个程度。说说3分就好。"

或许你儿子眼中的3分是完成一些简单的事，比如向杂货店店员询问牙膏放在哪一排。要是他做到了，就证明他自己可以和陌生人成功互动，他也会看见自己朝奇迹迈进了一步。"奇迹标尺"的意义在于，将注意力聚焦在可以达到且可以看见的小里程碑上，而不是最终的目的地，因为终点看起来可能遥不可及。就好比在爬长梯时，我们总是专注于下一步横杆，而不是抬头望着梯子顶端。也许前方还有很长的路程，但你确信自己正朝着正确的方向逐步前进。

请再次注意，打动大象和打动骑象人的办法经常合二为一。在这个例子中，儿子的骑象人收到明确的指示（询问店员牙膏的摆放位置），儿子的大象也得到一番希望的鼓舞（或许我不会一直这么害羞）。

借助“奇迹标尺”，你总会清楚自己下一步该往哪里走，也确切了解下一场小胜利将是什么。你会不断前进，更棒的是，你对自己保持前进的能力越来越有信心了。

小目标，小胜利，触发积极行为

美国职业橄榄球联赛教练比尔·帕斯尔斯曾带领纽约巨人队夺得两届“超级碗”冠军，他很赞同“即使小小的成功，也能大大鼓励人们相信自己”的观点。他在发表于《哈佛商业评论》上的一篇文章中对此详加阐述：

> 因此，我们在集训营里不强调捧回“超级碗”奖杯的最终目标，我们只设立一系列触手可及的目标：我们要成为一支聪明的队伍，我们要成为一支状态良好的队伍，我们要成为一支敢抢敢拼的队伍，我们要成为一支自豪骄傲的队伍，我们要成为一支努力合作赢球的队伍，我们要成为一支队员之间不会相互指责的队伍。
>
> 当我们开始行动起来，向着这些目标努力时，我会确保每一名队员都知道这些目标。我会把握一切机会强调每一种积极的表现，同时也强调下一个应该达成的目标。假如训练

> 效果特别出色，我会集合队伍并告诉他们：“今天我们做成了一件事，并且完成得很好。但明天我希望看到完美而特别的团队合作。如果你们能完成目标，就表示已经为周日的比赛做好准备了。”
>
> 当你设定一系列小型而可见的目标，大家也如愿达成之后，他们在头脑中就会开始形成自己能获得成功的想法。他们会打破输球的惰性，培养赢球的习惯。[11]

加州大学洛杉矶分校的前篮球教练约翰·伍登是有史以来最出色的校队教练之一，他曾说：“每天有一点儿小进步，最后就会取得大成就……别想着一口吃成胖子，要追求一天一点儿小进步。这是唯一能开花结果的方法，也是果实能地久天长的办法。”[12]

教练是缩小改变幅度的大师。他们推动团队实现一系列“小型而可见的目标”，建立起加油向前冲的势头。心理学家卡尔·韦克发表过一篇题为《小胜利：重新定义社会问题规模》的论文，其中写道：“小胜利可以降低问题的重要程度（‘这没什么大不了’），减少额外需求（‘要做的事只有这些’），提升人们自认为具备的技能水平（‘至少我能完成这件事’）。”[13] 这三个因素会让改变来得更轻松，也更容易自我维持。

当然，我们也别抱有太过乐观的幻想。任何重要的改变都不可能一路稳定而顺利地朝终点行进，绝不是只靠一个接一个的小胜利就能成功。（别忘了，很多教练连一次冠军也没拿过就光荣退休了。）更多时候，你往前踏 1 步，又后退了 1.3 步；再往前走 2.7 步，却往旁边拐了 6 步；正当此时，新任首席执行官登台，大手一挥，又指向另一个终点。

更有甚者，我们也不能确保一定会出现小胜利，太多事情不在我们的掌控之内。但是，我们的目的是明智而审慎地运用自己可以控制的部分。其中一件我们可以掌控的事情，就是如何定义最后的胜利，以及通往胜利途中的小胜利。

你选定的小胜利应当具备两个特点：其一，它们具有意义；其二，它们“触手可及”。正如比尔 · 帕斯尔斯所言：如果无法两者兼得，那就优先选择后者！（“5 分钟房间拯救行动”本身意义不大，却可能带来大的改变。）

戴维 · 艾伦出版过精辟论述提升个人效率的书籍《搞定》，他也认同设定可实现目标的重要性。艾伦说，大多数人在规划任务清单时都犯了一个根本性的错误：他们只是匆忙罗列出“收齐费用”“处理海伦的事”“做幻灯片”“轮胎”之类的条目。在艾伦看来，这么模糊不明的任务描述反倒破坏了采取实际行动的可能性。他认为关键是我们必须扪心自问：“下一步的行动是什么？”以下是艾伦的看法：

> 参加我的研讨班的人经常会在清单上写下“调整汽车发动机”这样的事情。“调整”算是下一步行动吗？除非你手上正拿着扳手，穿着工作装。

> “所以，你的下一步行动是什么？”［艾伦提问］
>
> “嗯，我要先把车开到修理厂。哦，对了，我还要先确认修理厂是否能修。我想我还要打电话跟修理厂预约时间。”［一位研讨班成员回答道］
>
> “你有电话号码吗？”
>
> “糟糕，没有……我没有修理厂的电话。这家修理厂是弗雷德向我推荐的，我还没有号码。我就知道整件事少了什么东西。”
>
> 这就是很多人在处理事情时经常遇到的状况。我们扫一眼行动计划，总有那么些时候会觉得：“从这里到那里好像少了些什么。”我们知道缺失了某些环节，但不确定具体缺少了什么，于是就作罢了。[14]

要是任务看起来过于艰巨，大象便会心生抗拒。正因为如此，匿名戒酒协会才要求成员们设立“一次一天”的目标来戒除酒瘾，这种做法就是缩小改变幅度。对酒鬼来说，一辈子再也不沾酒简直像太阳从西边出来一样，但是24小时不喝酒似乎还能做到。

匿名戒酒协会这样解释“一次一天”四字箴言：“在大部分例子中，我们无法预测事件的转向。不管事先准备多么充分，结果还是可能猝不及防。同时，我们花费太多时间和精力预测未来事件，抚平未来的伤痛，预防错失眼前时机造成的后果。我们为未来设定的任务太过巨大，留给自己的只剩精疲力竭、不堪重负和心烦意乱。”[15]

小结

小目标带来小胜利，而小胜利会触发一连串积极的行为改变。婚姻治疗师米歇尔·韦纳－戴维斯记录了客户乔治和保拉夫妇的故事。两人已共度8年婚姻，但近两年来争吵不断。他们已经在韦纳－戴维斯处接受了一段时间的咨询，虽有进展，却不显著。后来，一个吻打破了僵局。

某天早晨，乔治亲吻了保拉。保拉大为惊讶，虽然有些措手不及，却仍喜形于色。因为很开心，保拉做了一件很久没有做的事：煮咖啡。“我们以前经常一起喝咖啡，但最近这个习惯被扔到了一边。”她对治疗师说。

乔治闻到咖啡的香气，也下楼喝了一杯，并且和保拉进行了一段愉悦的谈话。两人都说，那个早晨让自己感觉比较“放松而快活”。保拉还报告说，周围同事注意到她那天的态度不太一样。甚至连孩子似乎也被这种好心情所感染，孩子们当天晚上都轻松自在，也没有争辩、顶嘴。[16] 轻轻的一个吻，开启了一段良性循环。

如此不起眼的小动作，为什么会产生这样大的影响？因为小动作带来希望，让人相信改变是有可能发生的。

一连串小改变引发大改变，这是我们一再见识过的主题。即使一开始的改变微不足道，但也无妨大局；即使一开始的行动慢如蜗牛，但关键在于大象开始行动了。所以，别让负债累累的家庭试图偿还利息高昂的信用卡账单，请他们先还清水电费；别强求政府雇员立即接纳新的采购制度，请他们加倍使用政府购物卡；别让夫妻马上停止吵架，请丈夫把妻子轻轻吻醒。

大象要跨越这些小型里程碑并不困难，跨越时甚至会产生其他效果。一步又一步，大象渐渐告别了害怕的情绪，也渐渐愿意合作，因为努力获得了回报，事情也有了起色。每迈进一步，大象都能感受到改变。始于恐惧的旅程开始有了变化，慢慢通向信心和自豪。改变缩小幅度，大象也随之成长，得到教化。

第六章

影响他人

说服圣卢西亚人拯救鹦鹉

圣卢西亚鹦鹉仅存在于加勒比海岛国圣卢西亚。这种鹦鹉非常漂亮，面部是鲜艳的宝石蓝色，翅膀呈酸橙绿色，胸口还有一抹亮红色。1977 年，岛上只剩下 100 只圣卢西亚鹦鹉。鹦鹉数量锐减的原因包括栖息地遭到破坏，人们非法捕猎，还有人把它们捉去当宠物饲养。照此来看，圣卢西亚鹦鹉行将灭绝。根据生物学家的说法，这个物种“到 2000 年时，注定难逃覆灭的命运”。

不料，此时突然降临一位“救世主”，一个名叫保罗·巴特勒的大学生。1977 年，巴特勒正在东北伦敦理工学院（North-East London Polytechnic）修读最后一年学业。巴特勒热衷于自然保护，曾为了完成一份野外实地研究考察，在圣卢西亚待了 5 周。他在岛上研究鹦鹉，还提出了一些保护鹦鹉的建议。

毕业前夕，巴特勒说自己“马上就要面临失业的危机了”。此时，他收到一封来自圣卢西亚林业部门的信函。这封信让巴特勒大感意外——这是一个工作机会。由于对巴特勒先前提交的建议印象深刻，林业部部长询问巴特勒是否有兴趣在圣卢西亚担任6个月的鸟类保护顾问，月薪200美元，还可以住在政府提供的“休闲小屋”中。巴特勒简直不敢相信自己的好运：年仅21岁的他，竟然接到加勒比海岛国政府的邀请，前去协助拯救一个濒危物种。

巴特勒给政府提的建议可谓简单直接：第一，加大捕捉和猎杀鹦鹉的惩罚力度，将小额罚金提高为巨额罚款，并且加上入狱服刑。第二，在现有的森林保护区内部规划“鹦鹉禁猎区”，保护鹦鹉栖息地。第三，开发“雨林旅游”，既可以筹措保护区运作所需的资金，又可以让游客一窥保护区中“明星”鹦鹉的自然魅力。

插一句题外话：请注意，修改法律、增加处罚之类的建议，正是我们之前提到应当避免的手段，因为大多数人没有这样的权力和工具。实际上，巴特勒也没有，甚至连林业部门也没有。要把巴特勒的建议落到实处，就得修改当地法律，也就是说，岛上居民必须拥护这些提案。因此，刚走出校园的巴特勒与林业部门通力协作，仅凭数百美元的预算，想方设法扭转了圣卢西亚人民的观念，召集他们重视这群鹦鹉——这些鸟儿在当地人眼中早已习以为常。

要说服民众拯救鹦鹉，很难在经济领域得到支持。鹦鹉不是生态系统的关键环节，更令人伤心的是，多数圣卢西亚人甚至没有注意到鹦鹉将彻底消失。巴特勒知道，他无法从理性分析保护鹦鹉的必要性入手，他必须诉诸人们的情感。

在本质上，巴特勒的目标是让圣卢西亚人相信，自己是会保护自家东西的人。巴特勒在公开场合强调："这是一种属于我们的鹦鹉，这是其他地方没有的鹦鹉。我们要珍惜它，我们要照顾它。"他在职权范围内竭尽所能，让岛民更了解这种鹦鹉：编排圣卢西亚鹦鹉木偶剧，发放印有鹦鹉图案的T恤衫，邀请当地乐队为鹦鹉写歌，说服当地各家旅馆印制鹦鹉汽车贴纸，招募志愿者穿上鹦鹉装拜访当地每所学校，请求当地神职人员引用《圣经》的有关章节。巴特勒甚至还找到一家电信企业，商谈印制圣卢西亚鹦鹉电话卡。其中一种卡片上，鹦鹉旁边印着美国国鸟秃鹰，有点像美艳女星塞尔玛·海耶克旁边站着美国前副总统迪克·切尼。相比之下，哪种国鸟比较漂亮，一目了然。

圣卢西亚人开始接纳自己国家的鹦鹉，虽然鹦鹉早已是他们国家认同感的一部分。巴特勒进行的民意调查显示，鹦鹉赢得的公众支持率大幅飙升。巴特勒与林业部部长加布里埃尔·查尔斯所提出的议案，或将因为这股民意浪潮而顺利通过立法。

数年后，圣卢西亚鹦鹉走出灭绝的危机。根据最近一次统计结果，圣卢西亚鹦鹉的数量已超过600只——对于濒危物种而言，这已是惊人的数量增长。偷猎已被全面禁止，巴特勒在2008年时说："过去15年内没有发现一个圣卢西亚人猎杀鹦鹉。"

圣卢西亚政府在1988年授予巴特勒公民身份，后来又给他颁发国家最高荣誉之一：圣卢西亚勋章。巴特勒以实际行动告诉圣卢西亚人，以圣卢西亚为荣的意义何在；在此过程中，他自己也化身为圣卢西亚的一分子。[1]

巴特勒的成就还引起了其他人的注意。20 世纪 80 年代中期，瑞尔保护协会（Rare Conservation）的一名董事询问巴特勒，是否愿意到加勒比海另一个岛国圣文森特复制他在圣卢西亚的成功经验。兴趣盎然的巴特勒加入了瑞尔保护协会，并与圣文森特的林业部门及其最高官员携手合作。一年后，圣文森特通过了保护本国鹦鹉的一系列法律。

巴特勒和瑞尔保护协会的领导人意识到，他们突破了自然保护中最紧迫的问题之一。要保护世界各地珍贵的生态地域，离不开当地居民的支持，但瑞尔证明了保护协会可以感化和激励群众关心自身所处的环境。因此，瑞尔的自然保护人士开始在世界范围内推行类似的计划，并称之为“自豪运动”。截至 2009 年，瑞尔已经在全球 50 多个国家发起了 120 次“自豪运动”，足迹遍布从巴拿马到印度尼西亚等多个国家。（插播独家爆料：深受触动的本书作者丹·希思于 2009 年加入瑞尔的董事会。）“自豪运动”主要针对保护动物的工作，保护对象从蠵龟（一种常被认为是滋补品的海龟）到曲纹唇鱼（一种栖息于珊瑚礁的美丽蓝色海鱼）。[2]

我们已经知道，转变的激励方法之一是缩小改变幅度，让人们在面对挑战时感觉自身更“强大”。现在我们看到了另外一种办法：巴特勒没有缩小改变幅度，而是影响他人，让人们得到成长。他帮助圣卢西亚人因自家绝无仅有的鹦鹉而自豪，他激励当地居民变得更加意志坚决，更加蓄势待发，更加积极主动。群众一旦被影响，便会产生采取行动的力量。

认同感：影响决策的关键要素

瑞尔保护协会在全球50多个国家成功鼓舞当地民众，表明其中必有一套放诸四海而皆准的通则。斯坦福大学政治学教授詹姆斯·马奇的研究证实了这一点。马奇总结称，当人们面对选择时，倾向于依赖两种决策模式中的一种，这两种模式分别是结果模式和认同模式。[3] 经济学专业的学生对结果模式再熟悉不过了。结果模式假定我们每次在做决定前，总会衡量成本和收益，做出能让满足感最大化的选择——这种办法注重理性和分析。巴特勒知道此法在圣卢西亚人身上行不通，因为鹦鹉在居民眼中根本无关成本和收益之比。

在认同模式的决策过程中，人们其实是在问自己3个问题：我是谁？现在处于什么状况？像我这样的人在这种状况下该怎么做？请注意，这其中完全没有涉及成本和收益。认同模式解释了为什么大多数人的投票意向并不符合我们想象中“利己主义选民”的做法，我们由此理解了为什么俄克拉何马州一名汽车修理工会反对可使健康保险惠及自身的民主党，也明白了为什么硅谷富豪会反对主张为其减税的共和党。

一般而言，我们用到“认同”这个词时，指的是某些不可更改的恒久特征，比如种族认同、民族认同，或者地域认同，不过这是相对狭义的用法。事实上，许多认同并非与生俱来，我们会在一生中接纳各种认同，比如希望当一个好妈妈或好爸爸、做一名虔诚的教徒、成为爱国公民等。

在后天形成的认同中，其中一种是职业认同，比如当一名“科学家”。显然，你不可能天生就是科学家，这是你长期寻找所获得的认同，也是教授、导师潜移默化陶冶出来的认同。当这份认同为你所接纳，而且愈加强烈时，那就变成自我形象中的重要部分了，还会触发马奇所谓的认同决策模式。举个例子，假如你是教授化学课程的理科教授，一家大型制药企业有个新药毒性研究顾问的肥差向你伸出橄榄枝。从结果模式的角度来看，理所当然要接受这份工作，薪资优渥，福利丰厚，收入应该远超过留校任教；但从认同模式的观点来看，你是否接受可不一定。你会怀疑是否有什么附加条件，你会考虑为了讨好客户必须做出怎样的妥协，你还会想：“像我这样的科学家在这种状况下该怎么做？”

认同是影响人们决策方式的关键因素，违背认同的改变方案往往会以失败告终。（所以说，用“奖励”的方式来改变他人行为是相当不明智的。）那么，真正的难题在于：该怎样将你希望的目标塑造成事关认同，而非事关结果的改变呢？

坐落在美国新墨西哥州阿尔伯克基市的洛夫莱斯医院（Lovelace Hospital）一度受到护士流失问题的困扰。事实上，这家医院的护士流动率并不比来自全美的数据高（全美护士流动率为每年 18%~30%），但这也算不上什么好消息。护士离职后，招聘新人要耗费大量成本，也会严重影响团队的士气，而且工作交接时期的病人护理也更容易出现纰漏。

医院运营副总裁兼注册护士凯瑟琳·戴维斯决定采取非常规的办法，来分析护士流动率的问题，于是她雇用了擅长肯定式探询方面的专业顾问苏珊·伍德。肯定式探询过程注重的是组织变革中起作用的部分，而不是无效的部分。（这正是第一章亮点聚焦法的又一应用示范。）

伍德和戴维斯并不打算研究为什么这么多护士会离职，反过来调查为什么剩下的护士愿意留任。医院里共有 300 名护士，两人的面谈对象超过 100 人。伍德询问留任护士从工作中得到了什么样的满足感，她回忆说："这些护士本来都忙得无精打采，操劳过度，但一谈到她们擅长的话题，马上就打开了话匣子。"

戴维斯和伍德发现，继续留在医院的护士对护理职业怀有高度的忠诚感。换句话说，她们的满足感来自认同——护士职业的高尚情操使她们的工作充满意义。认识到这一点后，医院管理人员知道必须要采取一些措施，来培养护士的认同感。例如，医院开始设法表彰护理工作表现杰出的护士；开发新的入职培训课程，强调护理工作内在的可敬本质；创立导师帮带制度，帮助护士提升知识与技能水平。

改变悄然发生的第一项证据，出现在一年一度的员工满意度调查中。护士群体的满意度得分在多个项目中都有显著提高，特别是在“沟通”环节——护理工作认同感的访谈和对话发挥了效用。不过，效用远不止于此：在接下来的一年中，护士流动率降低了 30%。紧随其后取得的成功更是出人意料：在一项地区性调查中，戴维斯和伍德看到病人对洛夫莱斯医院的满意度也得到了整体提升。[3]

从科学家、护士到圣卢西亚人，这些有关认同的故事绝不是个别案例。其实，认同感几乎在所有改变中都扮演着重要角色，包括你所追求的每次改变。当你看到他人的行为需要改变时，先问问自己，他们是否会同意这句话：“我渴望成为做出改变的人。”如果答案是肯定的，这就会成为你的巨大推力；如果答案是否定的，你就必须努力让他们知道，他们应该渴望另外一种自我形象。这正是保罗·巴特勒在圣卢西亚所做的事。他教化岛上的居民，说服他们相信：“这是我们的鹦鹉。如果我们想成为圣卢西亚的好公民，就应该保护鹦鹉。”

下面我们借由一家公司的案例来了解认同感在商业环境中的作用。这家公司叫作巴西拉塔（Brasilata），它所创造的认同，后来成为企业成功源源不竭的动力。巴西拉塔是一家市值达 1.7 亿美元的巴西制造商，专门生产各式各样的钢罐。你大概会觉得，钢罐制造已经是相对成熟的产业，能有什么发展空间和兴奋点呢？不过，巴西拉塔并没有屈从于单调无趣、墨守成规的传统制造商形象。事实上，巴西拉塔后来成长为拉丁美洲以创新闻名的公司之一。

一家钢罐制造商怎样成为广为人知的创新者呢？巴西拉塔的创始人受到日本汽车制造商经营哲学的启发——本田、丰田等公司赋予一线员工的工作主导权。比如在丰田，任何一位发现瑕疵的员工都有权停下整条生产线（这在当时的底特律简直无法想象），丰田和本田还主动向员工征集创新想法。1987 年，巴西拉塔创始人仿照日本业界先驱的模式，推行了一项员工创新计划。

这一计划的核心目的是培养新的认同感。为此，巴西拉塔以“创新者”而闻名，新入职员工必须签署一份“创新合同”。这可不是随口说说的场面话。公司高层要求员工时刻注意潜在的创新机会，比如提升产品品质、改善生产流程，或者削减系统外部成本；公司还专门在工厂内设立了一套体系，方便创新者提交想法。计划带来的成就远超预期。2008 年，巴西拉塔员工呈交提案共计 134 846 份，平均每个人提出 145.2 份！巴西拉塔的数据已经和日本先驱者不相上下了。

创新者的提案有助于开发新产品。例如 2008 年年末，巴西拉塔推出一款可以盛装危险或易燃液体的新型钢罐。按照联合国标准，这种钢罐必须能够承受从 1.2 米高度摔落的实验。以往，制造商大多通过增加钢罐底部厚度来达到标准，这不仅耗费更多原材料，还需要研发新的生产工艺。而且，加厚设计并非万无一失的举措，如果钢罐落在尖锐的边缘上，金属接线的位置很有可能裂开。

巴西拉塔的创新者提出了一项新的设计方案，灵感来自受到冲撞时会掉落的汽车保险杠。新式钢罐受到冲击后会发生轻微变形，从而减轻重要部位所受到的压力。新设计既能承受冲撞力，又能减少每只钢罐的钢材用量。

创新者还带领公司渡过重重难关。2001 年，巴西遭遇了一场严重的能源危机（被称为“拉闸限电综合征”)。干旱引发供电短缺，巴西政府被迫实行限额配电政策，各家公司的用电量受到严格控制。巴西拉塔的几百名创新者一边工作，一边开动脑筋，思考省电的办法。几个星期后，巴西拉塔的能源使用量下降了 35%，公司不仅用不完配给的电量，还可以把多余的电量转卖出去。

两位创新者还联合提交过一个出人意料的建议：撤销我们的岗位，这个岗位没什么用处。建议最终得到采纳，不过公司还是为这两名员工安排了新职位。巴西拉塔有一项政策是不裁减人员，而且每年还将利润的 15% 发放给员工。无怪乎，巴西拉塔常年获评巴西“最佳工作场所”。[5]

请记住：这股助推商业成功和员工满意度的“创新者”认同感是后天培养的，受到影响后才形成的。巴西拉塔没有一个人是天生的“创新者”，他们是先了解这种认同感，进而爱上这种认同感的。创新者的身份就像一件人见人爱的外衣，让员工充满自豪感和力量。

“探脚入门”：以张贴小标志为入口征询同意

如果你一想到培养新的认同感就望而生畏，请打起精神看下去。一项经典的心理学研究显示，你可以从小处入手。20 世纪 60 年代，斯坦福大学两位心理学家——乔纳森·弗里德曼和斯科特·弗雷泽——邀请一名研究人员挨家挨户拜访加利福尼亚州帕洛阿尔托市的一处高档居民区。当户主开门时，研究人员会声称自己是“安全驾驶市民组织”的志愿者，并询问户主是否愿意在自家草坪上立一块“小心驾驶”的告示牌。研究人员还会给户主展示一张别人家的草坪上立着告示牌的效果图：外观丑陋，粗制滥造，牌子大到简直能挡住整幢房屋。研究人员向户主再三保证，架设告示牌“只会在您的草坪上留下一个小洞”。

要是研究人员敲开了你的家门，想必也能听到相当精彩的回答。事实上，总共有 83% 的家庭放弃了这个“机会”。不过有意思的事情来了：换到另一片居民区后，研究人员要了一点儿小花招儿，使得同意的人数增加了 3 倍！

这个花招儿非常讨巧。两个星期前，另一位志愿者先行拜访了同一批户主，并且自称来自另一个宣传安全驾驶的组织。这位志愿者询问户主，是否愿意将一张不到明信片一半大小的“安全驾驶”标志贴在车窗上或者房子外面。志愿者还特别提示，此举是为了提醒市民关注小心驾驶的必要性。几乎每位户主都点头答应，因为贴一张不起眼的标志不过是小事一桩。但同意张贴小小贴纸，似乎为之后同意设立大的告示牌埋下了伏笔。两周后，研究员登门拜访这些户主，并询问是否可以架设告示牌，多达 76% 的家庭表示同意。人们在接受了微不足道的小要求后，很可能继续接受更大的要求，弗里德曼和弗雷泽把这种得寸进尺的手段称为“探脚入门”技巧：从同意张贴安全驾驶小标志到同意设立安全驾驶大牌子，前者大幅增加了后者的可能性。

接下来的实验结果更加神奇。选定第三处居民区后，志愿者带着另外一项请求先行拜访。这次志愿者不是要求他们张贴小标志，而是请户主签署一份“保持加州美丽”的请愿书。这项恳请实在令人难以拒绝，几乎每个人都签署了请愿书。两周后，签署请愿书的家庭同样收到架设告示牌的请求，这次答应的人数达到一半！比起没有签署请愿书的户主，同意的比例增加了两倍。

面对这种结果，弗里德曼和弗雷泽也深感困惑。他们没料到“保持加州美丽”请愿书会对支持安全驾驶产生“探脚入门”的效果，因为两个议题看起来毫不相干。经过一番思考，两人推测签署请愿书的行为可能在无形中建立了户主的认同感。弗里德曼和弗雷泽写道：“一旦（户主）同意这项请求，他的态度可能就发生了改变。在他眼中，自己可能变成了会做这一类事情的人，会接受陌生人请求的人，会为信念采取行动的人，会践行公益事业的人。”[6]

在某种意义上，签署请愿书证明了户主的另一个身份是“热心公民”，这种认同感上的微妙变化引发了行为转变。两周后，当研究员询问是否愿意在草坪上安设告示牌时，户主的潜意识里便浮现出詹姆斯·马奇的3个认同问题：我是谁？现在处于什么状况？像我这样的人在这种状况下应该怎么做？如果你认为自己是“向邻居看齐”的人，你会拒绝这种无理的请求；如果你觉得自己是“草坪至上”的人，你大概会把对方轰出去；但如果你开始感觉自己是“热心公民”，你会以安设告示牌为荣。

首先得明确一点：弗里德曼和弗雷泽的这项研究优劣参半。我们来试着把低劣的部分和科学的部分区分开。

这场骗局本身就是低劣的部分，户主受骗接受一项愚蠢的要求，而我们提到的其他事关认同的案例都不具有欺骗性：召集民众保护国鸟鹦鹉是欺骗行为吗？培养护士的职业自豪感是欺骗行为吗？鼓励员工成为创新者是欺骗行为吗？显然都不是。如果巴西拉塔的首席执行官宣称：“公司试图让你们的思维和行动更像‘创新者’，因为这样能提升公司的竞争力和创造力。”员工听到这句话后，并不会感到不安。但草坪实验并非如此。要是弗里德曼和弗雷泽坦白相告：“我们现在请你签署这份请愿书，这样两个星期后，就能骗你在草坪上插一块大告示牌了。”户主听了绝对会火冒三丈。

暂且抛开低劣的部分不谈，告示牌研究在科学领域产生的结论相当了不起。研究表明，人们愿意培养新的认同感，只是认同感的培养要从小处开始。如果你开始认为自己是“热心公民”，便会尽量遵照“热心公民”的标准来行事。对于正在领导一场变革的人来说，这可是天大的好消息，这意味着，如果你能够告诉大家保护环境为何值得重视，你就不需要花费几年让人们觉得自己是“环保人士”了。就像告示牌实验里的户主那样，只用短短几天就觉得自己变成“热心公民”了。

成长心态能改变人生

不过，这套理论并非尽善尽美。新认同感的生根发芽可以很快完成，但开枝散叶却极其艰难。比如，巴西拉塔的员工从刚入职到善于创新，可能要花好长一段时间。一开始，他们或许绞尽脑汁也想不出任何建议，甚至还可能觉得，称自己为“创新者”根本就是自欺欺人。

这一点我们感同身受。笔者兄弟都曾在人生某个阶段，受到各自另一半的极力怂恿，报名参加了萨尔萨舞蹈班。萨尔萨舞绝不是我们最先考虑的周末娱乐活动，但我们还是愿意放手一试。毕竟，有朝一日能与舞伴翩翩起舞，激情满怀而韵味十足，还能引起旁人的羡慕和嫉妒，这是何其惬意的一幕。毫无疑问，“舞者认同”非常吸引我们。

没过多久，我们就意识到现实和幻想是何等地南辕北辙。我们很快发现，萨尔萨舞根本就是有意让中年男子出丑的残酷舞蹈。萨尔萨舞有一系列的性感摇臀动作，完全不适合我们兄弟二人的身体结构。我们不遗余力地拼命学习跳舞，性感程度不堪入目。

我们从此打消了学习跳萨尔萨舞的念头。

事实上，当你努力推动转变，尤其是需要培养新认同感的转变时，你和你的观众也会经历一段这样的“萨尔萨时光”。（别担心，我们没打算把这5个字当成新潮热词。）任何新的追求，即使最后十分成功，在过程中也不可避免地会出现失败。学跳萨尔萨舞不可能不经历挫折。学着当一位创新者、护士或科学家，也不可能总是一帆风顺。试着改造公司的产品生产工艺、扭转人们对城市贫民的看法，或者修复与另一半的感情，更不可能一路事事顺利。而大象真的非常讨厌失败。

因此，当你试图改变自己或者引领变革时，一定会遇上这道难关。你必须知道，你自己或者你所面对的听众在未来途中势必会遭遇失败，失败也势必会让人本能地想要“溃逃”——正如我们从萨尔萨课上逃走那样。那么，面对这段漫长而艰苦的旅程，该如何保持大象一路斗志昂扬呢？

答案听起来可能会有些奇怪：你必须建立起对失败的预期。不是预期整个任务会失败，而是预期途中会遭遇失败。跟随这套理念的脚步，我们将进入一个万般迷人的研究领域，这可能会改变你看待世界的方式。

请阅读下面4句话，分别写下你对该表述是否同意：

（1）你是某一种类型的人，不管怎么做都很难真正改变。

（2）不管你是哪种类型的人，你总是可以达成实质性的改变。

（3）你可以用不同的方式行事，但是你的重要构成部分无法真正改变。

（4）你总是可以从根本上改变你这种类型的人。

如果你同意第一条和第三条，那么你是“定型心态”的人；如果你同意第二条和第四条，你应该是“成长心态”的人。（如果你同意第一条和第二条，你可能是神经错乱的人。）接下来我们将看到，具备何种心态，决定了你面对失败时会持何种态度，决定了你对改变会坚守到何种地步，甚至可能决定你在事业上会取得多大程度的成功。

定型心态的人相信，每个人的能力是先天注定、大致确定了的。或许你相信自己是一位顶呱呱的演说家、一位水平一般的经理人，还是一位了不起的组织者。定型心态的你或许还相信，自己的这些能力可以稍微加强，也可能略有退步，但基本上就保持在你自己所知的这个水平上。于是，你的行为只是你天生能力的忠实体现，就像买到红酒后，只需浅尝一口便可知其品质。

定型心态的人倾向于逃避挑战。因为一旦失败，你怕其他人会将失败视为你的真正能力的体现，由此判定你是个失败者。就像喝了糟糕的第一口酒，就把整瓶红酒直接扔掉一样。你忌惮听到负面评价，因为批评的人似乎在说他比你强，能力天生就高你一等。你尽量表现得举重若轻，因为真正厉害的人不必太过卖力，对吧？想想网球名将约翰·麦肯罗，天分极高，年少成名，却从未严格苦练或者进行自我完善。

成长心态的人则恰好相反，他们相信能力像肌肉一样可以锻炼，可以通过训练来增强。只要加以努力，就能提高自己的写作能力、管理水平，或者倾听爱人的沟通技巧。尽管可能会失败，成长心态的人还是愿意接受更多的挑战。（毕竟，要是你在健身房里给力量器械加码却没能举动，绝不会有人嘲笑你是“天生弱者”。）你会主动为自己寻找额外的工作任务，你也更容易接受批评，因为有批评才能有进步。或许你现在还技不如人，但你的眼光很长远，你相信自己会是龟兔赛跑中的那只乌龟。想想高尔夫球手“老虎”伍兹，以有史以来最快的速度摘得 8 次重要赛事冠军后，打算全面调整自己的挥杆动作。

定型心态与成长心态，你属于哪一种人？这可不是什么没有对错的人格测试题。（“你是拉布拉多犬还是贵宾犬？”）斯坦福大学心理学教授卡萝尔·德韦克倾注其大半职业生涯研究两种心态，这些术语正是她提出的。德韦克的研究结论相当明确：假如你想发挥最大潜能，必须具备成长心态。

德韦克研究了两种心态如何影响奥运选手、音乐家，以及生意人的表现。在她的必读著作《心态：看见成长的自己》中，德韦克通过无懈可击的论证认为，成长心态几乎可以让人在所有事情上都更加成功。因为成长心态的人愿意扬己所长，敢于冒险犯难，能够接受指教，而且往往目光长远，无论在生活中，还是在事业中，都会马不停蹄地前进。

一旦了解了这些概念，你可以找出身边反映定型心态的例子。比如有时候我们表扬孩子的方式：“你可真聪明！”“你篮球打得真棒！”其实是在助长定型心态。成长心态的表扬方式注重赞美孩子的努力，而不是天分：“你这么努力地做事，我为你感到骄傲！”“我知道你把教练的指点听进去了，今天跳投的时候确实把手肘放低了。”[7]

我们兄弟学跳萨尔萨舞的经历正是典型的定型心态失败案例。我们尝试了一段时间跳别扭生疏的舞蹈动作后，斩钉截铁地认定自己是糟糕透顶的萨尔萨舞者，而且天生就学不好。我们放弃学跳舞，就是因为不喜欢别人看到自己天生弱势的拙劣面。成长心态的人或许永远不会一下子得出这样的结论，事实上，他们也不会期待自己一开始就能跳出萨尔萨舞的标准舞姿。心态不同，结果也大不相同。

那么，下一个明显的问题就是：定型心态的人可以学会接纳成长心态吗？

2007 年，德韦克与斯坦福大学的卡莉·切希涅夫斯基、哥伦比亚大学的莉萨·布莱克韦尔这两位学者联手合作，决定在初中生中进行一项实验：如果学生受到成长心态的训练，数学成绩可以更好吗？

我们知道，初中阶段是孩子眼中一段难熬的转型期。绝大多数人的初中记忆都是苦乐参半，甚至有 40% 的人认为青春期是此生最糟糕的时期。（另外 60% 的人想必没有青春痘的困扰吧。）正逢青春期来临，孩子们升入新学校，课业更繁重，知识更艰涩，新教师也不再像小学时候那样照顾每个人的需求。对于定型心态的学生来说，初中还是一个转折点：德韦克发现，定型心态的学生在小学时的表现和成长心态的学生一样出色；但到了初中就急转直下，并且在此后数年里，一直在走下坡路。

在德韦克的研究中，学生经常给自己的退步做出定型心态的解释："我最笨。""我的数学成绩很糟糕。"请注意，这些孩子完全把自己的能力当成恒定不变的特质，就像在说："我的眼睛是棕色的。"（还有些孩子喜欢把过错推给别人，比如"我成绩差是因为教师差"或者"我的数学教师是个肥胖的家伙"。）

德韦克与两位学者选定一所学校，针对七年级学生的数学成绩展开了一项研究。该校有 79% 的学生加入美国联邦政府的免费午餐计划，很多学生可能因为家里经济拮据而无法跟上课程进度。对照组学生接受一般的学习指导，实验组学生接受成长心态教育。

研究人员告诉成长心态组的学生，大脑就像肌肉一样可以加以锻炼，可以通过训练得到增强。也就是说，只要肯努力，就能变得聪明。德韦克对孩子们说："没有人因为婴儿不会说话，就嘲笑他们笨。"[8]

课堂导师请孩子们想想自己过去学会的本领（比如第一次踩上滑板，或者第一次玩"吉他英雄"游戏），回忆一下自己是如何通过不断练习来逐渐精通这些技能的。导师还会提醒学生，"任何事都是先难后易"，所以绝对不要因为没能迅速掌握而轻言放弃。

总体算下来，成长心态组的学生在 8 个星期内，总共接受了 2 个小时的“大脑锻炼”的培训。效果如何？格外惊人。

接受普通教学指导的对照组学生，在七年级刚开始的数学平均成绩为“中上”水平；同一学年期间，平均成绩下滑到“中”，接着又掉落到“中下”。接受“大脑锻炼”培训的实验组学生遏制了平均成绩下滑的趋势，甚至逆转而上，成绩明显优异于同龄学生。

还有些学生身上发生的转变更是引人瞩目。德韦克在《心态：看见成长的自己》一书中写道：“有一天，我们向一组新同学介绍成长心态。突然间，班上最调皮捣蛋、最没精打采、最不用功学习的吉米抬起头来，两眼泪汪汪地问，‘你是说我可以不用这么笨吗？’从那天起，吉米开始发奋学习。他开始熬夜写作业，要知道他之前可从来不在乎功课；他开始提前交作业，这样就可以快点儿看到教师的批改意见，早点儿改正错误。这些孩子现在都相信，努力学习不会让你变得脆弱，只会让你更加聪明。”[9]

研究人员还邀请一些教师列出整个学期发生积极改变的学生名单，这些教师对于哪些学生参加实验并不知情。这份表现进步学生的名单中，有 76% 的孩子接受过“大脑锻炼”的培训。

实验最终的成果大大超出了实验所做的工作。毕竟，数学成绩要靠长期累积才能提高，而参加实验的学生其实已经上完学期三分之一的课程了。对于体内激素充足、整天想着人气和网络的初中生来说，短短 2 个小时培训起到的作用大概跟一场介绍“食物金字塔”的课外讲座差不多。但事实上，2个小时关于智力的观念培训，却让学生的数学成绩突飞猛进。德韦克证明，人可以学会接纳成长心态，而成长心态也确实能改变人生。

把受挫碰壁当成学习

但在商业领域，我们却自发地拒绝成长心态。商界人士思考问题一般只有两步——规划阶段和执行阶段，中间没有“学习阶段”或者“练习阶段”。从生意的角度出发，练习只不过是差劲的执行，成果才最重要：我们不关心你怎么做，最后做好就行了！

但是，要创造并且延续改变，采取行动时就必须更像教练员，而不是守门员。你必须接纳成长心态，并且将其点点滴滴地灌输给你的团队。这一点为什么很重要？正如研究大型组织的哈佛商学院教授罗莎贝思·莫斯·坎特所观察到的那样：“所有事情进行到一半时，看起来都像失败。”[10] 婚姻治疗师韦纳–戴维斯也表达过类似的观点，她说：“真正的改变，能够持续下去的改变，往往是前进三步，再后退两步。”[11]

如果失败是改变过程中不可缺少的部分，那么人们看待失败的态度就会显得举足轻重。世界顶尖的产品设计公司IDEO履历辉煌，从第一只苹果电脑鼠标到新设计的红十字会献血流程，都是该公司的杰作。IDEO领导人知道，让员工（更重要的是客户）做好失败的心理准备是何等重要。

IDEO公司首席执行官蒂姆·布朗认为，每一份设计都会经历“模糊阶段”。IDEO一位设计师甚至绘出“项目情绪图”，预测人们在项目不同阶段所产生的相应情绪。情绪图是一幅U形曲线，两端高，中间低。高点代表正面情绪，起点端标着“希望”，终点端标着“信心”；低点表示负面情绪，中间谷底标着“求索”。

布朗解释说，设计过程“很少从一个高点直接跳到下一个高点”。当设计团队刚接下新项目时，成员们总是满怀希望和乐观。当大家开始收集数据资料，寻找既有产品的缺陷时，每个人脑中都不断冒出新想法。接下来，到该把所有新想法整合成协调一致的新设计时，就遇上了最艰难的挑战。人很容易在“求索”阶段陷入沮丧，因为最终方案不见得很快就能出现。

项目进行到一半时，总是貌似失败，但如果整个团队能坚持走出充满疑虑不安的谷底，那么成员将凝聚出一股绵绵不绝的冲劲儿。大家开始调试自己的新设计，了解改进方案，并且不断打磨方案，使之更上一层楼。最终所有人都会意识到，我们已经解决了难题。这正是整个团队抵达信心高点的时刻。

请注意，IDEO领导人对高点—低谷情绪图所做出的描摹，其实正是在建立员工对失败的预期。他们告诉团队成员，不要相信项目初期的良好感觉，因为紧接着到来的是艰难困苦，是辛苦劳累，是沮丧失意。不过神奇的是，领导人传递出的警告信息，反而营造出一种乐观的情绪。

这正是成长心态的矛盾之处。成长心态看似让人关注失败，甚至鼓励人寻找失败，实际上却是对乐观情绪的坚守。我们会彷徨挣扎，我们会经历挫折，我们会一败涂地，但到头来，我们会更加出色，我们终会取得成功。

因而，成长心态其实是对抗失败主义的缓冲，并且把失败包装成改变过程中不可避免的自然产物。这很关键，因为只有把受挫碰壁当成学习，而不是失败时，人们才能坚持下去。

许多医院在尝试引入新型“微创心脏手术”的过程中，历尽千难万险，才体悟到这一道理。哈佛商学院教授埃米·埃德蒙森研究了 16 家医院引进微创心脏手术的方法。[12]

传统的开胸心脏手术侵入性很强：外科医生先要打开病人的胸骨，接着将血液引流到体外的人工心肺机，然后阻断主动脉，使心脏停止跳动。微创心脏手术的侵入性大大降低：外科医生不需要切开病人的胸部，只要在两根肋骨之间切开一段 7 厘米多长的小切口；也不需要体外循环，只需把一根带有瘪气气球的细小导管穿过切口，放进主动脉；然后气球充气膨胀，阻止血液流出；外科医生可以在病人心脏仍在跳动的情况下，继续在两肋间细窄的水平切口里进行手术。

这道狭长的手术空间颠覆了传统外科手术的一切。在传统的开胸心脏手术中，外科医生使用主动脉横夹从外部阻断血流，就像拿个大塑料夹把没吃完的零食袋口夹住一样，手术小组其他成员也不必多费工夫。但在微创心脏手术里，外部夹子变成了内部小气球，靠气球膨胀来阻断主动脉。外科医生必须在既看不见，又感觉不到的情况下，将其放置到正确的部位，施加正确的压强。为此，麻醉师的角色显得至关重要，他/她必须控制好气球在病人体内的行进路线。就算气球最终被安放到位，并且充气成功，手术仍未大功告成，医护人员还必须持续监控气球的位置，确保血流完全被阻断。正如一位护士所说："我读到培训手册的时候根本不敢相信，这跟标准手术流程比起来完全不一样。"

如此生死攸关的重要手术，就像在漆黑的夜里要将喷气式飞机安全降落在航空母舰上一样。（老实说，我们也不清楚这两件事到底像不像，不过总归都比写一本书危险得多。）不过，铤而走险换来了丰厚回报：病人承受的痛苦大为减少。接受传统的开胸心脏手术的患者需要住院 8 天，微创心脏手术患者只需住 4 天院，全面康复期也从两个月缩短到 3 周。[13]

因此，微创心脏手术因为能极大造福病人而前途无量，但前提是手术团队必须忍受最初的艰难学习阶段。许多新技术的普及都要经历这样的阶段：建筑设计师放弃手工作图，改用计算机辅助工具，经销商学会用掌上电脑跟踪货物装运和交付流程。苦尽，才会甘来。

埃德蒙森研究了 16 家医院的引进过程后发现，有些医院成功学习并且采纳了新技术，也有些医院宣告失败，重新回归传统的开胸心脏手术。埃德蒙森从成功与失败团队身上所得出的结论，恰恰是成长心态如此神通广大的有力证明。

在成功引入新手术的医院中，高效的团队大多使用了埃德蒙森所称的“学习框架”。手术团队成员对微创心脏手术的设想是：刚开始很困难，一旦大家能够坦然接纳，并且相互沟通，就会变得越来越简单。

芒廷医疗中心（Mountain Medical Center）的M医生采用了学习框架。他经常戴着头部摄像机，让团队成员观察整个手术过程，并且鼓励他们提问正在进行的手术动作及其目的。他还确保团队成员都得到定量的练习：特意将头6次微创心脏手术安排在同一个星期，以便团队反复操作，不至于因间隔时间太久而忘掉学过的内容。另外，他先安排一组团队完成前15次手术，之后每次替换一名新组员，从而在不给手术增加风险的情况下，让新人得到练手的机会。芒廷医疗中心顺利引进了微创心脏手术，成长心态功不可没。M医生像教练一样专注于重复练习，并且设立了一套常规程序，使得团队学习和提高技能的机会最大化。

有些医院则在引进微创心脏手术时半途而废。迪科勒姆医院（Decorum Hospital）的心脏外科主任D医生出于行业竞争的考虑，打算引入微创心脏手术：“我们必须让别人知道我们能做到，这是一种营销手段。病人想知道我们拥有这项技术。”他的团队成员也认为，引进新手术为的是“赶上琼尼塞斯医院（Joneses，该区域另一家大医院）”。于是，微创心脏手术就像孩子眼中非要不可的新玩具，尤其是因为其他酷小孩已经人手一件了。

D医生最后用一种特殊的办法完成了这项新手术：他还是每次都切开病人的胸骨，只不过将伤口开得稍小一些。一位护士评价说："D 医生是墨守成规的人。"最终，旧有习惯胜出。就这样，使用新手术方法的案例越来越少，直至完全被摒弃。

埃德蒙森发现，在她研究过的所有失败案例中，手术团队都犯了"第一次就要做成功"的错误，追求的是"马到成功、表现亮眼，或者完美无瑕"。但显然，没有人能够在头几次就"表现亮眼"，这样的心态反倒让整个团队惨遭"滑铁卢"。相反，成功的手术团队注重学习，并不假设自己能够马上精通技术，同时也预期会遇到瓶颈问题。最终，后者反倒"做成"了。

失败往往是最好的学习方式，因此早期的失败是某种必要投资。IBM 有一则著名的故事，将这个道理阐释得入木三分。20 世纪 60 年代，IBM 一名主管做出了一项错误的决定，当时导致公司损失 1 000 万美元。IBM 首席执行官托马斯·沃森把这名主管请到他的总部办公室。记者保罗·卡罗尔描述了接下来发生的故事：

> 正当这位主管浑身战战兢兢之时，沃森开口了："你知道我为什么请你来吗？"
>
> 主管答道："我想是为了开除我吧。"
>
> 沃森露出诧异的表情。
>
> "开除你？"他说道，"当然不是。我刚花了 1 000 万美元来培训你。"[14]

1995 年，美国佐治亚州路易斯维尔市的资深特殊教育教师莫莉·霍华德，看见杰斐逊县高中正在兴建新校舍。

“我每天开车经过那栋楼时都很好奇：‘校长会是谁？’而且脑海里一直有个声音对我说：‘你为什么不申请？’”霍华德说。

于是，霍华德提交了申请，也顺利获得了这份工作。但是，好消息也伴随着大挑战。这所高中里有 80% 的学生家境贫寒。根据学校此前的记录，只有 15% 的学生考入大学就读。“你预期会成功的孩子确实会成功，”霍华德说，“但另外 85% 的孩子怎么办？”

许多教师都抱着悲观态度。“教师普遍有种观念，觉得有些学生行，有些学生不行。大家在这里是为了教“行”的学生，所以应该早点儿接受现实，有的学生是教不会的。我知道我必须扭转这种想法。”霍华德说。

她很快采取了行动。首先，她必须广泛建立新的认同感。霍华德相信每个学生心中都有上大学的渴望，因此她废除了原本“升学班”和“就业班”的双轨教学模式。在她的学校里，人人都应该认同自己能够考上大学。

其次，她强化了评估制度和辅导办法。在 4 年的高中生涯期间，每位学生都被安排了专门的“校园辅导教师”。霍华德最与众不同的做法，应该是改革了学校的评分制度。杰斐逊县高中给学生评的分数只有 4 档：优秀，良好，中等和再接再厉。

再接再厉，继续加油。

霍华德认为，杰斐逊县高中的学生习惯接受“失败文化”。从定型心态的角度来看，学生的表现仿佛在说自己天生就是失败者：经常不做作业，或者胡乱写完交差了事。直接给他们打“差”或者“不合格”不失为一种简便的解决办法，因为这些学生尽管成绩糟糕，但总算拿到了成绩，也就到此为止。

但按照新制度，学生在跑到终点线之前不能停下来。“我们事先会向孩子们解释清楚优秀、良好、中等的评分标准。”霍华德说，“如果孩子们交上来的作业不达标，教师会告诉他们‘再接再厉’……学生会慢慢养成一种心态：教师觉得我可以做得更好。就这样，学生也改变了对自己的预期。”

最后，整所学校脱胎换骨：学生和教师都更加积极投入，学校的毕业率显著提高，而且学生的考试成绩提高了一大截，甚至连补课都取消了。2008 年，霍华德从 48 000 名候选人中脱颖而出，夺得美国中学校长协会评选的年度美国校长殊荣。[15]

霍华德使她的众多学生发生了转变，她在学生心中培养出一份新的认同感：我们都是要上大学的学生。接着，她把杰斐逊县高中从一所定型心态的学校改造成为一所成长心态的学校。她相信，每位学生都有能力交出合格的作业，没有人天生注定会失败。从此，杰斐逊县高中没有“永远不行”，只有“再接再厉”。

小结

改变的时候，我们必须每时每刻、一遍又一遍地提醒自己和他人这个基本事实：我们的大脑和能力就像肌肉，越锻炼越强壮。我们不是天生的滑板高手、科学家，或者护士，我们必须学习脚蹬滑板、研究科学，或者照料病人。我们渴望符合这些身份认同，这份企图心正是我们改变自己的力量之源。

我们可以从莫莉·霍华德的故事中看到，当你把新的认同感带来的强烈期许与持之以恒的成长心态结合在一起时，就会带来惊人的结果。要让人成长，要影响他人，就得这么做。

我们在前几章已经看到，改变最核心的难题就是让大象持续前进。骑象人需要方向，大象则需要动力。我们也认识到，动力来自感觉，但感觉并不足以激起改变；动力还来自信心，大象必须相信自己有能力完成改变。为了帮助人们在面对改变时感觉自己变得“强大”，我们提出两条建立信心的途径：你可以缩小改变幅度，也可以影响需要改变的人（当然，最好两者并用）。

行文至此，改变的蓝图仍未描绘完整。因为下面这样的事实对于我们来说历历在目：有时候即使是一头不情愿的大象和一位不清醒的骑象人，还是能改变自己的行为。比如，即使是一名迷了路的愤怒司机，即使马上就要错过重要约会，碰上红灯还是会老老实实停车。

因此，想要巩固改变，我们必须考虑营造路径。

第三部分

营造路径

第七章

调整环境

基本归因错误：我们往往忽略了情境的力量

要是在开车的路上有人突然抢道超车，你当时会本能地想：这个混账东西！（或许你心里冒出的话更难听。）无论如何，你不太可能告诉自己：天啊，不知道出了什么大事儿，让他这么火急火燎！

我们不这样想的原因不难理解——帮坏人找借口未免太天真。但是不妨换位思考一下：想想看，如果你疯狂超车，其他人也会理所当然地咒骂你。那么，难道那次飙车行为代表了你的真实品质（即你是个彻头彻尾的混账东西）？还是说，一切只不过是当时的情境使然？

本书前言的开篇故事，介绍了电影观众因为拿到大桶爆米花而吃得比较多，由此我们看到，对他人妄下结论有多么容易。如果我们不知道爆米花桶大小产生的效应，就会轻易断定那些拿到大桶的观众都是爆米花超级大胃王。不过，这项研究令人惊奇的部分当然在于，拿到大的爆米花桶，就会变成爆米花超级大胃王。

同理，要是已经错过重要约会长达 20 分钟，就会变成横冲直撞的疯狂司机。看似是人的问题，实则为情境问题。

商业领域也不例外。“全面质量管理运动”的主要发起人爱德华兹·戴明讲过一家公司的案例。这家公司在生产过程中会用到各式各样的易燃物品，因此公司厂房时而起火也并不奇怪。但是该公司的总裁认为，出问题的不是企业生产环境，而是公司员工。为此，他写了一封信，寄给全公司 10 500 名员工，恳请各位少放几次火。[1] 这一举动岂不怪哉！（看似是人为纵火问题，实则为易燃化学物品管制问题。）

我们常常对情境的力量视而不见。斯坦福大学心理学家李·罗斯在一篇著名的文章中，发表了他针对数十项心理学研究的调查结果。罗斯指出，人们大多有一种系统化倾向，会使其忽略塑造他人行为的情境作用。罗斯将这种根深蒂固的倾向称为“基本归因错误”。[2] 所谓基本归因错误，是指我们总喜欢把他人的行为归咎于对方的个人特质，而不是对方所处的情境。

基本归因错误使得人际关系变得复杂。婚姻治疗师韦纳–戴维斯曾说：“大多数人都把婚姻问题归咎于配偶天生的性格特点。”妻子可能会说：“我的先生是个顽固的人。”但韦纳–戴维斯或许会这样回应她：“你得承认，你的先生并不是每时每刻都顽固。当他的同事提出开发客户的新方案时，他没有故步自封；当你提出家庭理财的新方式时，他也没有万般不愿。他的顽固主要表现在你对管教孩子提出新办法的时候。每当你提出来，他几乎都固执己见。他的这种行为是出于情境，而不是性格当中不可改变的顽固性。”[3]（这不是在替丈夫的顽固找借口，而是给妻子解决问题的希望，毕竟调整环境总比改变他人的核心特征来得容易。）

基本归因错误也解释了我们喜欢看《狗语者》和《超级保姆》这类电视节目的原因。在节目中，外来专家使出全新的管教手段，顺利制服无可救药的小狗和小孩。在节目开头，我们先看到一只见到东西就扑过去咬的狗，或者一个完全不听话的小孩，于是我们不由自主地推断两者的性格：前者是条恶犬，后者是个调皮的孩子。接着，专家用简短几招就让两者服服帖帖，简直让我们目瞪口呆。

要是我们能修正自己的基本归因错误，那么这类电视真人秀节目绝对会显得荒唐可笑。（试想这样一个节目：把热气腾腾、危险而不稳定的液体塞进冰箱，过了很长一段时间，液体竟然自愿放弃了原本火热的个性，变成了冰！）

现在你该明白，为什么本书框架中的第三个要素格外重要了，这项要素就是路径。如果希望他人做出改变，你可以提供清晰的方向（骑象人），也可以激发对方的动力和决心（大象）。除此之外，你还可以仅仅把旅程变得更容易：建造一段陡峭的斜坡，再从人们身后向上推一把，移走道路上的障碍物，四处插满旗帜，告诉人们，他们离终点不远了。

简而言之，你可以营造路径。

“自私学生”也会乐善好施

为了更好地了解顺畅的路径怎样改变他人的行为，我们来看看下面这项研究，探讨为什么大学生在慈善活动中愿意（或者不愿意）捐出食物。研究人员知道，有些学生确实本来就比其他人乐善好施，当然也比较愿意捐献食物。而研究人员好奇的是：我们能否转变情境，让自私的学生也捐出食物呢？

首先，要区分“热心学生”和“自私学生”。研究人员针对某一栋宿舍楼的学生展开调查，请每位学生评出同楼所有舍友（共计 100 名左右）中哪位最有可能捐赠，以及哪位最不可能捐赠。研究人员将调查结果汇总后，就可以大致掌握哪些学生乐意倾囊相助，哪些学生则不然了。

其次，研究人员营造了路径。其中一部分学生收到一封内容简洁的信，宣称下周将举办“爱心食物捐献活动”，请他们带上罐头食品到特雷西德广场（Tressider Plaza，校园内的一个知名地标）。其他学生收到一封内容相对详尽的信，包括捐献活动地点的详细地图、对豆类食品罐头的具体需求，还建议学生们安排时间顺道经过特雷西德广场，这样就可以不必特地多跑一趟了。

两种信件随机寄给“热心学生”和“自私学生”。一周后，“爱心食物捐献活动”落幕，研究人员也得到了捐献学生和未捐献学生的确切名单。

收到简短信件的学生并不大方，只有 8% 的“热心学生”捐出食物，“自私学生”则全军覆没。到此为止，“自私学生”的表现没有让人太失望。（因为“热心学生”也没有多出众。）

接下来的统计数据才让人震惊。收到详细信件的学生明显慷慨得多，多达42%的“热心学生”捐献食物，甚至还有25%的“自私学生”也捐献了！这一结论相当令人鼓舞，研究人员只是稍微清理一下路径，就让宿舍楼内25%的“自私学生”也参与了捐献。[4]（总结：如果你现在饥肠辘辘，迫切需要罐头果腹，手上拿着地图的“自私学生”伸出援手的概率是没有地图的“热心学生”的3倍。）

更重要的是，路径其实并没有发生什么翻天覆地的变化，研究人员只不过在信件中给予了更具体的指示。试想一下，如果采取更积极的募捐手段，效果会如何？比如请志愿者挨家挨户上门募集食品罐头呢？

看似是人的问题，实则为情境问题。不管你的角色是什么，都可以或多或少掌控所处的情境。

一键式简单调整

今天，不妨就在今天，请你仔细观察一下，一天之中有多少次因为他人调整了情境而影响你的行为。交通部门希望你开车时遵守交规，于是在马路上画线提醒行人，安装交通信号灯，设置更多的道路标识；杂货店经理想让你在店里多逛一会儿，于是把乳品冷藏柜搬到了店铺最内侧；你上司的上司想鼓励员工发扬团队合作精神，于是批准了去掉所有隔间的“开放楼层计划”；银行受够了客户总把银行卡落在取款机里，于是把机器取款程序改成强制人们取回银行卡后才能拿钱。

调整环境其实就是让正确行为更容易出现，错误行为更难以发生，就这么简单。亚马逊的“一键下单”功能正是绝好的示范。以前拨电话号要按 10 次键，现在只需要花十分之一的力气，就能马上买到新书或新出版的音像制品，满足感瞬间爆棚。亚马逊知道自己希望用户做出的行为是下单消费，所以网站设计师就把这个步骤调整得更加简单。亚马逊尽量为用户清除购物过程中的障碍，使得人人可以接受（至少在推出“一键下单”功能之后便是如此）。亚马逊的这项功能，为公司带来总计数百万美元的收入增长。

与之类似的一键式简单调整，适用于各式各样的场合。几年前，一位名为彼得·布雷格曼的顾问协助一家管理咨询公司解决内部行政管理问题。这家公司按照咨询小时数向客户收取费用，员工经常不按时提交工作时间记录表，公司也就无法准时收款记账。以往，公司采用纸质的工时记录表，咨询师总是能按期交表。后来公司开发了一套在线的电子工时表软件，咨询师都不愿意使用它。公司高管甚至专门举办了新工具的培训，但员工依旧我行我素。

公司高管备感泄气，只得采用强制性的行政手段，宣布每位员工都必须使用在线工时表。“大约一半的人听从了命令，”布雷格曼说，“其他人还是充耳不闻。”为此，公司高管决定使出撒手锏：准备发一份备忘录，声明不按规定使用在线工具的员工将拿不到薪水。（依照我们的经验，想要推动改变的人总是本能地使用“胡萝卜加大棒”策略。但这项策略恰好反映了使用者对人类行为的认识相当粗浅，认为人们只对奖励和惩罚有反应。这种做法很快变得极其荒谬：难道每次想要在职场进行一次改变，老板们都要举起“拿不到工资”的大棒吗？）

布雷格曼赶紧悬崖勒马。“等等，”他说，“我们知道员工为什么不肯使用在线工时表吗？”公司高层认定这些咨询师要么爱唱反调，要么顽固不化，这就是基本归因错误所贴的典型标签。布雷格曼说服高管先做进一步调查。

调查员询问只愿提交纸质工时表的员工，为什么不愿使用在线工时表。得到的答案是，纸质表更简便。调查员将信将疑，于是从旁边观察员工使用在线工时表的每一步过程。结果令人恍然大悟。

原来，许多员工一看到在线工时表跳出的“使用助手”就抱怨连连。具有讽刺意味的是，使用助手的设计目的是为了帮助员工完成表格填写过程。你可以想象一下微软办公软件旁边那根烦人的大眼回形针，总是跳出来想帮助你写信；再想一想，你要是没有选择，必须接受它的“帮助”会有多烦恼。于是公司高层关闭了使用助手功能，允许员工直接自由填写表格。结果，在线工时表的使用率立刻提升，数周后，每个员工都开始使用在线工时表了。

“员工不是蔑视命令，”布雷格曼说，“只不过选了一条比较简便的路。”

故事中的公司高层一开始没有想过在路径层面寻找解决方案，这无疑是本能反应，也令人遗憾。相反，他们想用不发工资来吓唬大象。布雷格曼认为，这些人的思维显然受到了禁锢：“唉，我已经要求他们这么做，也教导过他们怎么做了，还命令他们必须这么做。真不知道我还能有什么办法！”那时候，公司高管觉得自己已经施尽了“十八般武艺”，只好使出惩罚的招数。

“我们的商业背景教育我们把目光聚集在刺激手段上，”布雷格曼说，“甚至父母也是如此：‘不做就别想拿零花钱！’”[5] 但是，管理者和父母能掌握的工具比他们想象中的还要多。改变路径，就能改变行为。

实战分析

如何让问题学生准时上课？

面临状况

巴特·米勒在美国俄勒冈州波特兰市林肯中学教授美国史。他对几名问题学生头疼不已，比如罗比和肯特两人总是迟到，而且坐在教室后排不断聊天、大笑，整个班级都大受影响。米勒试着板起面孔教训他们，严格要求他们，甚至好几次把他们送到校长室，但似乎没有一招真正管用。他到底该怎样管教这些学生呢？

（以上是真实案例，巴特·米勒为真名，学生名为化名。）

转变目标与障碍所在

如果米勒想让罗比和肯特“表现得像模范学生”，那注定会失败。他应该聚焦于关键目的：希望罗比和肯特能在上课前入座。如果能达成（这一点儿也不简单），米勒就能让改变的雪球继续滚下去。

但是问题出在哪儿呢？老实说，这应该不是骑象人的问题：罗比和肯特清楚地知道自己应该怎么做，所以可以不用理会骑象人。这是大象的问题：这两个孩子根本就不愿意走进教室，更何况准时上课还得牺牲和朋友在走廊上玩乐的时光。路径本身也值得考虑：从环境和文化的角度来看，是否有什么办法可以改变他们的拖拉习惯呢？

如何转变

- **指挥骑象人**。不适用。这些孩子都知道自己该怎么做。
- **激励大象**。找到感觉。或许在这些孩子眼中，米勒代表抽象的权威形象，而不仅仅是教师。也许米勒可以找个时间跟孩子们进行一对一的谈话，告诉他们：“我觉得压力很大，因为必须在那么短的时间里讲完这么多内容，而且我的工作表现就靠这个来评估了。我知道，你觉得迟到几分钟没什么大不了，但对我来说，这增加了我的工作难度。你能不能帮我一个忙，稍微早几分钟到教室呢？”这招能否有用，要视孩子同理心的程度而定。可能会即刻见效，也可能会一败涂地。

- **营造路径。**调整环境。上课铃声响后锁上教室门，迟到的人只能站在走廊里。培养习惯。每节课前几分钟先进行一个只有一两道题目的小测验，如果罗比和肯特不在教室里，这门课就没法及格。召集同伴。在墙上贴一张“守时”情况记录表，也许罗比和肯特发现自己是班上仅存的“迟到大王”后，会改变自己的行为。培养习惯。立下规矩，每节课最晚走进教室的学生要回答第一道课堂提问。召集同伴。想办法让罗比和肯特知道，班上其他同学几乎都讨厌他们的行为。喜欢惹事的人时常误以为别人崇拜自己为所欲为的行径，来自同伴的真诚意见很快就会让他们气馁。调整环境。巴特·米勒真正采用的做法是：买了一张二手沙发，摆在教室的前排位置。大家一看就知道，这张沙发是很酷的座位，可以轻松靠在上面，而不用像其他人一样正襟危坐在硬板凳上。突然间，罗比和肯特为了“抢到好座位”，每天很早就进教室。他们从此自愿坐在教室前排，这招实在是高明！

给药背心：降低护士的差错率

贝姬·理查兹任职于凯泽南旧金山医院（Kaiser South San Francisco Hospital，以下简称凯泽医院），该院的护士每天要派给大约 800 份药品。“给药”是指从医生开处方（例如布洛芬 100 毫克）到病人服药的过程。护士拿到医生龙飞凤舞的处方笺后，抄录一份字迹清晰的副本，再传真到药房。药房将药品送来后，护士必须遵照医嘱，在正确的时间、以正确的方式（例如静脉点滴、注射或口服）向病人施以正确剂量的药。

护士给药的准确度令人敬畏：平均来看，大概每 1 000 次才会出现 1 次错误。尽管如此，由于医院的给药量十分庞大，每年累计出错次数达到 250 次。但每个错误都会给病人带来伤害，甚至危及病人生命。例如，如果某位病人施用肝素（一种抗凝血剂）过多，血液就会因无法凝结而造成出血；如果病人施用肝素过少，可能会出现血栓而导致中风。

理查兹是凯泽医院成人临床医疗服务部门的主管，她的护理团队想要进一步减少给药的错误。理查兹认为，大多数给药出错是因为护士不够专注。护士出现分心的现象很普遍，因为传统医院大多将给药区设置在护理单位的正中央，也是整个楼层中最喧闹的地点。得克萨斯大学的教授特丝·佩普研究过给药出错的问题，理查兹引用佩普的话说：“现在我们很推崇一心多用，我们总称赞那些一次能处理很多事情的人。但是，给药是最不应该一心多用的时候。”

站在理查兹的位置上想一想，你的目标清晰明确：如何改变护士的行为，让护士在给药时更加专注、不容易分心。请问你该如何达成这个目标呢？第一步，你必须找到问题的核心所在。

护士们都了解自己的职责所在，即关键举措明确，所以不是骑象人的问题。护士们对于集中注意力也不存在情感上的抵触，事实上被人打扰而分心是件恼人的事。也就是说，我们在这个例子中难得有一头愿意配合的大象。看来，真正的问题在于干扰本身。当看到护士穿过大厅前去给药，所有人都会不假思索地喊他们帮忙；更糟糕的是，护士们也觉得应当对这些“打扰”有求必应。没有哪个护士会这样回答外科医生：“对不住了，现在没空帮你。我在给药呢。”但是，想要控制给药出错率，就必须这样回答。

接下来理查兹要做的事，就是提醒其他人注意：你们在打扰护士。她必须把这种不良行为转化成看得见的东西。理想情况下，护士一开始给药，就会自动变出一只隔音泡泡，将其包裹在里面，阻绝一切打扰，就像电影《糊涂侦探》中局长的隔音罩一样。可惜，隔音罩不可能在现实世界中实现。理查兹只好退而求其次，想出了视觉标志的办法。当护士带上某样东西，就是在告诉其他人：嘿，现在别打扰我，我在给药呢。

理查兹排除了肩章和围裙后，最终选定的是背心，并且将其命名为“给药背心”。可是，给药背心该从哪里买呢？理查兹只好先找些现成货品将就一下：“我们用的第一件背心是从网上购买的。做工很差，采用的材质是便宜的塑料，加上亮闪闪的橙色。在网上购物真得当心。”

背心的问题解决后，理查兹便跟员工说出了自己的设想：当你开始给药时，就穿上给药背心。背心的颜色很醒目，就算在大厅另一头的人也能看得见。我们所有人，包括医生在内，就知道不要去打扰穿背心的人。

理查兹选择了凯泽医院的两个部门率先推行给药背心措施，测试始于 2006 年 7 月，为期 6 个月。

很快，理查兹就碰上了难题：护士们恨死了这件背心，医生也不喜欢。“护士们觉得穿上这种背心很丢脸，偏偏在需要的时候又找不到。”理查兹说，“他们不喜欢这个颜色，还会问：‘这要怎么清洗？’一位内科医生抱怨道，从护士旁边走过，却不能跟他们交谈，这种规定太讨厌了。”

护士们写在反馈意见上的评价更是刻薄：“哦，我们会犯错，你是想把这件事弄得人尽皆知啊！”“你想让别人觉得我戴了顶蠢帽子，因为我没长脑子，只能用脚指头思考。”“再给我一顶安全帽加一只安全锥，我就可以直接去高速公路上执勤了。”

“他们挺不给面子的。”理查兹说。鉴于背心的接受度过低，理查兹考虑废止计划，尝试别的办法。

接着，给药背心试行部门的数据出炉了。

在 6 个月的测试期内，给药出错率比测试前下降了 47%。“这下子，大家都无话可说了。”理查兹说。

数据摆在面前，抵触情绪逐渐消除。由于成效不同凡响，除了一个部门坚持不用以外，整所医院都用上了给药背心。大规模推广给药背心的第一个月，全院给药错误率平均下降了 20%；只有一个部门例外，这个部门的出错率不降反升。[6]（猜猜是哪个部门？）

假如有种对策，人人对其恨之入骨，但却行之有效，最后人们还是会因为成果显著而乐见其成的，那么你会知道这种办法其实是绝妙的解决之道。贝姬·理查兹找到了改变路径的办法。

“静默驾驶舱”：让程序员清静地编写代码

长期以来，航空业始终坚持一个惯例。由于大多数空难发生在最忙乱也最需要紧密配合的起降阶段，因此航空业强制实行“静默驾驶舱”原则。[7] 不论什么时候，也不管是起飞还是着陆，只要飞行高度低于 10 000 英尺，驾驶舱内就禁止任何与飞行无关的谈话。飞机距离地面 11 000 英尺时，驾驶舱成员可以天南地北地侃足球、聊孩子、谈论讨厌的乘客，但在 9 500 英尺时就不能这么做。

一家公司的信息技术部门借用“静默驾驶舱”的概念来加快重要软件的开发进度。部门设立了明确的标杆：将新产品开发周期从 3 年缩短到 9 个月。在过去，开发项目如果面临期限紧张的状况，部门工作环境便会弥漫出一股越发紧绷的气氛。进度一旦落后于计划，人们总是习惯于打断同事手头的工作，请对方帮自己一点儿小忙；项目主管则是隔段时间就来巡视，要求大家实时汇报工作进度。结果，软件工程师受打扰的次数越来越多，每周工作时间也从 60 小时延长到 70 小时。大家都开始在周末加班，为的是有一个心无旁骛的工作环境。

部门领导决定做一项实验，规定每周二、四、五的上午是“安静时间”。安静时间就像是程序员的“静默驾驶舱”，让他们得以专注于手上复杂的代码任务，避免受到频繁打断而耽误进度。即使是对人际互动最迟钝的员工，也对这条路径给出了正面回应。一位先前最喜欢打扰别人的程序员说：“以前我总是想着自己的安静时间，想着怎么争取更多的安静时间。但这次实验让我更多地思考我给别人带来的麻烦。”

最终，该部门顺利实现了 9 个月完成新软件开发的严苛目标。部门副总将此归功于“静默驾驶舱”的安静时间。“我想，如果没有这项规定，我们就不可能按期完工，”他说，“这是全新的基准。”[8]

无论是飞机驾驶舱、医院，还是信息技术部门，这些环境都不可能自然演化出正确的行为。护士不会“自然而然”获得不受打扰的给药空间，程序员也不会“自然而然”就能清静地专心编写代码。相反，这些需要领导者有意识地重新营造路径。只要稍微调整一下环境，正确行为很快就会出现。改变的不是人，而是情境；看似是人的问题，实则为情境问题。

如何战胜自我？

我们已经见识过不少在组织层面进行环境调整的案例，包括办公室、航空业和医院。但是请相信，这套神奇的工具一样可以运用在我们自己身上。许多人都发现，调整环境总是比自我控制更能有效改变自己的行为。

举例而言，前言中爆米花桶实验研究的负责人布赖恩·万辛克，就有一批节食者忠实奉行他提出的头号信条：缩小餐具尺寸，使用小号的盘子、碗和杯子。

万辛克知道，我们总是不由自主地拿食物填满面前的餐具，留着装了一半的盘子似乎不怎么道德；而更大的问题在于，我们又忍不住要把盘子里的食物一扫而光。于是，大盘子＝大分量＝大食量。在万辛克看来，想要控制饮食，首先得从盘子大小入手。把大餐盘收进橱柜，改用沙拉盘盛晚餐；弃用大高脚杯，改斟小玻璃杯；千万不要直接拿起整袋或者整盒的零食大吃，而应该在小碟上倒出合适的分量。换掉所有大盘子、大碗和大杯子，这些外在环境的微小调整，会对进食行为产生巨大的影响。

我们每个人都在对自己使用类似的小伎俩，试图把自己推向正确的方向。笔者认识一个小伙子，他每天晚上睡觉前都会把慢跑装备一丝不苟地摆在床前。如此一来，他第二天早上起床后就会更容易出门运动。另外一位朋友，非得把咖啡机设置好定时自动烹煮后才肯就寝，到了清晨，飘出的咖啡香气能帮助他战胜睡魔。还有一位女士，真的把自己的信用卡冻在冰块里面，这样每逢消费欲望袭来，她就不得不强制让自己冷静退烧（或者把信用卡加温解冻）一下。

自我操控当然不是无济于事，阿曼达·塔克就使用类似的调整环境的原则来改善自己工作中的管理风格。塔克是耐克越南分公司的经理，时不时就会到偏远地区出差，视察工厂。每当她离开办公室时，工作马上堆积如山，使她回来后屡屡顿觉万念俱灰。“我觉得自己像老头子挑担子，心有余而力不足。”塔克坦言。她情不自禁想要关上办公室的门，埋头处理堆积如山的工作。然而她也知道，与团队保持通畅接触同样必不可少。事实上，她定下了开门办公政策，允许部下随时进来见她。

任职 9 个月后，塔克征询团队成员对她这位分公司经理的评价，却震惊地发现下属纷纷抱怨塔克似乎没有时间与他们谈话。“有些人不满的原因是，当他们走进我的办公室跟我讲话时，我的眼睛还盯着电脑屏幕，手还继续敲着键盘。这当然会让他们误以为，我手头处理的工作比他们的事情更重要。”塔克解释道。

塔克知道，下属发牢骚天经地义，自己的习惯可真不好。塔克也知道，办公室的摆设助长了这种坏习惯。人们走进办公室，会坐在她办公桌对面的椅子上。塔克面朝来客时，视线还是看得到电脑屏幕。对塔克来说，实在克制不住自己的双眼在访客和屏幕之间来回切换。

于是，塔克简单调整了一下办公室的格局。她把横亘在中间的办公桌搬到一旁，并在办公室里开辟出一个小会客区，放置了两只小沙发和一张桌子。现在，塔克在面对来访者的时候，再也不会看到电脑屏幕了。诱惑不再，分心也不再。

“只要调整一下办公室格局，我就能和部下更好地交流了。”塔克说。6个月后，塔克再次调查众人的看法，她欣慰地看到自己在沟通方面得到的评价大幅提升。[9]

如果只见到塔克前一次的评估结果，你或许会得出这样的结论：塔克虽然实施开门办公政策，但还是那种从不认真听下属讲话的冷面经理。要是这样，你就犯了基本归因错误。简单地调整一下办公室的家具布置，塔克就让自己变成了另外“一种人”。这，就是营造路径的力量。

战胜自我能带给人满足感。（现在你应该知道，所谓“战胜自我”是指骑象人战胜大象。）塔克的解决方案简洁精练而动人心弦：花半个下午的时间调整办公室陈设，就解决了看似棘手的管理问题。塔克营造出了能够摒弃自身坏习惯的环境。

我们兄弟在日常生活中也有过类似经历。在撰写本书的过程中，我们深受电子邮件分神之苦。我们当然知道，一边建议读者如何控制他们的大象，一边却管不住大象而习惯性地查看收件箱，这是何等讽刺的事。为此，我们决定对症下药。

如果你也用过微软的Outlook办公软件，一定知道每当收到新邮件时，电脑就会响起提示音。你怎么可能在听到以后忍住不去查看邮箱呢？

奇普决定调整工作环境。他打开操作系统的控制面板仔细浏览，终于找到彻底关闭电子邮件提醒声音的界面。稍后，他发现除了声音，任务栏还会跳出新邮件的提醒图标，大象对此更是难以抵抗。于是，他拿女儿的签字笔把便利贴涂黑，贴在任务栏的位置上。这样，他终于摆脱了电子邮件的打扰——无知是福。

面对同样的问题，丹动用的手段更彻底。他买了一台旧笔记本电脑，删除所有的浏览器，更狠的是，他连无线网卡的驱动程序也删掉了。现在，每当他需要集中注意力时，就带着这台“史前机器”到咖啡厅或者图书馆，根本没有可能上网。丹在层层制约中获得了解放。

我们俩与电子邮件之间的纠缠争斗多少有些“惨烈”，但其中隐藏着的更重要的议题值得深思：不论是针对你自己还是同事，有没有可能设计特定环境，使得不受欢迎的行为更难出现，甚至绝迹呢？事实证明，许多人的职业就是在想方设法消除各种错误行为。

譬如在工业安全领域。很多工厂使用的危险机器，有可能因为工人对时间或位置判断失误，造成操作者的手指乃至手掌被生生截断。假如你是工厂的领班，厂里有名工人因操作不慎失去了食指。你很希望类似的悲剧不再重演，那么该怎么做呢？

你可以通过简单标识，给予工人的骑象人以明确指示。比如挂上“双手远离机器”或者“危险！当心受伤”之类的安全生产标牌，旁边再附上一张图，说明机器的危险部位。

你也可以利用恐惧打动工人的大象。我们可以从驾驶员的道路安全教育中得到灵感。参加课程的青少年必须观看血肉模糊的车祸影片，告诫他们开车上路时不要横冲直撞。同样的道理，你也可以召集工人，播放操作员失去手指的可怕视频，让大家看看血淋淋的伤口；邀请伤者本人上台，呼吁同事千万注意安全。“我多希望当时能再小心一点儿。”这位工人会这样说。

又或者，你还可以专心营造路径，全然无须顾及情感面和理智面的因素。老实说，假如你觉得这群工人压根儿无可救药，认定他们根本就是心存侥幸，还总乐意把手指搁在机器的危险区域摇来晃去。你还有办法阻止他们截掉自己的手指吗？

当然可以阻止，很多工厂都做到了。比如，有一种机器被设计成必须同时按下两个操作键才能启动，为此工人必须双手举高、两臂张开（整个人呈“丫”字形）。这两个按键的位置安排得相当巧妙，只要工人同时按下两个键，（按照设计）双手就绝对不可能接触机器的危险部位；如果工人不同时按键，机器就不可能运行。无论如何，工人都保住了手指。

看，你已经成功杜绝了一种危险行为。

哈顿矩阵：预防伤害的思考系统

从这个例子出发，我们可以联想到更多让“坏行为”消失或几近消失的创举：药罐配有儿童安全瓶盖，必须踩住刹车才能给汽车换挡，以及各类防火材料制品……这些产品设计创新的出发点都是为了避免伤害发生。事实上，“伤害预防”领域的发展日益蓬勃。美国各州政府都有一批员工（领着不相称的低薪），负责思考如何规避意外伤亡事件，比如小孩掉进游泳池、老人在家中摔倒、车祸等。类似的不幸不大可能完全绝迹，但可以降低伤害发生的程度。

伤害预防专家在分析如何尽可能减少意外伤亡的过程中，通常使用简单的框架工具——哈顿矩阵。[10] 哈顿矩阵帮助人们系统性地梳理问题，重点思考意外的 3 个阶段：事件前，事件中，事件后。

下面我们以减少汽车事故为例，稍加分析。事件前措施就是所有防止车祸发生的办法，包括在高速公路上加装强光路灯，将路面标志绘制清晰，推广防抱死制动系统，开展杜绝酒后驾车的宣传活动。

事件中措施，是指我们知道车祸无法避免，自问应如何降低伤害程度的做法。安全带和安全气囊就是典型的事件中措施，此外还包括路灯杆使用分离式结构，匝道口铺排大型橘色防撞桶（用于缓冲强大的撞击力）。

事件后措施，是指车祸已经发生，伤害已经造成后的对策。事件后措施的目的是将伤害程度最小化，将救护效果最优化。为此，组建一支快速有效的紧急事故医疗团队非常重要。

哈顿矩阵不仅适用于重要场合，也可以被人们用来思考生活中碰到的问题。假设你是一家小公司信息技术部门的员工，工作职责之一就是避免因电脑死机造成重要数据丢失。在这种情况下，一些计算机维护人员没有采用哈顿矩阵，反而选择“威吓宣言”，痛陈同事未能尽到定期备份的义务。（又见基本归因错误：我的同事既粗心又懒散！）但是如果套用哈顿矩阵的框架来思考，你会渐渐看清整个事件的“庐山真面目”。

事件前措施：只要电脑不死机，数据就不会丢失。因此，你可以组织每月一次的电脑检查，为每位同事购买额外加厚的笔记本电脑包，并且每 3 年安排一次电脑全面更新预算。

事件中措施：必须采取办法防止死机导致的数据丢失。比如，有些计算机装有额外的硬盘驱动器，可以实时同步所有的数据。一般来说，死机不会引发两块硬盘同时罢工。

事件后措施：接受数据已经丢失的现实，尽可能将损失最小化。最容易想到的对策，就是建立一套夜间网络自动备份系统。就算电脑死机，数据丢失，还是可以恢复到前一晚的数据。另外一种补救办法，就是避免重要数据最终存放在员工的电脑中。例如，你可以借助 SalesForce.com 之类的网络管理工具来存放客户信息，从而避免因硬盘运行状况而影响公司战略资料的保存。

如此一来，我们已经针对数据丢失问题设计了一套缜密的方案，而且不必受其他人的想法或感受的困扰。我们根本不曾提到员工的大象或者骑象人，只不过改变了环境，进而消除了错误的行为。

弃用自动转接系统，真正为客户服务

1999年，在一家名为机架空间（Rackspace）的公司内部，某种不良行为骤然绝迹。从某一刻开始，公司员工停止旧有行为，开始以全新的方式行事。这次行为转变堪称公司历史上最重要的转折点。在我们开始讲述这一关键时刻前，先交代一下故事的背景。

机架空间是一家为企业架设和管理网站的公司，最引以为傲的就是全情为客户提供服务的宗旨，从公司口号“狂热的支持”中便可见一斑。公司对客户的鼎力付出一点儿也没有白费：近些年来，机架空间捧回了无数表彰其服务客户的奖项；而且，在衡量消费者是否愿意向他人推荐一家公司的“净推荐值”评分上，机架空间也长期居业界翘楚。

不过，机架空间并非一开始就如此以客为尊。1999年以前，机架空间根本没有认真考虑过客户服务的事情。公司创始人格雷厄姆·韦斯顿坦言，机架空间早期的经营模式是“拒绝服务”。在公司看来，客户服务并不是必需成本，所以为了提升利润，应当尽可能地将客服支出压缩到最少，也就是应设法为客户来电设置障碍。（这正是哈顿矩阵的反面例子：如果你认为客服电话铃声响起是应该避免的不良行为，那么就应该想尽办法予以阻止，就像亚马逊多年前的政策一直是不公布客服电话号码一样。）

直到1999年秋，机架空间接到了一通来电。故事的开头平淡无奇。一位客户致电寻求帮助，遵照指示按下“5”转往客服人员，接通的却是语音留言系统。系统说了一大堆话，大致意思就是："请尽管留言，可惜我们不常查看留言，你最好还是发电子邮件。"于是，客户只好悻悻然地向建议的信箱发了一封邮件。结果，一切石沉大海，杳无音信。

经历数次恼人的循环之后，这位客户终于怒不可遏。他做了些功课，查出格雷厄姆·韦斯顿在一家房地产公司的办公地址，直接找上门去。韦斯顿十分惊讶，便请这位客户将先前的邮件转发给他，并承诺一定追究此事。

韦斯顿收到了一长串没有得到回音的邮件，看见客户的问题一遍又一遍被置之不理，怒气也一次又一次高涨。"这位客户的长信让我产生了新的感悟，"韦斯顿说，"有些问题，我们可以轻松地解决，但对于客户来说却难于登天。所以我脑海中萌生出一个想法，我们何不开开心心地为客户服务呢？"

韦斯顿也知道，一家始终回避客户的公司无法长久生存。"我们做出了 180 度的大转变。"他说。

韦斯顿聘请戴维·布赖斯担任客户支持部门的主管。布赖斯在首次团队会议上宣布，机架空间将从一家害怕服务客户的公司转型为一家给客户提供热情服务的公司。他还在墙上悬挂了鼓舞人心的横幅："机架空间为顾客提供狂热的支持。"这句话很快就深入人心了。

当然，这些只是语言方面的改变，行动也很快紧随其后。韦斯顿打算从整顿公司的商业模式入手。提升服务品质需要成本投入，如果机架空间想要既供应优质服务，又提供顶级技术支持，产品价格势必将高到无人问津。于是，韦斯顿开始大力要求公司只保持一定的技术水准：“我们不需要研发最尖端的技术，我们相信标准化。我们必须减少关注领域，知道有些事情该做，有些事不该做。如果你是亿创理财（E*TRADE）或者亚马逊，请你自己维护网站，我们无能为力。”（注意，这是给骑象人的明确指示。）

然而，最出彩也最简单的是韦斯顿和布赖斯下面所做的这场改变。机架空间和其他主机托管公司一样，有一套来电呼叫自动转接系统。（“我们非常重视您的来电。想要了解与您的问题无关的留言帮助，请按‘1’；想要在我们从不理会的留言系统里留言，请按‘5’；重听选项，请按‘8’。”）呼叫转接系统恐怕是客服工具里最初级、最简陋的一种了。

韦斯顿弃用了整套系统。

“客户来电意味着他们需要帮助，我们必须接听这些电话。”他说。取消呼叫转接系统后，客服办公室就少了一层安全网，电话铃声会一直响到有人接听为止。对韦斯顿来说，这种转变是客服精神的关键表征。“客户有问题，我们不应该等到自己方便的时候才去处理，而应该在客户方便的时间去解决。”韦斯顿废除呼叫转接系统后，客服人员再也不可能逃避客户来电了。截至 2007 年，机架空间平均每周与每位客户谈话 3 次。

随后，机架空间设置了公司专属的“贴身服务奖”，颁发给服务狂热到近乎疯狂的员工，奖品包括一件印有机架空间商标的紧身衣。（这是用来打动大象的认同诉求：我们是“客服狂人”，我们因此而特别。）2008 年，机架空间登上《财富》杂志全球最佳雇主名单，这绝不是巧合。

机架空间对客服的重视收获了累累硕果。2001 年，机架空间成为第一家扭亏为盈的互联网托管公司。在接下来的 6 年里，公司利润更是以每年平均 58% 的增幅快速增长。到 2008 年，机架空间已经超过美国电话电报公司（AT&T），成了业内收益最高的公司。[11]

小结

那么，机架空间客服人员的性格得到了怎样的转变？完全没有。公司转型前后，员工的性格始终如一，这些人只不过换了一个新的环境开始工作。旧有习惯（忽视客户）变得越来越难，新的行为（服务客户）变得越来越容易。

在本章中，我们看到许多看似“性格内因”的问题，其实可以通过改变环境加以纠正。取消呼叫转接系统，懒惰的客服人员开始为客户服务；调整一下办公室格局，总是得到员工“不听人言”抱怨的老板突然好评如潮；附上地图和详细指南，斯坦福大学的“自私学生”捐出的爱心食物甚至超过“热心学生”。

小小的路径调整，将带来大大的行为改变。

第八章

培养习惯

毒品成瘾者自救成功

迈克·罗马诺出生于1950年，在美国威斯康星州密尔沃基长大，在四兄弟中排行老幺。他的父亲是水暖工，母亲虽拥有商业艺术学位，但留在家中相夫教子，偶尔接些零活儿补贴家用。

罗马诺的脾气不好，18岁就读高中时与他人起了冲突，结果把对方扔出窗外。由于害怕吃官司，他选择投身军旅。他心想，反正不管怎样都得服兵役，都要背井离乡。最终法院允许他入伍。

罗马诺后来被分派到驻越南的美军第173空降旅，这是一支颇受推崇的精英伞兵部队。然而罗马诺发现，173旅的弟兄之间有个公开的秘密：滥用毒品。其他部队还戏称他们为“跳伞瘾君子”。参军之前，罗马诺并没有吸食过毒品，他试图在一群瘾君子中洁身自好。

抵达越南几个月后，一枚克莱莫尔定向散镖地雷在罗马诺身边爆炸，炸伤了他的右手、前臂和脚。于是，罗马诺被安置在越南重要军港金兰湾的一家医院养伤。康复期间，他在这里首次接触了鸦片。

就像身边其他士兵一样，罗马诺很快就染上了毒瘾。即使转到其他医院，也从来没有间断过吸毒。在为期 13 个月的军旅生涯中，罗马诺一直饱受毒瘾的折磨。

“越战”期间，像罗马诺这样的士兵染上毒瘾的案例屡见不鲜。白宫方面对于士兵吸毒成瘾的状况深感头痛，便着手调查毒品在军队的泛滥程度，得到的结果令人极其不安。参战前，士兵通常只有偶尔几次尝试毒品的体验，已经染上毒瘾的人数比例不足 1%。但是一到越南，将近一半的士兵吸过毒，甚至有 20% 的人成瘾。人口统计资料无法预测哪类群体最有可能在越南染上毒瘾，似乎与种族或者社会阶层都没有关联。

吸食毒品现象发端于战争早期。20% 的吸食者在到达越南的第一周就开始吸毒，60% 的吸食者始于到达越南后的 3 个月以内。奇怪的是，吸食毒品恐怕和战争创伤无关。研究人员发现，吸食毒品与士兵分配任务的艰巨程度、面临的危险，甚或战友的丧生之间，不存在统计学上的相关性。罗马诺开始吸毒是因为负伤，这一点和多数士兵不同。对于大部分驻守越南的美军来说，吸毒只不过是一种生活方式，也是军队文化的一部分。

数千名染上毒瘾的“越战”士兵即将陆续返回美国，政府部门为此忧心忡忡。军方和非军方的领导人都很担心，国内戒毒治疗机构将人满为患。他们还担心这些退伍军人无法适应新的工作岗位，甚至可能沦为罪犯。

迈克·罗马诺正是政府重点关注的对象之一。1969 年，他终于搭乘飞机回到美国，回到家乡密尔沃基时，还随身秘密携带了大量鸦片大麻烟卷。

随后，罗马诺的生活开始发生变化。回家一两个星期后，他跟几个朋友驱车兜风时，与他的小学女同学重逢。“停车！”罗马诺喊道，然后紧跑两步追上了她。那个女孩当时在附近一家药店担任柜台人员。“我觉得她真美。”罗马诺说。

两人开始约会，女孩很快就发现罗马诺有毒瘾，于是施压让他戒毒。他尝试了好多次，但总是因为受不了戒断反应的痛苦而复吸。与此同时，他开始从事一些建筑装潢方面的临时工作，也在威斯康星大学进修多门艺术课程。他还在大学里谋得了一个职位，为学生的演出乐团设计宣传海报。

经历数度戒毒又复吸的循环后，罗马诺开始强迫自己戒除鸦片。一个月后，他成功戒毒，从此再也没有碰过鸦片。毒品成瘾者成功自救，迈克·罗马诺的人生出现了一场难以想象的改变。[1] 罗马诺可真是个幸运儿。

环境可以强化或淡化习惯

罗马诺果真是个幸运儿吗？白宫研究人员跟踪调查退伍士兵的吸毒问题，却发现一个不解之谜。研究人员在从部队返乡 8~12 个月之后，致电询问这些士兵吸食毒品的状况。“越战”期间，50% 左右的士兵长期吸毒，20% 的人严重成瘾。这些人每周至少吸食一次，每当尝试戒除毒瘾时，都会出现一系列戒断症状（发冷打战、肌肉痉挛、身体疼痛等）。但是，研究人员后续调查的结果却令人吃惊：只剩 1% 的退伍军人依然沉迷于毒品，吸毒比例与参战前大体持平，原先对毒品引发社会问题的顾虑实在是杞人忧天。[2]

这到底是怎么回事？

我们对环境和文化的敏感程度其实超出我们的想象，所住社区的行为规范与社区对人们的期待就是影响因素之一。我们都希望自己衣着得体，谈吐适宜，出入场合与身份相符，因为我们本能地希望融入同伴团体。行为具有的传染力之强，有时甚至让人难以置信。

假设你的工作是设计一个帮助人戒除毒瘾的环境。就算是毒瘾缠身的美军士兵置身其中，你也相信这个环境的力量可以帮助他战胜旧习。想象整个地方是你的反毒主题公园，可以任你自由发挥，没有经费上限。你会把这座乐园打造成什么样子？

很可能，就像罗马诺在密尔沃基所居住的社区一样。

你会在退伍士兵周围安排真心爱他们、关心他们的人，对待他们的方式和吸毒之前一样；你会分派给他们有趣的工作，比如帮摇滚乐队设计海报，转移他们对鸦片的注意力；你会严厉打击吸毒活动，彻底根除毒品交易，让退役士兵遍寻不到毒品；你会让女友在他们吸毒时摆脸色、设障碍；你会营造一种社会禁忌，让犯了毒瘾的士兵觉得自己格格不入，甚至相当可悲；你会去除环境中具有传染力的吸毒行为，比如吸毒成瘾的战友，代之以同样具有传染力的不吸毒行为；你会设立各种各样的环境暗示，比如风景、歌曲、食物、衣服、住房，时刻提醒退役士兵那个入伍之前不沾毒品的自己。

密尔沃基主题公园，这才是迈克·罗马诺成功远离毒品的原因。罗马诺重回密尔沃基，身边环境发生了改变，新的环境改变了他。

罗马诺的故事提示我们，环境对我们产生的微妙作用之一，就是强化（或者淡化）我们的习惯。

一提到“习惯”，我们总会联想到坏习惯，比如啃咬指甲、拖拖拉拉、每逢紧张就吃甜食等。但是，我们无疑也养成了许许多多的好习惯，比如慢跑、刷牙等。习惯为什么如此重要？因为习惯在本质上是我们行为的自动驾驶系统，习惯可以在骑象人无须参与的情况下，自然而然做出许多良好的行为。我们曾经说过，骑象人的自我控制能力有限，因此如果正面行为能“不费力”地自动出现，绝对能省下相当多的精力。

无论改变自己还是他人，都得先改变习惯。我们可以从罗马诺身上看到，环境的转变造成了习惯的转变。这很在理，因为我们的习惯本来就是与所处的环境密不可分的，调查数据也证实了这一点。根据一项针对生活发生改变的研究结果，36% 的成功改变与迁移到新环境相关，在未能成功改变的例子中，只有 13% 的人所在的环境发生了迁移。[3]

比如，很多吸烟者发现度假时戒烟比较容易。因为在家里，环境到处充斥着和吸烟有关的事物。就像走进了骆驼（Camel）香烟的广告场景那样，举目所及都在提醒你吸烟的习惯。厨房某个抽屉里藏着打火机，阳台上摆的陶罐变成现成的烟灰缸，汽车上、衣帽间里永远是挥之不去的烟味。但出门度假时，环境回归中立。当然，戒烟并不会因此变得容易，只是相对比较容易了。

然而，如果寄希望于环境起到的作用，觉得光靠调整环境就能改变一切，未免也太不现实了。如果你想要改变团队的工作习惯，直接换一间办公室就可能大有裨益。这当然不失为一种思路，祝你好运！那么，还有其他更加切实可行的办法来帮助人们培养习惯吗？

我们必须认识到，即使微小的环境调整也会改变行为。正如第七章所提到的，阿曼达·塔克重新布置办公室，让自己更容易聆听下属说话。这正是培养新习惯的第一步。（机架空间的例子也告诉我们，调整环境甚至可能强迫人们形成新习惯。公司的呼叫转接系统一旦被弃用，客户服务人员很快就会形成接听客户电话的习惯。）

但是，养成习惯并不完全取决于环境因素，也与人的心理休戚相关。比如，光靠改变环境逼迫你学会弹钢琴，这件事就非常困难。因此，究竟该如何为培养新习惯打下心理基础呢？

预设决定，触发下一步行动

假设你总是推迟去健身房锻炼的时间，有一次终于下定决心告诉自己：明天早上送安娜上学后，我就直奔健身房。我们不妨把这种心理计划称为“行动触发扳机”。遇到特定的触发情境（明天早上、孩子学校门口），扣下相应的动作扳机（去健身房）。

纽约大学心理学家彼得·戈尔维策是这一研究领域的开创者。他和德国同事薇罗妮卡·布兰兹塔特共同发现，行动触发扳机能够有效激发人们采取行动。在一项研究中，他们告诉一组大学生，如果上交一份描写自己圣诞夜活动的文章，就可获得额外加分。不过条件是：文章必须在12月26日那天上交才算数。大多数学生都有意愿撰写并呈交文章，但最终如期完成任务的人仅有33%。该研究还有另外一批大学生也知悉以上要求，但同时还要设下行动触发扳机：学生们必须预先规划好写文章的确切时间和地点（比如，“圣诞节早晨全家起床前，我会到父亲的书房写这篇文章”）。结果，交出报告的学生多达75%。

小小的心理建设，换来惊人的效果。

这是否意味着，只要想象一下自己做某件事的时间和地点，就能增加真正执行的可能性呢？对，但不全对。行动触发扳机无法强迫你（以及任何人）去做你根本不想做的事，比如，它绝对不可能说服大学生在圣诞节参加微积分网上冬令营。不过，加分实验表明，行动触发扳机能够强烈激励人们做自己知道必须做的事情。

彼得·戈尔维策认为，行动触发扳机的价值在于我们其实事先预设了决定。送安娜上学这个情境触发了下一步行动——去健身房，省去了决定环节反复思量的步骤。预设下决定，节约了骑象人用于自我控制的能量。

为了更直接地了解预设决定的概念，我们姑且举个具体的例子。假设你是参加戈尔维策加分实验的大学生。圣诞夜来临，你身处家中，享受着父母无微不至的照顾，与兄弟姐妹兴致盎然地谈笑；电视机里播放着节目，圣诞树彩灯亮起，家里那只老迈的吉娃娃正深情地望着你；可别忘了美味佳肴，淋着酱汁的火鸡肉、山核桃派、松露巧克力；还有想玩就玩的电子游戏，想睡就睡的午休时间，高中旧友打来的节日问候电话……每一件事情都令你分心。要是你置身其中却没有预设好撰写加分文章的决定，要是你没有告诉自己“圣诞节早晨全家起床前，我会到父亲的书房写这篇文章”，那么你肯定办不到。

这正是行动触发扳机格外珍贵的原因。戈尔维策解释说，当人们预设好决定时，就“把行为控制权交给了环境”。戈尔维策认为，行动触发扳机可“避免目标受到各类诱惑、坏习惯和其他目标的干扰”。[4]

行动触发扳机在职场上也大有用武之地。例如，你率领的销售团队总是热衷于开发新市场，却对维护现有客户意兴阑珊。为此，你可以给他们设定“咖啡与电话”触发扳机：要求下属每天冲好第一杯咖啡后，马上拿起电话，问候一下手头最重要的客户。又比如，参加产业研讨会的公司员工，回到办公室后总是被成堆的待处理邮件困住，没有心情分享会议的心得。为此，你也可以帮他们设下行动触发扳机：建议当返程航班上广播“可以使用电子设备”后，立刻写下想与整个团队分享的内容。行动触发扳机一定要足够具体，足够明确，才能中断人们在日常生活中的意识流。类似“员工表现出色则立即给予表扬”的触发扳机，则是大而无当的决定，很难奏效。

戈尔维策的研究成果显示，适用情境越困难，行动触发扳机越有效，因为骑象人在这些场合消耗的自我控制能量最多。一项研究分析了行动触发扳机对“简单”目标和“困难”目标达成状况的影响，结果发现：当目标比较简单时，行动触发扳机将成功率从 78% 提升到 84%；当目标比较艰巨时，行动触发扳机将成功率从 22% 提升到 62%。

要想了解行动触发扳机怎样在困难情境中为人们提供帮助，我们先来看一项有关髋关节（或膝关节）置换手术患者恢复状况的研究。这批研究对象的平均年龄为 68 岁，手术前已经被病痛折磨了长达一年半之久。人工关节置换术后初期，疼痛反而会加剧。身体经历如此巨变，患者连洗澡、上床，甚至站立等基本生活行为都无法独立完成。康复之途漫长而痛苦。

毫无疑问，所有病人都渴望尽快让双腿恢复健康。不过，其中一组病人应要求设定了行动触发扳机，例如：“如果你打算这个星期出去走走，请写下你计划出门的时间和地点。”

研究结果充满戏剧性。平均来看，设定行动触发扳机的病人经过 3 周就能自己沐浴了，其他病人则需要 7 周；前者在 3.5 周左右就能自行站立，后者则花费了 7.7 周；前者在 1 个月后便能独立上下车，后者则需时 2.5 个月。[5]

戈尔维策认为，行动触发扳机的真正作用是培养“速成习惯”。习惯是行为的自动驾驶系统，也是行动触发扳机希望实现的目标。下面是速成习惯得以“速成”的一项证据。研究表明，预测女性是否进行每月定期自我检查乳房的单一重要指标，就是她是否养成了检查的习惯。当研究人员要求没有类似习惯的女性设定行动触发扳机后，这些人的自检频率迅速提升，达到与长期有检查习惯的女性大致相同的水准。预设决定，可以帮助人培养速成习惯。

行动触发扳机当然也不是百试百灵。举例来说，烟瘾很重的青少年无法借助设定行动触发扳机顺利戒烟，因为尼古丁在他们身上植入的依赖习惯太过强大。

行动触发扳机并不完美，但绝对是促成改变立即发生的简单手段。最近一项研究分析了 85 个项目、共计 8 155 名受试者后发现，就同一件任务而言，设定行动触发扳机的人的表现要比 74% 未设定行动触发扳机的人好。[6]

速成习惯可以速成，这是励志自助与科学实证领域少有的交集地带，恐怕再也找不到更为实际可行的操作办法了。下一次，如果你的团队决心改变行动方式，不妨要求他们考虑得更具体一些，明确说明他们打算在何时何地将改变付诸实施。也就是说，让对方设定好行动触发扳机。（也给你自己设定一个。）

实战分析

如何让员工重视新的安全政策？

面临状况

帕蒂·波普在美国俄亥俄州扬斯敦的通用汽车工厂担任部门经理，她正苦恼于如何推广一项新的安全政策。波普的部门共有950名员工，负责将大片金属焊接到汽车骨架上。这项工作的危险性很高，因为金属冲压件的边缘十分锐利，工人要是将手靠近金属片边缘，就有可能被割伤。因此，手套和防护服是必要的装备。同时，焊接工虽然戴着护目镜，但火花有时还是会从侧面空隙中溅进去，烫伤眼睛，所以新政策规定护目镜必须带有防护屏。旧的安全政策不仅过于复杂，还存在例外情况。比如，驾驶叉式装卸车的工人就无须佩戴护目镜。波普说：“每个人都觉得，‘这项条款不适用于我’。”她决心要让所有人严格执行新的安全政策。

（以上是真实案例。）

转变目标与障碍所在

波普希望员工免受利刃和火花的伤害。

潜在的障碍有三条。其一，复杂的旧有政策可能已经造成了员工对新政策的排斥。请记住，看似抗拒改变，实则方向不明。因此波普需要制定关键举措。其二，在事关人身安全的情境里，时常会遇上“男子气概”氛围作祟，这是认同问题。如果脱掉护目镜显得比较有男人味，那么大象自然会抗拒戴上护目镜。其三，因为有“这项条款不适用于我”的想法，社会压力反而和安全政策背道而驰。因此波普必须扭转社会规范。另外，波普能否设法利用环境来提示正确行为呢？

如何转变

- **指挥骑象人。**制定关键举措。波普废除旧有安全政策，并且将新政策简化为两条特定的行为准则：第一，每个人必须戴上坚实的防护屏和护目镜；第二，每个人不准露出皮肤（不能穿短裤、短袖）。就这么简单。随后，波普找到强化这些规定的办法。在全体员工大会上，波普发起了一场“安全秀”。员工受邀上台当参赛选手，判断台上模特的穿着是否符合新的安全政策。有些模特的违规之处相当隐蔽，比如戴的护目镜少了一块镜片。波普请台下观众一起帮助参赛选手判断，于是员工便会大声喊出答案，顺便温习新的安全条款。指明目标。波普担心员工会自我合理化，拿“这项条款不适用于我”当借口。为此，她制定了非黑即白目标，消除模糊摇摆空间。只要人在工厂，不管是谁，不管在做什么工作，都必须遵守这两条规则。新安全政策适用于任何时间、任何人。

- **激励大象。**影响他人。有气魄的男人不愿意戴上呆板乏味的护目镜。也许波普可以找到佩戴效果像 U2 乐团主唱博诺一样酷的样式，而不是类似初中美工教师的眼镜款式。好看的眼镜可能减少与个人认同的冲突。
- **营造路径。**群体压力。波普要求工厂内的所有人必须随时佩戴护目镜，因而将服从政策变成一种群体规范。当你环顾四周，看见所有人都戴着护目镜时，你也比较可能戴上眼镜。培养习惯。波普最后还采取了一项别具巧思的措施：她在工厂周围喷绘了一道蓝线，以此为界，只要一踏入蓝色包围圈，就必须遵守新的安全政策。波普还在工厂入口处放置了几个正确佩戴安全装备的蓝色木制人偶。通过蓝线和蓝色人偶，波普设下了行动触发扳机。她训练员工预设决定：“当我跨过这条蓝线时，就要佩戴安全装备。”这种行动触发扳机能帮助他人培养出习惯行为。

[案例结局：波普的改革方案成果丰硕，工厂员工受伤

率比之前下降了 21%（已经达到了制造业类似工作内容的最低比例）。]

如何培养有助于完成任务的习惯?

习惯是行为的自动驾驶系统，因而也是领导者的重要工具。领导者若能让整个团队对目标耳濡目染，久而久之形成习惯，便可以毫不费力地加速完成任务。因为团队在不必消耗骑象人有限的自我控制力的情况下，就能够改变自身行为。

无论是否刻意为之，人总是会养成某些习惯，你甚至还在不经意间为团队培养了许多习惯。如果每次员工会议的前奏都是亲切的闲话家常，你其实已经培养出了一种团队习惯，即已经在会议自动驾驶系统中设定好，要先安排几分钟的开场白。对领导者来说，难题不在于如何培养习惯，而在于该鼓励培养哪些习惯。

1991 年，美国陆军中将威廉·帕戈尼斯在老布什政府时期主管海湾战争的军队后勤工作。帕戈尼斯负责将 55 万名士兵运送到半个地球以外的主战场，还要押运部队的全部装备。帕戈尼斯的团队一共安排了 1.22 亿份餐点，输送了 13 亿加仑燃料，寄送了 3.2 万吨邮件。就算是沃尔玛董事会成员，看到这些数字也会吓一大跳。

不用说，清晰有效的沟通绝对是成功的关键要素。每天早上

8点，帕戈尼斯准时召开会议，8：30散会。例行会议没有什么新鲜之处，不过帕戈尼斯做出了两点改变。其一，每个人都可参加会议（而且要求每个职能部门至少要有一名代表参会），如此才能确保组织中的信息交流通畅、开放。其二，每个人全程都要站着开会。

帕戈尼斯这样解释站着开会的好处：

> 一开始，我就发现让人站着开会节奏比较明快。一个人发言完毕后，马上轮到下一位。在个别情况下，当有人开始长篇大论或者离题万里时，会场上的其他人马上就会表现出明显的肢体动作：换脚站立，烦躁不安，频频看表。于是，话题又重新回归重点……我已经想不起来自己上次摆架子是什么时候了。同侪团体具有强大的力量。

帕戈尼斯有意识地培养出一种习惯。老实说，他敲定的任何会议模式，到头来都会形成习惯，他也完全可以选择举行两个小时废话连篇的座谈会。所以，值得注意的不是培养出某种习惯，而是应当有助于完成任务的习惯。调遣55万大军时，你需要的是专注、清晰，还有效率。站着开会不能保证一定满足这三点，但会有所助益，而且“不费力”——要知道，培养站立开会的习惯耗费的精力绝不会比习惯废话座谈会来得多。（硅谷公司流行的“敏捷软件开发”注重快速团队合作，也常采用类似的站立开会模式。）[7]

那么，该如何培养有助于实现改变的习惯呢？你只需要考虑两个问题：第一，这个习惯必须能推动你的任务，就像帕戈尼斯的站立开会模式那样；第二，这个习惯实现起来必须相对容易。习惯假如太难养成，反倒会砌成另一堵无关改变的高墙。举例来说，如果你计划做更多的运动，于是决定“培养自己去健身房的习惯”，那么问题还是“换汤不换药”，难度丝毫未减。倒不如从比较容易养成的习惯入手，或许就能事半功倍。比如，睡觉前把运动服摆在床前，或者请已经养成健身习惯的朋友出门运动时，顺便约你同行。

美国宾夕法尼亚州立大学进行过一项历时 1 年的针对节食者的研究。其中，为对照组提供标准的节食计划，受试者在一年内平均减重 17.8 磅，效果可谓非同凡响。可惜与许多节食项目一样，疗程一结束，受试者又故态复萌，体重也逐渐反弹。这项研究有一个问题值得警惕，只有 36% 的受试者认为自己在节食过程中感到“很饱”或“极其饱”。想想看，节食计划要是不能让人吃饱，怎么可能维持下去呢？

另外一组节食者在接受标准的饮食计划之外，还被允许每天多喝两碗汤，这两碗汤算是额外的食物。这批受试者在一年内平均减掉 15.4 磅，并且有 55% 的人认为自己在节食过程中“很饱”或“极其饱”。虽然减掉的体重相对较少，但是感觉吃饱的人数比例却大幅提升。多喝两碗汤是经典的辅助习惯。一方面，这种习惯易于培养和执行，对节食者来说，这暗示着多吃一点儿；另一方面，这种习惯也对整体任务有所助益，节食时感到饱腹，也就更容易在进餐期间控制食量。[8]

重建校园：加入秩序和连续性

专注于培养习惯的办法，也可以出神入化地运用在截然不同的情境中。纳塔莉·埃尔德是美国田纳西州查塔努加市的一位小学校长。她在考虑是否接任哈迪小学（Hardy Elementary）校长一职时，要求先过目该校在全州测验中的成绩排名。结果，这份数据在她已经接受了聘任后才看到。事后，埃尔德开玩笑称，董事会根本就是用这招儿骗她上钩的。

埃尔德最终拿到成绩资料时，简直不敢相信自己的眼睛。哈迪小学的学生成绩不但是差，而且是全田纳西州最差的。她不禁自问："我到底给自己揽了份什么样的苦差事啊？"

开局已经惨不忍睹，后续状况甚至更糟。走马上任第一天，埃尔德就不得不开除一名学生。接下来，她差不多每周都会见识到一种新的不良行为。在课堂上，学生咒骂教师。（要知道，这可是一群 6~8 岁的孩子。）家长在上课期间直接跑进教室，跟自己的孩子讲话。有一名家长因为辱骂餐厅经理而被捕，被戴上手铐押出校园。

埃尔德尝试重建校园秩序，却遭遇重重阻挠。"家长们冲进来指着我的鼻子骂我，有个家长还想开车撞我。"她说。埃尔德面对的不是单纯的教学或学习问题，而是彻头彻尾的大麻烦。她说："我知道，在开始教课前，我必须先搞定整所学校。"

为此，埃尔德禁止家长在上课期间进入教学楼，除非得到来自校长办公室的许可。她叫停学生所有在课堂上举止不当的行为，必要的时候，她甚至在推行新规时寻求警方协助。

但是这些措施只能消除极端恶劣的行为，埃尔德的真正目的是将混乱一团的学校治理得井然有序。按照她的判断，问题起源于学生到达学校那一刻。埃尔德分析，如果学生到早上 8：30 还是吵闹不休，那么这一整天都别想安宁了。于是，她决心建立一套长期的晨间规程，用来安抚学生，让他们做好学习的准备。

家长每天早晨在学校车道上让孩子下车，问题就从这里开始。埃尔德说，经常"有的妈妈对孩子大吼，有时候车里还传出震天响的音乐，孩子在这种环境下走进教室，早就心烦意乱了"。因此，埃尔德与学校同事做了一件不可思议的事：他们自愿担当学校"门童"。

他们决定，在每位学生进入教室之前都先给予他 / 她问候。教师们站在路边等待，替学生打开车门，面带微笑地向家长道声早安，然后领着学生走到餐厅。这种门房服务可以帮助学生调适情绪，从喧闹的家庭环境顺利过渡到安宁的校园生活。

学生们在餐厅集合后，埃尔德要求他们做的第一件事，就是每个人按照固定的位置坐好。"连续性对孩子起到了积极作用，"她解释说，"这些孩子在平常生活中缺乏稳定性，必须让他们知道学校里有组织、有纪律。”

晨会上，埃尔德会先宣布几件事，接着与学生们做一段简短的口号问答活动。“我们是什么样的学校？”一位教师高喊，学生们则大声回答：“最棒的学校！”7：50，埃尔德会开始短暂的品德教育，通常每次重点讲解一个词语（比如毅力），请自愿举手的学生拼写出来，并且解释词语的定义。7：55，每个人必须起立，宣读“效忠誓词”，然后齐唱一首爱国歌曲（比如惠特尼·休斯顿版本的美国国歌，或者《美丽的亚美利加》）。有时候学生们自行大声朗诵，有时候埃尔德会举办快速拼写或数学抢答游戏。（奖品通常是一张小学生们梦寐以求的周五“免穿校服卡”，拿到卡的学生在那天随便穿什么衣服都行。）

到 8 点，学生们站起来，安静地走向教室。其间，学生们被要求两手背在身后，这帮助他们减少了忍不住相互打闹、彼此推挤的行为。等到学生们终于在课桌前坐下，他们已经准备好上课了。[9]

埃尔德的做法让我们看到，新的习惯怎样清理出路径。她接手哈迪小学这个烂摊子后，扪心自问：“我可以治理哪部分乱象？要强化学生们做好上课准备的情绪，我该培养他们养成什么样的晨间习惯？”

埃尔德必须对抗在学生们踏入教室前，令他们不安的种种力量：气氛紧张的接送，嘈杂喧闹的餐厅，毫无章法地闯进教室的行为。埃尔德在环境中加入秩序和连续性，帮助这群在成长过程中习惯性行为不良的学生，激起他们迈向改变的动力。

另外还请注意，埃尔德打造出的环境十分平和，甚至连“坏”学生也开始像好学生一样行事。一位优秀的改变领导者绝不会想：“为什么这些人的行为这么糟糕？他们一定都是不好的人。”而是会思考：“我该如何营造情境，激发出这些人好的一面呢？”

小结

至此，我们已经讨论了如何营造路径，并提出了两种策略：第一，调整环境；第二，培养习惯。其实有一种工具可以将两种措施完美地融合到一起。这种工具与环境相辅相成，让良好的行为更能持之以恒，也让人们更容易习以为常。

这项工具就是看似平淡无奇的检查清单。[10]其实我们对于提供这项工具相当诚惶诚恐，因为大多数读者可能心里马上会冒出这些词汇：司空见惯，俗不可耐，繁文缛节。我们承认，建议大家“使用检查清单”听起来就像父亲对上大学的儿子提的建议，可能还顺便交代孩子注意汽车胎压，不要胡乱花钱。

但是请耐心读下去，你即将颠覆自己以往的认识。你是否相信，我们可以证明检查清单能改变大局，能力挽狂澜，能拯救生命呢？

阿图尔·加万德在《纽约客》杂志上所讲述的这个医疗界案例，堪称检查清单的圭臬。重症特护病房的患者经常要通过静脉注射接受药物治疗，一旦静脉注射管受到感染，极有可能导致患者出现严重的并发症。约翰·霍普金斯大学医学院教授彼得·普罗诺沃斯特对于可事先预防的“输液导管感染”问题备感挫败，于是编制了一份由 5 部分内容组成的检查清单。

这张检查清单囊括了许多简单易懂的建议：医生应当在插入注射管前洗手，穿刺前应当对病人的皮肤进行消毒，等等。这份清单没有新的科学知识，也没有争议性的内容，但应用结果出人意料：密歇根州特护病房引进检查清单 18 个月后，输液导管感染的案例几乎为零。医院无须再处理相关并发症，估计节省了 1.75 亿美元的资金。更重要的是，这份清单挽救了大约 1 500 名患者的生命。[11]

这么简单的东西，何以带来如此强大的效用？检查清单可以教育人们何种状态最好，阐明何种做法正确。[12]（这意味着，检查清单能够有效地指挥骑象人。）正如普罗诺沃斯特所言，他的五大步骤检查清单黑白分明，全都有扎实的医学研究做支撑。你可以对这张清单视而不见，但无法不以为然。

即使没有固定标准答案的事情，检查清单也可以帮你避免在复杂的环境下产生盲点。你的公司是否曾因为没有考虑全所有必要的信息而做出错误的决策？检查清单可能会有所帮助。网络硬件巨头思科系统公司（Cisco Systems）就借助检查清单分析每个可能的并购项目：该公司的核心工程师是否愿意接受重新安排工作？我们是否能够向该公司的客户推销其他服务？继续支持该公司现有客户的计划是什么？身为头脑聪明的业务拓展人员，你或许凭记忆就能记得在正式交易前调查 80% 的关键要素；但如果花了 1 亿美元收购另一家公司后，才想到剩下 20% 的问题，绝对不可取。（我的天！那些抢手的工程师竟然不愿意离开冰天雪地的科罗拉多州。）检查表能够防止自以为是的问题出现。

确实应该小心防备自以为是，因为我们每个人都可能存在这样的问题。在一项经典的研究中，研究对象被要求针对大学长期以来的停车问题提出对策。上调停车收费，设置更多小型车专用车位……解决办法可谓五花八门。所有答案被收集完毕后，交由专家小组审定。专家小组去掉稀奇古怪和不切实际的办法后，最终评选出了一套“最佳解决方案”。

每位研究对象经过独立头脑风暴后，平均能够想到最佳解决方案中的 30%，以个人能力来看，已经是非常好的表现了。但糟糕的问题在于：这些人很自信地预测，自己想出了 75% 的最佳方案。[13]（我们大概都认识这样的人，以为把全世界人的智慧集合到一起，也不过比自己的聪明才智多出 25%。可能你的另一半就是如此。）

检查清单可以帮助这些人。给他们提供一份“解决方案类别”列表来引导他们的思路，提醒他们考虑“提高停车成本”“增大空间利用率”等角度，就像思科并购项目的分类检查清单一样，不仅可以激发灵感，还能帮助人们避免遗忘应当想到的关键点。

人们害怕使用检查清单，是因为这种东西冷冰冰的、没有人情味，还有可能让人联想到快餐店新来打工的学生在核对一长串事无巨细的检查项目。人们会觉得，如果某件事简单到可以做成检查清单，那么连猴子也能照着做。好吧，如果你这么想，麻烦你对照着飞行员检查清单驾驶一架波音 747 客机吧。

使用检查清单只是为了降低重大漏洞出现的可能性。正如普罗诺沃斯特所说："我们希望大家可以将任务的关键要素标准化，即得到最有力证据的支持的要素。这些要素是任务完成的关键，我们必须每次都做到。"[14]

在产品制作的每一个周期，你的组织有哪些必须做的事情？在每一份合同或者每一次谈判中，你需要核对哪些内容？在每一个新学年里，你的家庭要准备哪些东西？把这些内容列入检查清单。你或许拯救不了他人的生命，但一定能规避思维盲点带来的惨痛后果。

检查表还能帮助你防范基本归因错误。普罗诺沃斯特经过研究发现，危及生命但能得到预防的输液导管感染事件层出不穷，但他并没有归咎于"美国医疗系统充斥着粗心懒散的医生"，而是反躬自问："我该怎样改善医生的工作情境，才能让他们尽量避免出现输液导管感染的现象？"（所以，如果你的丈夫总是忘了取回干洗衣服或购买牛奶，在断定他心不在焉、严重健忘之前，不妨先尝试替他营造路径。何不试试在他的方向盘上贴一张检查清单呢？）

在追求转变的旅程中，最困难的部分在于维持前进的动力，保证大象始终走在转变的路上。大象一旦偏离既定航线、亟待纠正，骑象人就要花费大力气才能让其重返正道。在本章以及下一章中，我们将试图找出减轻骑象人负担的办法。本章首先提到的是迈克·罗马诺的例子，有毒瘾的“越战”退伍士兵回归故土。如果罗马诺的命运完全依赖骑象人和大象一对一搏斗来决定，就绝不可能戒掉毒瘾。罗马诺之所以迷途知返，主要归功于环境。环境协助他维系正面能量，让他在回到家乡密尔沃基后，发现在那里戒掉毒瘾要容易得多。

该如何针对个人或团队，创造出有利于改变的环境呢？我们已经有了些许体悟。首先，一些辅助习惯确能行之有效，比如站立开会、每天多喝两碗汤。其次，行动触发扳机也可以帮助你预设决定，降低决策困难。另外，简单的检查清单也能大有裨益。在下一章，我们将揭晓本书框架的最后一块拼图：他人的影响力。与他人结伴同行，你可以走得更远。

第九章

召集同伴

从众效应：行为会传染

请闭上眼睛，回想一下最近一次感到手足无措的场景。或许是走进陌生的教堂，或许是第一次踏上异国他乡，又或许是出席一场全是陌生面孔的晚宴。你会怎样试着融入其中？

毫无疑问，你一定会观察其他人。

面对模糊不明的情境，我们总会从其他人身上寻找如何行动的线索。也许你曾在一场高级晚宴上，盯着满桌的餐具，努力想要找出饭后甜点专用的叉子。（也许你没有这样的经验，那么我们希望你清楚餐叉的用法，因为你将是我们需要效仿的对象。）身处陌生的环境中，我们总会伸出异常灵敏的“社交天线”。

如果是在豪华晚宴之类的场合里，我们的“天线”会非常有效，因为餐桌上总会有人知道该做出怎样的言行举止，我们只需如法炮制即可。但在改变期间，有时没有人知道该怎么做，亦步亦趋反而会导致问题的出现。举个例子，如果发现自己身陷危难，我们会希望附近只有一个人来帮忙，而不是一大群人。为什么？请看比布·拉塔内和约翰·达利所做的以下研究。

一组自愿参加研究实验的哥伦比亚大学学生，遵照要求坐在一间屋子里填写调查问卷。有的学生独自一间，有的学生则和另外两人共处一室。正当学生埋头填表时，突然发生一起“紧急事故”。墙上的通风口开始排出大量烟雾，浓烟持续涌入，时疾时徐，直到整个房间浓烟弥漫。单人一间的学生共有 75% 的人站起来，找人报告烟雾事件。但是，三人一屋的学生，竟然只有 38% 的小组发出烟雾警报，其余小组的成员只是坐在房间里，呼吸着浓烟，每个人的无动于衷都在暗示另外两个人：这些烟雾没什么大不了的。

在另一项类似的研究实验中，受试者被分成一人一间和两人一间两种模式，他们在填写问卷时会听到隔壁房间传来疑似女子摔倒的声响。单人一间的受试者中，共有 70% 的人跑出去一探究竟。但是，有人陪伴的受试者，只有 40% 采取行动。后者即便出门帮忙，动作也要缓慢得多。[1]

为什么团体的反应不如个人呢？

烟雾不断涌入房间，传来清晰的摔倒声响，在这类模糊不明的情况下，人们会从他人身上寻找诠释事件的线索。如果你在购物商场看到一名男子突然倒地，脑海中便会开始闪过各种可能的解释。心脏病发作！不，等等，他可能只是不小心绊倒了；又或者，他只是在捉弄谁？你不太敢立刻冲过去帮忙，因为如果他只是不小心绊倒了，你的紧张兮兮反倒让两个人都尴尬不已。

如果你是附近唯一在场的人，你可能会按照自认为最准确的判断（比如心脏病发作）行事，马上冲过去帮忙。但如果现场有一群人，你的头脑会思考两个问题：这名男子倒下的事件本身，以及周围人所做出的反应。其他人的做法像是这名男子犯了心脏病吗？你会杵在原地，呆立不动，准备在紧急事故出现征兆后立即采取行动。但就在你等待情况出现变化的时候，其他人也在观望着你的表现。当他们看到你一动不动时，你的行为反过来变成了他们判断当下是否属于紧急事故的依据。这也说明了为何三人一间的受试学生能够一声不吭，继续坐在浓烟缭绕的房间里。

我们经常谈到同伴压力造成的深远影响，但是“压力”一词有些言过其实，不如改称“同伴看法”更为妥帖。下面这则论述，将成为本书中最有力、最稳固的实证研究基础：你之所以做某事，是因为同伴都在做。从众效应并非为喜爱在身上打洞的青少年所独享，你也一样。行为会传染，请允许我们先快速介绍一下这种“行为流行病”。

首先来看一项令人震惊的发现：肥胖会传染。哈佛医学院教授尼古拉斯·克里斯塔基斯开展了一项别开生面的研究，他跟踪12 067位受试者长达32年之久。研究发现，一旦有人变胖，身边亲朋好友开始发胖的概率提高了整整两倍！更为惊人的是，地理距离并没有什么影响，即使分处美国东西两端，肥胖似乎还是能在朋友之间“传播”开来。克里斯塔基斯对此解释称：“人对于得体身材的看法，会跟随周围人的形象而发生改变。”[2]

饮酒也会传染。研究结果显示，大学男生如果和高中经常喝酒的人成为室友，学业平均绩点会下滑 0.25（满分为 4）。[3]会传染的行为种类数不胜数，比如结婚、见面握手问候、穿流行毛靴、投资谷歌公司等。

无论有意与否，我们显然都会模仿他人的行为。尤其在感觉环境陌生或情况不明的时候，我们更是想要观察别人怎样做。而变化了的情境，无疑会让人备感陌生。因此，如果你想要改变，就不得不密切关注群体暗示。这些信号可能会助你一臂之力，也可能会让你的努力毁于一旦。

当你指挥大象走在不熟悉的路径上时，大象很可能会追随其他同伴的脚步。那么，你该怎样召集一群同行者呢？

进度跟踪表：给评审人压力

大象时常从其他同伴身上寻找如何行事的提示。正因为如此，咖啡师和酒保总会先往小费盒里放一点儿钱，他们想要暗示你，给小费是其他同伴的“惯例”。这招伎俩真是由来已久，屡试不爽。事实上，歌剧院以前也常在观众席安插内应，这些“托儿”负责在适当的时候大笑或者鼓掌。（如果觉得这种安排有几分离奇，不如想想你爱看的情景喜剧里生动而又卖力的“剧场笑声”。）

但有时候，群体线索并不明显。比如，旅馆浴室经常挂着小告示牌，建议房客尽量重复使用毛巾。常见的理由是节约水资源之类的环保目标。（当然，也能顺便节省旅馆洗衣间的人工成本。）那么，你应该重复使用毛巾吗？答案并不明确。在家里，你很可能会重复使用毛巾；但在旅馆，你可能会期待更高级的享受，包括每次都能用上新毛巾。你无法参照任何明显的社会常规，因为你无从得知其他房客的做法。

一些社会心理学家充分认识到行为传染的强大力量，便说服一位旅馆经理在浴室里改放新的告示牌。新牌子上完全没有提到环保，只是提示房客"本旅馆大多数的房客"在住房期间都重复使用毛巾至少一次。这一招儿果真见效，看到新告示的房客，重复使用毛巾的比例提高了 26%。这些人接受了同伴群体的提示。[4]

如果反其道而行之，亦会产生反面效果。如果新牌子上写着"本旅馆大约 8% 的房客重复使用毛巾"，看到告示的房客大概就不会愿意重复使用毛巾了。（同样的效应也解释了，为什么超市装袋员从事的工作与咖啡师一样有价值，你却不给他们小费，因为同伴都没有这样做。）请将你的同伴都做出的正确行为广而告之。举例来说，如果团队中有 80% 的人都准时上交工时表，请确保剩下 20% 的员工知道这一群体常态——员工意识到自己的行为落后于同伴后，几乎都会修正自己的行为。但反过来，如果只有 10% 的人准时交表，那么公布数字反而可能会帮倒忙。

如果群体常态和你的目标南辕北辙，那么你该如何为自己召集同伴呢？这正是宾夕法尼亚大学沃顿商学院运营和信息管理教授热拉尔·卡雄所面临的根本难题。2006年，卡雄担任期刊《制造与服务运营管理》(*Manufacturing & Service Operations Management*，简称MSOM)的编辑。以下是该学术期刊收录的一些文章：

《面向可替代物料的需求计划：关于物料清单在生产计划中的弹性问题探究》

《关于分散型配送系统研究的总体架构》

《关于连续生产—运输系统的存货定位与性能估计》

《来件装配：应对混合式供应的前置时间及需求量不确定性问题》

如果你看着这些标题就心跳加速，那么你骨子里绝对流着运营管理天才的血液。

不用说，《制造与服务运营管理》绝对不可能摆在《风度》或《人物》等流行杂志旁边。《制造与服务运营管理》旨在呈现运营管理领域的最新研究成果，大学教授们挤破头，想要在这类期刊上发表文章，因为只有扎实丰富的论文发表记录，才有可能获得晋升机会。(你可能也听过“不发表就完蛋”的说法。)

但发表一篇论文绝非易事，要经历漫长的过程。首先，你必须做大量的研究，这通常要花费好几年时间。其次，你将自己的研究成果整理成论文，投稿到学术期刊。接着，期刊编辑会将你的论文送给你的同行评审，这些匿名审稿人通常是其他同意审阅你的论文的教授。然后，期刊编辑整合所有评审的意见，告知作者审稿结论：通过、不通过或修改后重新投稿。如果你不幸得到改后重投的答复，就得重新进行研究工作，弥补原先论文中的漏洞或不足。修改完毕后，你可以重新投稿，并且再从头走一遍审稿流程。成功发表一篇论文往往经年累月，整个过程让人费尽心力。

事实上，发表流程中的主要瓶颈是同行评审。如果评审人花了很长时间研读论文，并提出审稿意见，整个进度就会停滞不前。很多期刊的标准评审周期是3~6个月不等，而像《科学》和《自然》这类一流的科学期刊，通常几个星期就能完成评审工作。

热拉尔·卡雄接下《制造与服务运营管理》的管理工作时，该刊大多数文章的同行评审期耗时七八个月，有的甚至超过1年。卡雄就任不久，便收到多名教授发来的电子邮件，踌躇地询问论文的评审情况。邮件通常是这样写的："两年前，我向贵刊投了此文，我只是想确认一下目前的进度。"有好几次，卡雄在查询来信提到的论文后，发现期刊根本没有该文的投稿记录。试想，他该怎么回复来信呢？（再花点儿时间思考一下，究竟是什么样的环境，竟然让教授们在两年后查询进度时还感到不安！这是长期碰壁形成的习得性无助的表现。）

具有讽刺意味的是，运营管理研究者是最应该让火车准点到站的人，因为他们的专长是处理物流、阻塞、供应链和周转时间等问题。运营管理学术期刊的运营状况输给了心理学期刊，就好比游泳奇才“飞鱼”迈克尔·菲尔普斯在100米自由泳比赛中惨败给心理咨询电视节目主持人菲尔博士一样不应该。

卡雄的目标很明显，就是要加快评审进度。但他该怎么做呢？他没有权力命令评审人，因为评审人不是他的下属，而是不领酬劳、肩挑重担的志愿者。换作是你，要是拿到一篇有关最优化连续运输系统的论文，该怎么验证文中数学推导过程的逻辑性呢？

卡雄的行动计划完美呈现了本书所提出的框架。第一，卡雄向所有评审人的骑象人喊话，指明目标。“我知道有一个我可以确立的共同目标，”他说，“每位作者都希望加快评审流程，也愿意在其他人都能做到的前提下予以配合。但是，没有人想当唯一一个快速评审完他人论文，但轮到自己文章送审时却遥遥无期的蠢货。”卡雄宣布《制造与服务运营管理》今后的评审期将压缩到65日以内，比过去的平均评审速度加快了72%。

第二，卡雄诉诸认同感。我们是研究运营的人，我们应该在效率和周转时间上领先才对！第三，卡雄制定出关键举措：每位评审人必须在5周之内提交反馈意见。卡雄要求评审人在接稿前就做出承诺，答应如期完成工作。

第四，卡雄找到了召集同伴群体的办法。每周五，他会在网上公布一份电子表格，列出每篇投稿论文的当前进度。每位评审人都会看到其他评审人进展到了何种程度（以及何时可以最终完成）。如果有人没遵守5周完成任务的承诺，这张进度跟踪表就会给他带来很大的同伴压力，特别是卡雄还会致电告知：“注意，其他人都准时交稿了。还有，这些是所有的资料。”评审人看到跟踪数据后，就会意识到自己成了大家的绊脚石。

卡雄发布网上进度跟踪表的做法，其实跟旅馆鼓励房客重复使用毛巾的策略不谋而合。他公布了评审人同伴群体的常态——其他人都能准时完成，为什么你不行？

卡雄试图发挥正面行为的传染力，并且成功地做到了。由于他的出色计划，《制造与服务运营管理》成为目前管理科学领域反馈时间最短的期刊。而且，鉴于工作表现突出，卡雄又受邀任职该领域的旗舰期刊《管理科学》的负责人。

卡雄说：“现在，当人们在 50 天之内就收到审稿意见时，都会回复说，‘哇，我还记得这篇论文呢！’”[5]

改变“酒驾”的聪明做法

我们已经见识到，行为在个人层面（减肥、小费盒）和团体层面（评审人守时）上都具有传染性，那么你该不会太惊讶，行为的传染性也体现在社会层面（喇叭裤、有机食品，以及由歌词演变而成的日常习语）上吧。但是，我们追溯到一种在美国各地随处可见的特定行为的起源，或许仍能引起你的兴趣。在下面这个故事中，一名男子最终改变了整个社会的某种行为。

20 世纪 80 年代，哈佛大学公共卫生学院教授杰伊·温斯滕开始对“指定司机”的想法产生了兴趣。温斯滕从斯堪的纳维亚半岛诸国得知这一概念，当时“指定司机”已是北欧国家的社会准则。但是，美国境内还没有这个观念，根本没有人知道“指定司机”是什么意思。

温斯滕和他在哈佛大学的团队制定的目标是让“指定司机”成为美国社会的标准行为。如果一群人打算外出喝酒，必须先指定一名保证整晚不喝酒的司机。但是，怎样无中生有，建立新的社会规范呢？温斯滕选择的思路是，人们如果能在生活中的各种情境（甚至是虚构情境也无妨）反复接触这个概念，“指定司机”自然而然会产生传染性。

于是，温斯滕和其团队开始与美国共计160部黄金时段电视剧的制片人、编剧、演员等人合作，不着痕迹地在剧中加入“指定司机”的有关情节。曾经穿插“指定司机”片段的剧集包括《神探亨特》《天才老爹》《贝尔韦代雷先生》《成长没烦恼》等。在20世纪80年代热播的法律电视剧《洛城法网》中，哈里·哈姆林饰演的迷人律师请酒保帮他打电话给“指定司机”。《干杯酒吧》吧台的墙上则贴着一幅“指定司机”的海报。

美国全国广播公司（NBC）电视网时任副总裁的格兰特·廷克直言：“跟其他很多有意义的事情不同，要给杰伊发起的宣传攻势帮一点儿忙，我们还是很容易做到的。”当时廷克还把温斯滕介绍给各大电视网的编剧。温斯滕只要求对方在对白中安插“5秒钟”，传达“指定司机”的概念即可，并不需要铺满一整集，甚至不需要占用一个镜头。“他的要求足够简单，”廷克说，“我们丝毫不觉得这会影响剧情的独立性。”

值得注意的是，温斯滕的做法还相当聪明：首先，他利用路径的力量来改变公众的行为，却借由骑象人和大象的力量来改变电视台高层的行为。其次，他提出5秒钟剧情的要求，不但指挥了骑象人（制定了有助于解决复杂问题的简单措施），还激励了大象（缩小了改变幅度）。

1991年，温斯滕发起这项运动3年后，90%的美国人已经熟悉“指定司机”一词了，公众的行为进而也发生了改变。据统计，37%的美国人当过“指定司机”，54%经常喝酒的人曾由“指定司机”载送回家。行为改变拯救了大量生命：因酒后驾驶引起的交通事故死亡人数，从1988年的23 626人下降到1992年的17 858人。[6]

温斯滕借助电视的力量形成了一项社会规范，但不是说只有靠好莱坞的力量才能创造同伴群体。我们在第五章提过，史蒂文·克尔曼成功改革了美国联邦政府采购体制。克尔曼接手项目后发现，最好的办法是先“释放”改变。所谓释放，是指克尔曼告诉赞同自己的政府雇员：“现在请放心、大声地表达观点。”改革初期，克尔曼更需要“释放”现有的支持者，而不是创造出更多新的追随者。

2007年秋天，一支由公共卫生和艾滋病研究专家组成的顾问团队，受命处理一项需要“释放”改变的项目。地点是坦桑尼亚，主题是“包养”文化。

激发民众，共同谴责恶劣行径

在坦桑尼亚，“包养”关系非常普遍。情况如你所知：年长的男子追求年轻女性，两人开始发生性关系，女孩通过这场“交易”还可以收到礼物，或者得到其他好处（手机、学费、衣服等）。这并不是坦桑尼亚特有的文化，想想《花花公子》杂志创刊人休·赫夫纳和他身边6位金发玩伴女郎便可一清二楚。

但是，坦桑尼亚的“包养”关系要棘手得多。首先，这些年轻女性大多尚未成年，年龄介于15~17岁。其次，坦桑尼亚“包养”关系中的双方力量不对等，女性时常被迫接受不安全的性行为。（男方年纪较长且又施予恩惠，要他们坚持使用避孕套并不是件容易的事。）当然，双方力量不对等的现象随处可见。美国年轻女性的约会对象如果比自己年长6岁以上，女孩怀孕的概率比与约会对象年龄差距小于2岁者高出4倍左右。

现实是，年长男子要是想进行不安全的性行为，多半会如其所愿。在美国，这意味着女孩有了身孕；但在坦桑尼亚，则意味着女孩有可能染上了艾滋病，生命受到威胁。从这个意义上来说，坦桑尼亚“包养”文化其实是严重的公共卫生问题。

公共卫生专家将这种“包养”关系称为“跨代际”关系。非洲撒哈拉以南地区，15~24岁女性感染艾滋病病毒的概率比同年龄段的男性高出3倍，原因正是这些年轻女性和年长男性之间的“跨代际”关系。“跨代际”关系成为艾滋病病毒传播的桥梁，衔接了两个原本并无交集的年龄群体。[7]

坦桑尼亚“包养”关系的另一个特殊之处在于，尽管存在健康风险，但社会上对这种行为并没有形成强烈的讨伐声浪。在美国，一个 50 岁的“老色鬼”追求年轻的女大学生，势必会遭到社会的谴责。难道你没有听到那个老男人的妹妹说“你真可悲”？难道你没看到有人在他办公室外探头探脑？但是，同样的行径在坦桑尼亚不需要承担类似的社会污名。坦桑尼亚人普遍接受这种现象，有钱有势的男人会通过“包养”来展现自己的本事。

然而，其实大多数坦桑尼亚人都认为，“跨代际”关系并不正确。一份民意调查结果显示，反对者比例高达 89%。遗憾的是，民众只敢在内心抗议，这是个不宜公开讨论的议题。

2007 年 8 月，美国国务院下属对外援助机构国际开发署的帕梅拉·怀特和迈克·格伦邀集了一群不同背景的专家，在坦桑尼亚达累斯萨拉姆一家酒店召开会议，目的是发起一场反对“跨代际”关系的运动。会议由来自约翰·霍普金斯大学布隆博格公共卫生学院的团队主导，与会者还包括艾滋病研究专家，以及数十名当地艺术家和创意人员（除制片人、演员和作家外，至少还有一名坦桑尼亚电视剧明星，一度被民众围住索要签名）。

讨论过程困难重重。这个问题千头万绪，大家甚至不知该从何入手。比如，没有人觉得对该国男性做道德劝诫就能阻止这种行为。公共卫生专家则认为：我们也几乎不可能说服年轻女子放弃这些交易中的好处，一场运动绝对抵消不了她们身上负担的巨大的社会压力和经济压力。于是我们开始思考，如果我们改变不了故事的主角，那能不能改变周围的环境呢？

回顾一下，第七章中机架空间公司正是通过改变环境和文化来改变员工的行为的。但那个案例只是一家公司，有可能用这种办法改变整个国家的社会风气吗？参会的顾问团队深知坦桑尼亚人内心反对“跨代际”关系，但是不知何故，他们总是宁愿沉默接受。这支团队能否帮助反对者发声呢？

我们必须想出办法，让坦桑尼亚人能更轻松地讨论某些不自在的议题，让这些话题彻底“脱敏”。突然有人脱口而出：“我们需要大家一笑置之！我们需要幽默感！”

灵感一来，会议团队便想出要塑造一个反面角色，他将是一个人人讨厌、人人痛恨的“大反派”。确立主旨后，大家纷纷逐笔勾勒，人物轮廓也逐渐清晰：“包养”关系中典型的“老色鬼”，经常调戏年轻女子，厚颜无耻；他们不论何时何地，看见漂亮女孩就下手，还时不时略施小惠（请吃饭、请喝饮料、送衣物或免费用手机打电话）。

有人提议将这位“大反派”取名为“法塔基”，每个人听了都眼前一亮。“法塔基”在非洲斯瓦希里语中意为“爆炸”或“烟火”，代表着危险且不稳定的事物。换句话说，“法塔基”就是那种你避之唯恐不及的家伙。[8]

运动计划是开始在广播电台的广告时段播送“法塔基”的故事，因为广播是坦桑尼亚最普及的传播媒体。与会团队虚构了数十段有关“法塔基”的情节，而所有剧情都离不开一个基调：虽然有钱有势，花言巧语，但他永远无法得逞。“法塔基”一次又一次失败，都是因为受到旁人干涉，计划泡汤。就像在动画片中，灰太狼总是恶狠狠地盯着喜羊羊垂涎三尺一样，“法塔基”也一次又一次地出击，却永远逮不到猎物。“法塔基”不仅可悲，而且可笑。

下面是其中一则广播短剧的内容，名为《炸鸡和薯条》：

[餐厅嘈杂声]

女孩：哇，好多吃的……

“法塔基”：请选一样……

女孩：啊，小姐，请问这是鸡肉还是……？

女服务员：我会推荐这款……

“法塔基”：那太贵了！听好了，给她炸鸡、薯条，再加点儿番茄酱。这样就好，对吧，宝贝？

女孩：嗯……好。

[女服务员确认点餐后离开]

“法塔基”[对女孩说]：对了，请过去告诉她，我们要外带！

女孩：好的……

[背景传来服务员点餐的声音]

女服务员[低声地对那女孩说]：真高兴有机会跟你单独说话。你不觉得跟那么老的男人在一起很丢脸吗？来，拿着你的薯条，赶快从后门走吧……

[开门声]

“法塔基”：小姐，到底怎么回事儿？

女服务员：先生，那个女孩刚刚走了。您想点什么餐？

“法塔基”：什么？我和她一起来的，她从哪扇门溜走的？

女服务员：可您还没付薯条的钱呢，先生……

“法塔基”：什么？

女服务员：先生，这孩子的年纪跟您差太多了……

“法塔基”：行了，把钱拿去，别烦我！

女服务员：嘿！搞定！

旁白：保护你爱的人，远离“法塔基”魔掌！

这个团队在整个运动中编排了许多类似的广播剧目。首站选在名为莫罗戈罗的农村地区，这场试点运动包括在3家广播电台播放10部广播剧。一般而言，每人每天至少听到一部广播剧。团队还在商店和公共建筑上悬挂起170幅标语。这场运动的目的有两个：其一，给“包养”女性者贴上供人嘲弄的标签。创意迭出的顾问团队希望有朝一日走进坦桑尼亚夜店，能听到有人朝旁边指指点点，“那老家伙真是个‘法塔基’”。团队希望让嘲笑“法塔基”成为合宜之举，进而削弱有钱有势的年长男性天然的社会地位。其二，鼓励旁观者像剧中人物形象一样“介入”，这些人可以是朋友、亲戚、教师，甚至是女服务员。这场运动向民众传递的信息是："关心年轻女性是你的责任。保护你爱的人，远离'法塔基'魔掌！"

试点运动收到的成效远远超出预期。为期 4 个月的运动接近尾声时，莫罗戈罗居民被问到"你如何称呼勾引年轻女孩的 50 岁男子"这一问题时，44% 的人自然而然地回答"法塔基"，多达 75% 的人表示自己曾和他人讨论过"法塔基"，而认同"我能够做些事减少'跨代际'关系"这一观点的比例，从运动前的 64% 上升到运动后的 88%。

首个试点大获成功后，这场运动开始推广到全坦桑尼亚，"法塔基"一词也开始流传开来。一名在坦桑尼亚远郊负责艾滋病诊所的卫生保健人员表示，即使在偏僻的村落，"法塔基"一词也开始进入人们的对话。就在坦桑尼亚开展全国性运动数周后，一份小报的头版标题指控该国一名当红男星是"法塔基"。（媒体拍到他带着一名年轻女子入住兰巴达酒店。）

坦桑尼亚民众对这种行径的憎恶之情由来已久，只不过一直讳莫如深。如今，他们终于有机会大加鞭挞，同声谴责了。

实战分析

如何阻止约翰沉迷黑莓手机？

面临状况

约翰玩黑莓手机上了瘾。只要黑莓一关机，他就感觉浑身不对劲儿；每当短信一来，他总是忍不住马上打开手机查看。这严重分散了他的注意力。甚至在重要工作会议上，约翰发现自己还是会在桌子底下偷看黑莓，查阅信息。（其实同事对他自以为神不知鬼不觉的行径相当不满。）约翰的妻子更是越来越受不了丈夫在晚餐对话时心不在焉。有一次，约翰甚至差点儿撞上围墙，因为他一边开车，一边回短信。约翰知道自己必须戒除黑莓成瘾症，但是每当他下定决心不看手机时，黑莓就不合时宜地响了起来。

（约翰是虚构人物，但是大家在生活中都认识这样一位约翰。）

转变目标与障碍所在

这是本书最后一个实战分析案例，我们希望你现在已经能轻松地解决约翰的问题了。

需要改变的行为很明显：约翰必须停止无时无刻（特别是开车时）使用黑莓手机。

问题出在哪里？毋庸置疑，是约翰的大象。在所有成瘾问题中，大象都是罪魁祸首。为了驾驭约翰的大象，我们必须运用本书框架中的三大要素。请先花点儿时间制订约翰的行动计划，然后看看与我们提出的建议有什么异同点。

如何转变

- **指挥骑象人**。找到亮点。约翰有没有不受黑莓手机左右的时刻？这种时刻有何不同？我们能否找到复制相同情境的办法？指明目标。约翰需要一个非黑即白目标，正如英国石油公司的“杜绝枯井”那样。请记住，非黑即白目标在人们忍不住对行为自我合理化时非常有用。（约翰不断告诉自己：“我只是想查一下那封邮件发来了没有。”）约翰可以尝试多个不同的非黑即白目标，比如“晚餐时间不碰黑莓”，或者“晚上 6 点以后不用黑莓”，又或者“只有出差时才拿黑莓”。他需要为自己清除模糊空间。
- **激励大象**。找到感觉。约翰的妻子可以强迫他大声念出最新收到的 10 封邮件，然后质问他这些邮件是否真的值得他为之坐立不安。让约翰觉得尴尬或许不是坏事。找到感觉。约翰这种人正是如今车祸愈加频繁的一大根源。找一则触目惊心的社会新闻当面责难约翰，比如，《司机发短信酿车祸，小萌犬当街遭碾毙》可能值得一试。建立认同感。约翰的妻子（或同事）可以提醒约翰，滥用黑莓的行为是何等不正常：“约翰，你一向是有自制力的人，真不能理解你为何会对黑莓这么疯狂。”培养成长心态。有些烟鬼尝试戒烟 17 次后才终于成功。如果约翰有心改掉坏习惯，朋友们或许应该容许他偶尔“反弹”几次。

- **营造路径。**改变环境。约翰的妻子直接拿榔头把黑莓手机砸烂，问题立刻得以解决。如果砸不烂，约翰可以在每次开车前先把黑莓锁进后备厢，这样他就没办法在手机响起时又做思想斗争了。调整环境。黑莓手机最诱人之处莫过于新消息提醒的蜂鸣声（以及铃声、闪烁）。能否调成静音？或者盖住小红灯？（必要时干脆把闪灯部位涂黑。）召集同伴。约翰的同事应该让他明确知道，其实大家都发现他在开会时偷看手机。同事们可以达成共识，每当约翰又在桌子下偷看黑莓时，大家集体瞪着他，直到他意识到他人谴责的目光为止。

医院交接班制度的改革

你或许会觉得“法塔基”的故事远在异国他乡，和你眼下考虑的改变并无相似之处。但是，请注意潜藏在案例背后的深层关联：你希望某些人采取不同的行为，但他们拒绝改变，所以你召集另外一批能够影响目标群体的同伴来支持你。从本质上看，你是在试图改变文化，而文化通常是组织成功变革的关键所在。正如IBM公司前首席执行官路易斯·格斯特纳所言：“我在IBM时发现，文化不仅具有游戏的一面，文化本身就是游戏。”[9] 但是，组织文化是难以捉摸的抽象概念。你该如何改变，又从何入手呢？

1984 年，美国本宁顿学院的 18 岁大一新生莉比 · 蔡恩回到位于曼哈顿的家中探望父母期间，不幸丧命于纽约一家教学医院。死因是一名已经连续工作超过 19 个小时的住院医生开错了药方。蔡恩之死激起了人们对于实习医生超时工作的抗议。（实习医生是第一年的住院医生，已经完成 3 年的医学院学业，开始在医院做全职工作。）按照当时医院的惯例，实习医生每周工作时间竟然长达 120 个小时。

莉比 · 蔡恩医疗事故后来成为限制住院医生每周工时运动的核心焦点。到 2003 年，将近 20 年过去了，美国国会似乎终于准备好采取措施了。随后，负责认证医学院的美国毕业后医学教育认证委员会（Accreditation Council for Graduate Medical Education，简称 ACGME）也快马加鞭赶在国会立法之前，要求从 2003 年 7 月开始，实习医生每周工时不得超过 80 小时。看起来，故事已经接近尾声：接下来，医学院将开始转变，因为掌握大权的机构下令它们做出改变。

只不过，现实故事并没有这样结束，行政命令失败了。《美国医学会杂志》之后开展的一项研究发现，只有三分之一的一般外科住院医生培训计划贯彻每周工时限制制度。为什么医院明知病人所面临的危险境地（甚至可能影响医学院的资质认证），还是不能改变错误做法呢？

麻省理工学院斯隆管理学院民族志学者凯瑟琳 · 凯洛格想要弄清楚，为何有些组织能遵从规定，有些则不能。她决定对位于美国东北部的两家教学医院进行研究，暂且分别称之为A医院和B医院。两家医院不论在规模、科室、组织结构，还是其他各方面都旗鼓相当。凯洛格获准充分接触两家医院的所有员工，平均每周观察两家医院各20小时，研究持续了15个月。凯洛格算是现实世界里文化改变过程的最佳见证人。[10]

在医院推行改革的过程中，最为硝烟弥漫的战场居然是一道普普通通的程序——“每日交接”。交接班是指到了某个时间点（通常是晚上9~10点），外科实习医生会把自己的病人交接给值班的住院医生。在交接过程中，实习医生要向住院医生简要报告每位病人的情况，以便住院医生在值夜班时知道如何处理紧急状况。

但是，实习医生并没有真正完成交接工作，这也是他们每周工作120个小时的原因之一。每三个晚上，实习医生就有一个晚上根本没有人来交接，导致自己整晚值夜班；其他几个晚上，他们也会加班到深夜，以完成本该交接出去的文书工作。更糟的是，住院医生往往不愿在夜班期间处理任何文书工作，为此，实习医生必须在第二天一大早（通常是凌晨4点左右）赶到医院，在6点正常上班前处理完文书工作。

要落实每周80小时工作制，医院必须严格执行每日交接班制度，但是事情说起来容易，做起来难。A医院和B医院都深植一股反对改革的抗拒情绪，事实上，美国其他医院也概莫能外。交接班这件事，与医院长久以来的文化习惯格格不入。例如，一位反对者解释道：“留在医院才能学习。凌晨2点发生紧急状况，你跟资深住院医生一起升高病人血压，进行静脉注射，这才是你接触到最多信息的时候。你必须亲自负责、亲自动手，才能学到技术。”（换句话说，实习医生想要接受医学教育，最大的敌人就是睡觉。）

还有一些反对者强调“连续性护理”的紧要程度，认为应当力求减少病人在医生之间转手的次数。正如一名住院医生所说：“交接班容易出事，往往这里漏一点儿，那里忘一点儿。”最后一条反对原因是，如果实习医生不接受这种工作强度，那对于所有花过时间帮别人处理文书工作的住院医生都不公平：“这些人也曾在相同的位置，做过相同的事……相信你能理解，让一位工作已满 3 年的住院医生还做实习时的工作，该有多过分。”

幸运的是，无论是 A 医院，还是 B 医院，实习医生的顶头上司（如资深住院医生、总住院医生）中有不少人大力支持改变现有的交接班制度。在 A 医院，31 名高级住院医生中有 13 人是支持改变的“改革者”；在 B 医院，18 人中有 12 位“改革者”。有了这些“改革者”的支持，两家医院真正改变的时机看来已经成熟，所有路口都已亮起绿灯。终于，每周工作 120 小时的生活状态即将一去不复返。

万事俱备，只欠东风。现在还剩下一个问题：实习医生不愿交接。一名实习医生说：“要想成为别人眼中优秀的实习医生，跟你知道多少没有关系，跟你多么会照顾病人也没有关系，而是完全取决于你是否工作勤劳，从不交接。重点是你的态度，而不是能力……这里才是我的世界，我只有为了睡觉才回家。听起来有些病态，但这些人就像我的家人，得不到他们的尊重才是最糟糕的事。”

对实习医生而言，改革会让他们的社会地位岌岌可危。他们觉得要是接纳了交接班规定，就意味着失去了他人的尊重。改变和文化一旦相互抵触，只能面对现实，新规定绝对敌不过旧文化。

医院可以成功改变它们的文化吗？两家医院最终分道扬镳：在凯瑟琳·凯洛格开展研究的 15 个月内，A 医院成功战胜文化，B 医院则宣告失败。任何一个想要推动组织变革的人，都应该弄清个中原委。

凯洛格发现，改变的成败关键在于医院最小型的工作小组，小组成员每天都会碰头进行“午后查房”。每个小组由三四名住院医生组成（兼有实习医生和高级住院医生）。查房期间，医生们会讨论各自负责的病人和其他一些重要问题。

两家医院午后查房的状况大相径庭：

- 在 A 医院，查房时间很长（大约 1 小时），出勤率很高。小组医生大多选择在安静的角落集合，然后在楼层里逐个查看每一位患者。
- 在 B 医院，查房较为随意，时间也更短（20~30 分钟），小组医生经常是打个电话或者发条短信就可以代替出席。B 医院的查房小组并没有聚到病人身边，而是在电脑休息室碰头

（电脑休息室可供所有住院医生在换班之前聊天休息）。

（请花点儿时间思考一下，这两种查房模式分别会助长何种行为呢？）

小组成员每个月轮换一次，所以幸运的话，时不时就会碰上整个小组的住院医生都是支持缩短工时的改革者。在A医院，改革派小组从查房过程中汲取巨大的力量，医生们会花1个小时跟理念相同者进行私下讨论。但是，B医院的午后查房模式却扼杀了改革派的动力，小组碰面的时间短，小组成员还总不见踪影。而且，医生在电脑休息室集合，里面有一大堆反对改革的人可以听到小组成员之间的谈话，于是改革者也出言谨慎，渐渐闭上了嘴。

总结：B医院的午后查房和改变毫不相干，A医院的午后查房点燃了改变的星星之火，改革派小组也在本质上结成了地下反抗组织。

给改革者一点儿自由空间

社会工作研究者将这种情境称为“自由空间”。自由空间是指一种小规模聚会，让改革派成员可以聚集在一起，并能在不受主流派别监视的情况下进行集体活动。自由空间往往在推动社会转型时期发挥关键性作用，比如美国民权运动领袖就是利用南方的黑人教堂作为自由空间来筹备行动的。

A 医院的改革最终开花结果，B 医院却无疾而终。其间，凯洛格每天都出现在两家医院。她在 A 医院参加过 31 次自由空间集会，在 B 医院参加过 22 次会议。在 B 医院，参加聚会的改革者为数不少，但会议并非在自由空间内举行。

在 A 医院，77% 的改革派会议讨论过交接流程的合理性问题，81% 的会议明确界定“我们”和“他们”，划分改革者和守旧者的对立立场；而在 B 医院，这样的议题从来没有在会议中出现过。

在 A 医院的自由空间会议期间，改革派逐渐发展出一套阐述改革益处的话语。比如在一场会议上，总住院医生这样反击守旧派的“连续性护理”观点：

> 承担个人责任固然重要，但我认为信守个人承诺并不代表一定要全程在场。有些思想老派的人会说：“我想自己来做。”对我来说，护理工作的主体应该是整个团队。我们每个人都要负起个人职责，确保患者得到最好的护理。但是，团队通力协作，并不代表事事都得亲自去做。

这位住院医生正在培养一种认同感，凯洛格称之为“对立认同”。无论是国家还是组织，都有一套自己独特的话语体系，能够有力地塑造文化。A 医院的改革派开始酝酿一种新的语言，反映的是一类新的价值观：老学究对抗新思想，相信团队对抗亲力亲为，工作更高效对抗以医院为家。

A 医院的改革者拥有孕育新认同的空间和语言，B 医院则一无所有。故事的启示很简单：如果你希望改变组织文化，你首先得召集所有改革者。改革者需要一处自由空间和不受守旧者干涉的时间来相互协调。

接下来要做的事有点儿违反直觉，你必须让组织内部产生认同冲突，必须允许“我们对抗他们”的争斗至少发生一次。我们知道，这并不符合“我们是一个团队”这一本能的认知。冲突令人不快，但很有必要，因为这正是组织变革必经的蜕变阶段。

要促成组织文化发生蜕变，请回顾本书在营造路径部分所介绍的各种工具。首先，你必须调整环境，为改革者提供聚会讨论的自由空间。在 A 医院，轮班小组成员拥有私下讨论的会议地点，创造了新认同感生根萌芽的自由空间。你的组织中的“改革派”是否有会面协同的私密空间呢？

其次，你需要培养好习惯。还记得行动触发扳机吗？想象你会在何时何地完成某项重要行动。A 医院的实习医生其实就是设下了行动触发扳机，他们事先预设好自己要说的话和要做的事，等到晚上 9 点，触发情境一到，交接机制自然扣下行动扳机。他们在心里已经预演过，万一和夜班住院医生发生冲突该怎样回应。你的团队成员是否已经预演过当碰上组织“老臣”反对时该作何反应呢？

最后，你应该召集同伴。A 医院的领导者帮助改革者找到彼此，于是改革派开始创造出一套允许谈论彼此价值观的语言，就像我们在“指定司机”和“法塔基”的案例中所看到的那样。身为组织领导者，你也可以激发改革者形成自己的语言，设法厘清为何你追求的改变要略胜一筹。

小结

我们在路径部分的开篇就介绍了基本归因错误，人们总是把行为归咎于个人性格，而不是其身处的环境。看看两家教学医院的例子，A 医院有 42% 的高级住院医生支持改变，B 医院的改革支持率达到 66%。看到这两个数据，几乎每个人都会更看好 B 医院，却很少有人立刻想到：看似没错，但情境作用呢？

在两家医院里，个人品质和情境因素相互对抗，最终后者胜出。这让我们不由回想起食物捐献活动的研究结果：拿到详细指南的“自私学生”，竟然比收到简略说明的“热心学生”更有爱心。“圣人”和“混蛋”之间的界限，真的不像我们想象的那么清晰。同样，医院制度改革的支持者和反对者，这两大阵营也并非泾渭分明。

如果营造出正确的路径能让“混蛋”变成“圣人”，那么正确的路径也能化敌为友，将“路人”变为同伴。

结　语

坚持改变

学会表扬“渐近”行为

“千里之行，始于足下。”古人的话果然充满智慧。

但你知道还有什么也始于足下吗？其实，你刚开始没几分钟就放弃的草率计划也始于足下。

所以，千里之行固然始于足下，但足下的一步并不能保证你走完千里。那么该如何促使自己一步接一步地前行呢？

首先确定并且庆祝自己迈出了第一步。这表示你做过的某些事开始生效，你指挥了骑象人，激励了大象，也营造了路径。现在，你的团队或你自己终于采取了行动。看到自己开始发生变化，你就得设法继续坚持下去。为此，我们可以从一个看似全然无关的行业中获得启发，这个职业就是驯兽师。[1]

美国女作家埃米·萨瑟兰曾研究过教海豚钻圈、教猴子玩滑板的驯兽师。训练动物的过程确实漫长而辛苦。如果让你来教猴子玩滑板，第一天的第一个小时，该怎样开始呢？

答案无关惩罚，现在的驯兽师已经很少惩罚动物了，毕竟鞭打大象的结果可能是被大象一脚踩扁。相反，驯兽师给动物设下一个行为目标，然后采用“渐近”的办法，只要动物更靠近目标一些，就给予奖励。例如，训练猴子第一天的第一个小时，只要驯兽师将滑板放进笼子时，猴子没有惊慌失措，就能获得一大块杧果。接下来，猴子触碰滑板会得到杧果，坐在滑板上会得到杧果，允许驯兽师把它放在滑板上前后滑动，也会得到杧果。杧果，杧果，杧果……数百堂训练课后，你就会看到猴子肚子里塞满杧果，跃跃欲试地在玩极限滑板。

埃米·萨瑟兰在研究驯兽师的做法时突然有了一个想法，她想知道把这些训练技巧运用在“顽固但可爱的物种——美国老公”身上，会产生怎样的效果。受此突发奇想，萨瑟兰在《纽约时报》上发表了一篇令人捧腹的文章：《虎鲸教给我的幸福婚姻课》。文中风趣地描写了萨瑟兰用此法“训练”丈夫斯科特的经过，成为《纽约时报》网站 2006 年转载次数最多的文章。之后，萨瑟兰还将此主题扩写成了一本书。[2]

萨瑟兰经常被丈夫各种各样的小过错惹得抓狂，便开始用“渐近”的办法来应对：“你不能指望狒狒在第一堂课就学会听口令翻跟头，正如你不能期待当你的美国老公捡起一只臭袜子，并得到称赞后，从此就能乖乖捡起所有臭袜子一样。训练狒狒时，只要它轻轻跳起一下就可以获得奖励，跳得更高又有奖励，跳得再高继续有奖励。为了训练我的老公斯科特，我开始在每次、每个小动作出现时就夸奖他。只要他驾车时稍微减速，只要他把一条短裤扔进洗衣篮，只要他任何一次能准时完成某事。”至于斯科特，因为沐浴在赞美之中，也慢慢开始改变。

这种做法和眼下许多改善职场关系的思路并不一样。比如，你在应聘工作时，可能被要求接受性格测试或“工作风格”测试。组织测试的人相信，你要是能了解同事的“类型”，就能与其相处得更融洽；有些人也会发现，了解这种类型分析确实有帮助。但是请注意，这种想法已经很接近基本归因错误了。想要培养良好的人际关系，你不必知道自己的同事是领航型、讨好型，还是被动积极型领袖。你只要像萨瑟兰对她先生所做的一样，留心并强化同事身上的正面行为，并且相信同事也会这样对你就行了。毕竟，归纳类型和预期的建议不可能成为所有问题的答案。想想看，加州的一位驯兽师能够训练6头大象站成一排，然后让它们听从指挥一起撒尿，这些大象可没有做过什么性格测试。

要让你在长途旅程中从第一步迈到第二步、第三步，甚至第100步，秘密就在于强化，而这也正是问题所在，因为大多数人都不擅长强化。我们发牢骚总是比赞美快，我们也喜欢在工作中通过跟同事一起抱怨，来维系同事情谊。（萨瑟兰称之为“语言修饰”行为。[3]）但这是完全错误的：不管亮点有多小，我们必须寻找亮点、奖励亮点。如果你希望老板或者团队做出改变，请别太吝惜给出杧果。

学会找出并且表扬“渐近”行为并不容易，我们需要经常观察环境，寻找一线曙光。骑象人的本性会去注意负面部分，因而很容易找出问题，也很容易忽略进步，但进步才是难能可贵之处。海豚学会跳圈不是因为驯兽师打骂它，而是驯兽师充满耐心，聚焦并强化它在训练过程中迈出的每一步。

美国心理学家艾伦·卡兹丁给所有父母开出的药方几无二致。卡兹丁鼓励父母“捕捉孩子表现良好的时刻”，他说：“如果你希望女儿每晚做两个小时的功课，就不应该一直等孩子自动自觉写完作业后，才给她赞美和鼓励。”相反，你可以给孩子设定一系列小的目标，直到她最终养成写作业的习惯。而当孩子表现欠佳时，卡兹丁建议：“先问问自己，‘整件事情中有没有哪个地方是我希望她做到的？’如果答案是肯定的，而且通常也都会是肯定的，那么请直接跳到那个部分。如果她做到了，你就要说，‘你做到了这一点，真棒’。”

卡兹丁指出，父母在某些特定情境下会自然而然地做出这样的强化。比如，当孩子刚开始学走路时：“当他第一次试着从爬行、起身，再到站立时，你会疯狂地称赞他。你会抓住他的小手，帮助他再往前走几步，而且大声鼓励他，‘快看啊！你在走路了！真是好孩子！’当然，他不是真的在走路……但是你会通过强化中间阶段来塑造这种行为。”[4]

需要澄清的是，我们绝不是建议你像训练猴子或婴儿那样对待自己的同事或同胞。（小罗，你上个月的支出减少啦！真是好孩子！）强化并不是要你屈尊赔笑，也无关权力结构。想想看，你朋友在健身房鼓励你的方式。（很好，现在再来一次！）但是，要强化他人的正向行动，你需要对终点有清晰的认识，还必须能够熟练地找出值得强化的亮点行为。

从卡兹丁和驯兽师身上，我们学到了最重要的一课：改变不是一蹴而就，而是细水长流；改变不是某个时刻，而是一个过程。[5]猴子学会玩滑板不是在某个时刻，而是一个过程；孩子学会走路不是在某个时刻，而是一个过程；你所居住的社区也不会从某个时刻开始，突然加大学校教育投入、积极回收垃圾，或者美化公共空间，而是一个又一个的过程。要引领这个过程，你需要坚持不懈。

千里之行，需要很多的杧果。

滚雪球效应：小改变引发大改变

在有关大象的章节中，我们提到史蒂文·克尔曼接下了令人望而却步的联邦政府采购政策改造任务。克尔曼在其著作《发动变革》中说，他观察到这场改变中有种鼓舞人心的趋势：改革一旦开始，便会自我强化。

我们已经多次见识到“滚雪球”效应。迈纳县居民迫切想要振兴社区，迈出的第一步是清理树的残桩，数年后，他们最终增加了整个县的税收。机架空间的客服团队所做的第一项小改变是取消呼叫转接系统，不久后，客服精神深植于员工心中，最终公司快速发展壮大。

克尔曼把“滚雪球”效应归因于多种现象。原因之一是心理学上所称的单纯曝光效应，指的是人们对一项事物接触的时间越长，就会越喜欢。比如，法国的埃菲尔铁塔刚落成时，巴黎人对其恨之入骨，觉得这是一座破坏美丽市容的钢筋铁架半成品，甚至发起了愤怒的抗议活动。但是随着岁月流逝，人们渐渐从厌恶转为接受，最后变成喜爱。单纯曝光效应让我们相信，即使一开始不受欢迎，乃至遭到排斥的陌生改变，最后都会随着人们日渐习惯而被接受和喜爱。

另一个原因是认知失调效应。行为和态度失调会引发不舒适感，大家都不喜欢说一套做一套。所以一旦迈出第一步，开始按照新的方式做事，人们渐渐地会越来越难以讨厌自己的行动方式。同样的道理，人们的行为一旦有了改变，他们便开始觉得自己变得不一样了，新出现的认同感也会强化新的行为方式。（请回顾巴西拉塔的“创新者”案例。）

克尔曼指出，这些力量并不是改变计划初期成功的偶然产物，也不是实现“小胜利”才换来的战利品。这些力量会随着时间的推移而自动出现。因此，在转变的起步阶段，惯性或许是一种难以克服的阻力，但只要过了某个转折点，惯性反而会从阻力变成动力。小改变也能促成大改变。[6]

改变确有模式可循

这些领悟相当振奋人心：大改变可以始于不起眼的一小步，小改变自然而然会越滚越大。但这并不意味着改变是件容易的事。如果改变很容易，我们周遭就不会有那么多苦苦挣扎的酗酒者、令人伤透脑筋的婚姻、惨淡经营的公司，也不会有付之东流的社会改革方案了。改变未必很容易，但也不一定很困难。有时候改变唾手可得，有时候并非如此。

我们可以很自信地说：成功的改变多半遵循一套模式。改变的人有明确的方向、足够的动力，以及有利的环境。换言之，改变之所以发生，是因为骑象人、大象和路径齐心合力，共同支持转变。

就举为人父母的例子吧。如果你觉得自己正在构思的组织改变比登天还难，那就看看新生儿的父母吧。因为与新生儿带来的巨变相比，你的改变根本不值一提。无论你打算在工作中推行的新想法有多么坎坷难行，也用不着送“主管”上大学或者帮“首席财务官”拍嗝吧！

养儿育女绝对是一项规模最庞大却又进展最顺利的改变，原因也并不神秘，其中一点是终点清晰明确。我们都从小孩长大成人，我们都看过父母所做的事（无论是自己家还是别人家），我们都接受过数十年体验式的养育训练。因此，骑象人知道该去哪里，也知道什么样的做法才能成功。（请务必当心，在前往终点的旅程中仍有许多十字路口，许多意见分歧。）

人们决定生孩子往往是出于感觉，而不是知识。新婚夫妇在甜蜜的氛围中谈论小孩，想象着拥有爱情结晶后的幸福生活。所以，大象明明应该畏惧这段艰辛的长途旅程，如今却迫不及待想要展开。同时，父母是一种极具吸引力的身份。为人父母，开始处处为孩子的利益着想，而不再仅凭自己的喜好。这种认同感强大有力，甚至连大象也愿意为孩子而付出短期的自我牺牲。

一旦成为父母，朋友和家人会开始用各种方式帮助我们减小改变幅度，特别是在婴儿降生后的头几个月里。你的母亲在最开始的几周赶来帮忙，朋友带着食物来探望你，老板准你休假，亲戚还时不时关心问候。

再想想整个社会为了养育孩子所营造的成长环境。不仅有餐厅贴心提供儿童专用高脚餐椅等小事，还有产假和育婴假、学校教育制度，甚至儿童成长社区之类的种种大事。

或许，你觉得这些都是常识。如果真是常识，也只是存在于脑中“养育孩子”那个小区域的常识。如果我们真的理解为人父母这件事何以顺利达成，那么想必我们也知道成功的改变离不开感觉的激励，少不了环境制动或加速我们的行为。如果我们真的理解为何生儿育女这么大的改变可以取得成功，许多小的改变却失败了，那么老实说，“食物金字塔”就不会出现，公司主管也不会想用电子演示文稿来发起改变，全球气候专家更不会整天念叨碳排放量的数据。如果这些真是常识，看来很少有人将其用在实际行动上。

成功的改变多半遵循一套模式。我们不能再忽视模式，应该开始诚心地接纳它。

当迈克·罗马诺前往越南、身处毒品之中时，他开始吸食鸦片；当他回归家乡，处于亲友之间时，便戒除了鸦片。当机架空间客服有呼叫转接系统时，员工不接听客户来电；当转接系统被取消后，员工便开始接听客户来电。改变确有模式可循。

当我们兄弟为了抵抗电子邮件的诱惑而开始调整电脑设置时，我们做的事和不想睡过头而购买逃跑闹钟的人并无二致。改变确有模式可循。

当酒店女服务员获赠运动达人的身份后，锻炼程度更上一层楼。当巴西拉塔的"创新者"遭遇电力短缺问题，便想出形形色色的省电办法，最后连电力配额也用不完。改变确有模式可循。

当杰里·斯特宁抵达越南时，当地政府只限他6个月来改善营养不良状况；他一句越南话都不会说，但他知道如何寻找亮点，于是妈妈们很快就学会了避免孩子营养不良的烹饪技巧。当瑞尔的自然保护人士看到圣卢西亚人为了保护国鸟鹦鹉而团结一致，他们知道这就是亮点，于是在50多个国家推广"自豪运动"。改变确有模式可循。

改变的模式并不会受到改变者身份的影响。本书确实提到了几位首席执行官，但更多的是既没有高级头衔，又没有大量预算的人：教授、护士、中层管理者、政府官员、校长、父母……改变者的身份各异，改变也千奇百怪。我们看到教授缩小了电影院爆米花桶的尺寸，两个普通人说服了“会计师阿提拉”，一名女子改造了虐童父母，还有一名男子率领 75 名团队成员拯救了 10 万条生命。

改变者身处的情境不同，改变规模也不一样，但模式却如出一辙。他们指挥了骑象人，激励了大象，营造了路径。现在轮到你上场了。

那么，你想改变什么？

行动框架

改变，意味着有人要开始转变行动方式，可能是你自己，也可能是你的团队。先想好行动对象。

每个人心中都有一头情感面的大象，一个理智面的骑象人。除了双管齐下，还需要帮助两者营造好环境面的路径，使之顺畅抵达终点。总之，你必须完成改变三部曲：

→指挥骑象人
• **找到亮点**：找出成功案例，复制推广亮点。（杰里·斯特宁的越南妈妈故事、焦点解决短期治疗方案） • **制定关键举措**：无须高瞻远瞩，着眼于关键步骤。（低脂牛奶运动、拉美运输 4 条原则） • **指明目标**：预先指明方向和原因大有助益。（“成为三年级学生”、英国石油公司“杜绝枯井”）

→激励大象
• **找到感觉**：仅停留在知道层面未必能改变，必须形成感觉。（手套展、化疗电子游戏、沃特斯向塔吉特员工展示服装样品）
• **缩小改变幅度**：分解改变步骤，消除大象的恐惧。（“5 分钟房间拯救行动”、联邦政府采购改革）
• **影响他人**：建立新认同感，灌输成长心态。（巴西拉塔员工“创新者”、初中生数学成绩猛增）
→营造路径
• **调整环境**：情境影响行为，设法改变环境。（机架空间取消呼叫转接系统、亚马逊一键下单功能、简化在线工时表）
• **培养习惯**：形成习惯则不费力，设法鼓励培养习惯。（设定“行动触发扳机”、节食者每天多喝两碗汤、使用检查清单）
• **召集同伴**：行为有传染力，设法号召众人。（坦桑尼亚“法塔基”、医院“自由空间”、在小费盒里预先投钱）

跨越障碍指南

下面我们列出在改变过程中常见的 12 种问题，并且提供了一些排除障碍的建议。

（友情提醒：以下所述仅为摘要，没读过本书而只看建议并无效果。）

[问题] 大家看不到改变的必要。

[建议]（1）单靠说服骑象人解决不了问题，应该找到感觉。你能否进行手套塔之类的震撼展示，或者像沃特斯那样为塔吉特员工举办服装样

品展？（2）引起共鸣，让他们知道不做出改变会引发何种后果（请回想“会计师阿提拉”）。（3）改变环境。调整环境后，人们能否看到改变的必要性就无关紧要了。记住，机架空间的员工未必看到了改善客户服务的必要性，但呼叫转接系统被取消后，员工无论如何都要接听来电。

［问题］我遇到“非我发明”的问题：大家抗拒我的想法，因为他们说“我们以前从没这样做过”。

［建议］（1）强调认同感：你的想法中是否有与组织的历史相符合的部分？（例如，“我们永远是业界先驱”。）或者，你的想法是否和大家共有的专业身份认同感相一致呢？（2）找出组织内部的亮点，并复制推广。

［问题］我们应该行动起来，却逐渐陷进分析的泥潭。

［建议］（1）不要过度分析，犯骑象人的毛病。你应该找出让大象前进的感觉。（2）指明目标：描绘一张“终点明信片”，让骑象人开始思考“如何到达终点”，而不是“到底该不该做”。（3）制定关键步骤，简化问题。你的“低脂牛奶运动”是什么？

［问题］环境已经改变了，我们还需要摒弃旧的行为模式。

［建议］（1）你能否形成新习惯，让骑象人不用总跟大象较劲儿？（2）设定行动触发扳机，预设行动计划，先想象采取行动的时间和地点。（3）参照纳塔莉·埃尔德确立晨间规程的办法，消除现有的负面行为。（4）旧有行为模式影响强大，必须确定关键行动，模糊不清是大敌。拉美运输只立下 4 条简单的原则就走出了财务困境。

[问题] 大家就是没有动力进行改变。

[建议]（1）是否存在认同冲突？如果有，你必须“推销”新认同感（如巴西拉塔的“创新者”）。鼓励大家往新身份迈进一小步（如“安全驾驶”告示牌的研究）。（2）绘制“终点明信片”，让改变目标更吸引人（如教师告诉一年级学生，在“学期结束就会变成三年级学生”）。（3）降低大家采取行动的难度（如“5分钟房间拯救行动”）。（4）利用同伴和社会压力来鼓励改变（如卡雄公布运营管理期刊的审稿进度表）。（5）你能否调整路径，甚至让毫无动力的人都能自然而然地行动起来？记住，只要有一份详细说明和地图，宿舍里的“自私学生”也捐出了食物。

[问题] 明天我就改。

[建议]（1）把改变幅度缩小到今天就能开始。（2）如果真的不能从今天开始，设定好明天的行动触发扳机。（3）强迫自己对别人许下承诺。让你的同事或爱人知道你打算进行改变，请他们从旁施加同伴压力。

[问题] 大家总说：“这不会成功的。”

[建议]（1）找出亮点来证明有可能成功。世界上没有百分之百会失败的事，你要像焦点解决短期治疗师那样循循善诱，探寻成功的瞬间。（2）想想比尔·帕斯尔斯，以及他鼓舞球员的办法。你能否设计一场扭转团队态度的成功？（3）或许有一部分人相信其实能成功。为这群人创造一个自由空间，让他们可以在远离反对者的环境下催化改变。

[问题] 我知道该怎么做，但就是没有采取行动。

[建议]（1）光知道还不够，你的问题出在大象身上。（2）想想“5 分钟房间拯救行动”。从小处做起，能帮助你克服恐惧心理。现在这一刻，什么是你能做到的最小却能代表迈向目标的第一件事？（3）寻找解决问题的路径。你该怎样调整环境以“强迫”自己进行改变？（4）行为具有传染力。找个人一起参与改变计划，两个人可以彼此督促、相互鼓励。

[问题] 你不了解这些人，他们真的恨透了改变。

[建议] 他们有多少人已经结婚生子？不管你想改变什么，幅度绝对比不上结婚生子。（对了，顺便复习一下基本归因错误的章节，你已经犯了这个错误。）

[问题] 一开始大家很兴奋，但一遇到困难就泄气了。

[建议]（1）先聚焦于培养习惯。一旦养成习惯，大家就能“不费力”地采取新行动（想想站着开会的例子），而且也比较不容易走回老路。（2）激励大象，提醒大家已经完成的部分（在客户的洗车积分卡上先盖上了两个章）。（3）灌输成长心态。没有经历失败，就不可能获得成功。想想 IDEO 的例子，公司事先提醒员工，在陷入困境时不要惊慌失措。

[问题] 要改革的实在太多了。

[建议]（1）缩小改革幅度，让改革在人们可以接受的范围内。不要给大象放弃的借口。（2）培养成长心态。进步并不容易，成功之前总有失败。失败不可怕，但不要一败不起。

[问题] 似乎每个人都同意要进行改革，但是毫无动静。

[建议]（1）记住，看似抗拒改革，实则方向不明。迈纳县居民直到当地高中生提出在当时消费 10% 的关键举措以后，才开始真正行动起来。（2）别忘了路径。路径上有没有需要清除的障碍？（3）你能否找到足以树立正面行为典范的亮点？想想越南村落里的母亲，她们虽然一直希望自己的孩子营养充足，但是直到两件事发生后才得以改变：她们从亮点母亲身上学会怎么做（加入小虾、小蟹和甘薯叶），看见亮点母亲的成就让她们满怀希望，做好了行动的准备。

推荐书目

我们在撰写本书的过程中，阅读了大量关于改变的书籍。以下是我们推荐的若干著作，排名不分先后。

- 《象与骑象人》（*The Happiness Hypothesis*），乔纳森·海特（Jonathan Haidt）著（心理学，哲学，快乐）。海特提出了本书所使用的大象／骑象人的类比概念。如果你想活得更快乐、更聪明，请阅读这本著作。
- 《心态：看见成长的自己》（*Mindset: The New Psychology of Success*），卡萝尔·德韦克（Carol Dweck）著（心理学，个人改变）。如果你觉得第六章谈到的心态培养问题很有趣，请翻阅这本著作。每个人都应该拥有此书。
- 《变革之心》（*The Heart of Change*），约翰·科特（John Kotter）、丹·科恩（Dan Cohen）著（企业与组织变革）。这本著作是我们最爱的科特作品。如果你希望变革大型机构，此书相当实用。
- 《瞎吃》（*Mindless Eating*），布赖恩·万辛克（Brian Wansink）著（饮食）。你想要减掉几磅？或者你只是很好奇为什么其他人都越来越胖？此书整理了异常精彩的研究报告，比如我们在前言里提到的爆米花实验。
- 《助推：我们如何做出最佳选择》（*Nudge: Improving Decisions About Health, Wealth, and Happiness*），理查德·塞勒（Richard Thaler）、卡

斯·桑斯坦（Cass Sunstein）著（决策与公共政策）。此书作者认为，人在受到“助推”后可以做出最佳选择，并提出极佳的路径方案。

- 《小小一步，改变一生》（*One Small Step Can Change Your Life*），罗伯特·莫勒（Robert Maurer）著（个人改变与组织变革）。如果你喜欢第五章的内容，请阅读此书。
- 《离婚闹剧》（*Divorce Busting*），米歇尔·韦纳－戴维斯（Michele Weiner-Davis）著（人际关系）。这本杰作由焦点解决短期治疗师所著，对所有恋爱或婚姻关系都有所帮助。
- 《影响力 2》（*Influencer*），克里·帕特森（Kerry Patterson）等人合著（社会与组织变革）。继《关键对话》（Crucial Conversations）一书之后，作者再度推出的有关行为改变的佳作。
- 《发动变革》（*Unleashing Change*），史蒂文·克尔曼（Steven Kelman）著（政府，组织变革）。克尔曼回忆他在美国联邦政府领导采购制度改革的经历。如果你想找一本有关改变的书籍，内容严谨、数据翔实，此书会满足你的需求。

注　释

前　言　关于改变：你所不知道的三个事实

[1] 如欲了解更多有关进食习惯的精彩实验，参见 Brian Wansink (2006), *Mindless Eating*, New York: Bantam Dell。爆米花实验位于第 16~19 页。

[2]“逃跑闹钟”的销售数据来自麻省理工学院在线杂志 http://web.mit.edu/invent/iow/nanda.html（2009 年 6 月 20 日访问），大多数闹钟通过南达的个人网站售卖出去。根据这篇文章，南达“对于这款产品的有关描述与其他学生设计一同登上‘媒体实验室’（Media Lab）网站并引发广大回响，实在有几分出乎意料。包括‘瘾科技’（Engadget）在内的多个趋势观察博客和网站注意到逃跑闹钟的概念，很快就通过照片和在线链接为产品带来数千名潜在顾客”。高里 · 南达获得了 2005 年搞笑诺贝尔奖经济学奖，得奖理由为“理论上增加了工作日的工作小时”。

[3] 参见 Jonathan Haidt (2006), *The Happiness Hypothesis:Finding Modern Truth in Ancient Wisdom*, New York: Basic Books，特别关注第 3~5 页。海特历数佛陀、柏拉图（包括我们在本书中引用的说法）和弗洛伊德等人的经典比喻，然后提出自己的类比概念。我们钟爱他提出的大象 / 骑象人等比喻，尤其是两者在身体力量上显而易见的悬殊落差。海特允许我们

在本书中借用这一比喻，为此笔者深表谢意。海特所著此书的重点不在于改变，而是帮助我们从古老智慧和现代心理学的角度汲取养分，理解如何获得幸福。如果你想活得更快乐、更聪明，请阅读这本著作。

[4] 为了佐证自我控制力总量有限、可以被耗尽这一观点，本节内容引用了若干学术论文，这个令人兴奋的研究领域距今起步才 15 年（本书英文原版出版于 2010 年）。巧克力与饼干的实验出自第一篇经典论文 Roy F. Baumeister, Ellen Bratslavsky, Mark Muraven, and Dianne M. Tice (1998), “Ego Depletion: Is the Active Self a Limited Resource?” *Journal of Personality and Social Psychology*, *74*, 1252-1265。悲伤电影实验出自论文 Mark Muraven, Dianne M. Tice, and Roy Baumeister (1998), “Self-Control as Limited Resource: Regulatory Depletion Patterns,” *Journal of Personality and Social Psychology*, *74,* 774-789。过多抉择引发自我控制力问题的实验出自论文 Kathleen D. Vohs, Roy F. Baumeisteret al. (2008), “Making Choices Impairs Subsequent Self-Control: A Limited-Resource Account of Decision Making, Self-Regulation, and Active Initiative,” *Journal of Personality and Social Psychology*, *94*, 883-898。筹划婚礼实验的受试者只花了 12 分钟去拟订假想的清单，但这短短的时间已经足够吞噬他们的自我控制力。考虑到真正的新娘总要花几个月挑选喜帖请柬、餐位餐具、宴客场地、婚礼音乐，无怪乎有些人会变成难缠的“麻烦新娘”。

[5] 乔恩·斯特格纳的工作手套故事及引文来自 John P. Kotter and Dan S. Cohen (2002), *The Heart of Change*, Boston: Harvard Business School Press, pp. 29-30。

[6] 如欲了解低脂牛奶运动故事的发展经过，参见 Steve Booth-Butterfield and Bill Reger (2004), “The Message Changes Belief and the Rest Is Theory: The‘1% or Less’Milk Campaign and Reasoned Action,” *Preventive*

Medicine, 39, 581-588。此项研究本身出自 Bill, Reger, Margo G.Wootan, Steven Booth-Butterfield, and Holli Smith (1998), “1% or Less: A Community-Based Nutrition Campaign,” *Public Health Reports, 113*, 410-419。

[7] 唐纳德·贝里克的“拯救 10 万条生命”运动是本书作者奇普·希思在斯坦福大学商学院的同事所准备的分析案例。参见 Hayagreeva Rao and David Hoyt (2008), “Institute for Healthcare Improvement: The Campaign to Save 100,000 Lives,” Stanford Graduate School of Business Case Study L-13。如欲深入了解这一案例，参见网络文章 Rao and Robert Sutton (September 2008), “The Ergonomics of Innovation,” *The McKinsey Quarterly*, http://www.mckinseyquarterly.com/The_ergonomics_of_innovation_2197（2009 年 5 月 17 日访问）。

第一章　找到亮点

[1] 越南妈妈的故事由多个信息来源合编而来。David Dorsey (December 2000), “Positive Deviant,” *Fast Company*, p. 42。这篇文章记述了杰里·斯特宁和莫妮克·斯特宁（Monique Sternin）夫妇“正向偏差”的做法，首次将越南故事介绍给公众。其他细节来自杰里·斯特宁 2008 年在波士顿大学企业社会责任中心所做的展示，奇普·希思在 2008 年 3~4 月对杰里·斯特宁的采访，以及 2009 年 5 月对莫妮克·斯特宁的采访。

[2] 本节大部分引文出自 Dorsey, “Positive Deviant”。

[3] 斯特宁团队把这样的突出案例称为“正向偏差”，这是在统计学意义上的表述。在统计学的钟形曲线（中间高，两端低，也被称为正态分布曲线）上，大多数人都围绕平均值展开分析，而斯特宁却格外关注曲线正向末端的表现。

斯特宁提出的正向偏差法模型非常实用，不过我们认为，不熟悉统计学术语的人对“偏差”一词可能存在误解或反感，因此改称为“亮点”。在本章后续内容中，我们一律使用“亮点”来指其他超乎寻常的正面表现。

杰里·斯特宁已于2008年11月去世，他的妻子莫妮克和塔夫茨大学的正向偏差促进组织延续了他的工作。如欲了解正向偏差法如何在众多领域引发重大改变，可以访问 http://www.positivedeviance.org/materials/bib_subj.html，参见参考书目。正向偏差理论入选《纽约时报杂志》2008年“年度思想”。

[4] 埃默里大学公共卫生学院研究人员的调查情况参见 U. Agnes Trinh Mackintosh, David R. Marsh, and Dirk G. Schroeder (2002), “Sustained Positive Deviant Child Care Practices and Their Effects on Child Growth in Viet Nam,” *Food and Nutrition Bulletin*, *23*, 16-25。

[5] 问题学生博比的故事出自 John J. Murphy (1994), “Working with What Works: A Solution-Focused Approach to School Behavior Problems,” *School Counselor, 42*, 59-66。

[6] 焦点解决短期治疗是较为新兴的心理治疗方法，发源于帕洛阿尔托心理研究中心（Palo Alto Mental Research Institute），史蒂夫·德·沙泽尔和因索·金·伯格夫妇就在此处受训。这对夫妇广为人知之处，就在于重视治疗方案及下文所述的“奇迹问题”。焦点解决短期治疗已被用于诸多领域，凯斯西储大学的华莱士·金格里奇（Wallace J. Gingerich）在个人网站 http://www.gingerich.net/SFBT/2007_review.htm 上罗列了焦点解决短期治疗研究成果。金格里奇在2007年的文献回顾中，整理了自1997年开始的共计150份焦点解决短期治疗研究报告。焦点解决短期治疗可以运用于大量日常生活情境，例如婚姻、校园欺凌、儿童学习算术等；也

可以应用于许多更为严重的社会问题，例如家庭暴力、罪犯、药物滥用、醉酒驾驶、自杀倾向等。更多内容参见 Steve de Shazer, Yvonne Dolan, Harry Korman, Terry Trepper, Eric McCollum, and Insoo Kim Berg (2007), *Morethan Miracles: The State of the Art of Solution-Focused Brief Therapy*, New York: Haworth Press, p. 157。

[7] 本节引用部分及韦纳–戴维斯有关高尔夫球的类比，出自 Michele Weiner-Davis (1992), *Divorce Busting*, New York: Simon & Schuster, pp. 15-18。在我们阅读的所有关于改变的著作中，此书最富洞察力，也最具实用性。即使恋爱幸福、婚姻美满，此书也会让人受益良多。

[8] 这里的"奇迹问题"出自 Steve de Shazeret al., *More than Miracles*，焦点解决短期治疗的创始人德·沙泽尔、伯格夫妇与其他 4 位资深的焦点解决短期治疗师一起，在此书中讨论了当前的心理疗法。焦点解决短期治疗师通常在咨询对象允许的前提下记录治疗过程，用来训练新晋治疗师，改善自己的治疗手法。几位作者一边看治疗录像带，一边相互提问："你在这里为什么要问这个问题？"阅读此书就像是与"超级碗"冠军队教练一起回放比赛录像，此书尤其适合治疗师和咨询师。

[9] 布赖恩·凯德有关夫妻关系和母子关系的两段治疗过程出自 Kathryn Shine (March 24, 2002), "C'mon, get happy," *Sun Herald*, p. 38。也可参见 Cade and William Hudson, *A Brief Guide to Brief Therapy* (1993), New York: Norton。

[10] 酒瘾患者案例出自 *Harvard Mental Health Letter* (September 1, 2006), "Solution-focused therapy (methods of psychotherapy)"。

[11] 乐无喘案例出自 Richard Pascale and Jerry Sternin (May 2005), "Your Company's Secret Change Agents," *Harvard Business Reviews*, pp.73-81。

[12] 参 见 http://www.english-at-home.com/vocabulary/english-word-for-

emotions/（2009 年 5 月 17 日访问）。

[13] 心理学家的研究报告相当冗长、详尽（共有 233 条参考文献）而压抑。参见 Roy F. Baumeister, Ellen Bratslavsky, Catrin Finkenauer, and Kathleen D. Vohs (2001), "Bad Is Stronger than Good," *Review of General Psychology*, *5*, pp. 323-370. 下文引用的结论摘自第 355 页。

[14] 读者如对马库斯·白金汉感兴趣，可从此书开始：Marcus Buckingham (2007), *Go Put Your Strengths to Work: 6 Powerful Steps to Achieve Outstanding Performance*, New York: Free Press.

[15] 还可以假设一个更加怪异的世界：丈夫前 13 年都忘了妻子的生日，但在第 14 年突然想起来，那么信奉亮点的妻子会活得更有劲头，因为她相信成功终有可能。

[16] 另一个借助寻找亮点来改善问题的领域被称为"肯定式探询"（Appreciative Inquiry，简称 AI），这种理论注重分析成功，而不是分析失败。例如，肯定式探询实践者在调查客户服务问题时绝不会问："我们怎样才能减少客户生气或抱怨的情况？"相反，她会这样提问："客户此前对服务表示最满意是什么时候？我们应该如何运用这些成功案例？"肯定式探询从业者汤姆·克拉滕梅克（Tom Krattenmaker）也说："与数据资料和清单列表不同的是，正面故事能够激发人们的想象力，并对公司及其未来前景产生兴奋感。"参见 Tom Krattenmaker (2005), "Change Through Appreciative Inquiry," in *Managing Change to Reduce Resistance*, Boston: Harvard Business School Press, pp. 49-58。引文出自第 55 页。

第二章　制定关键举措

[1] 医生面临两种药物选择时，倾向于建议病人接受手术治疗的案例，出

自 Donald A. Redelmeier and Eldar Shafir (1995), “Medical Decision Making in Situations That Offer Multiple Alternatives,” *Journal of the American Medical Association, 273,* 302-305。

[2] 有关决策瘫痪的部分文字出自 *Fast Company* (November 2007), “Analysis of Paralysis,” http://www.fastcompany.com/magazine/120/analysis-of-paralysis.html（2009 年 5 月 17 日访问）。

[3] 研究人员证实，人在购物时专注于做决定，确实会耗尽自我控制力。自我控制力的消耗与购物时间无关，而与决定次数有关。这大概也是人容易在年底暴饮暴食的原因。参见 Kathleen D. Vohs, Roy F. Baumeister et al. (2008), “Making Choices Impairs Subsequent Self-Control: A Limited-Resource Account of Decision Making, Self-Regulation, and Active Initiative,” *Journal of Personality and Social Psychology, 94*, 883-898。

[4] 场景一出自 Sheena S. Iyengar and Mark R. Lepper (2000), “When Choice Is Demo-tivating: Can One Desire Too Much of a Good Thing?” *Journal of Personality and Social Psychology*, *79,* 995-1006。场景二出自 Sheena Sethi-Iyengar, G. Huberman, and W. Jiang (2004), “How Much Choice Is Too Much? Contributionsto 401 (k) Retirement Plans,” in O. S. Mitchell and S. Utkus (eds.), *Pension Design and Structure: New Lessons from Behavioral Finance* (pp. 83-97), Oxford: Oxford University Press。场景三的约会研究出自 Ray Fisman, Sheena S. Iyengar, E. Kamenica, and Itamar Simonson (2006), “Gender Differences in Mate Selection: Evidence from a Speed Dating Experiment,” *Quarterly Journal of Economics, 121* (2), 673-697。另外，推荐阅读 Sheena S. Iyengar (March 2010), *How We Choose: The Subtext of Life*, New York: Twelve Publishers.

[5] 引自 Barry Schwartz (2003), *The Paradox of Choice: Why More Is Less*,

New York: Ecco, p. 2.

[6] 巴西铁路系统的案例出自 Donald N. Sull, Andre Delben Silva, and Fernando Martins (January 14, 2004), *America Latina Logistica*, Harvard Business School Case 9-804-139, Boston: Harvard Business School Press。

[7]“食物金字塔”的图片和资料摘自网站 http://mypyramid.gov/pyramid/index.html。

[8] 参见 Michael Beer, Russell A. Eisenstat, and Bert Spector (1990), *The Critical Path to Corporate Renewal*, Boston: Harvard Business School Press。有关结果目标和行为目标的对比，参见第 244 页。

[9] 虐童父母的研究结果出自 Mark Chaffin, Jane F. Silovsky, Beverly Funderburk et al. (2004), "Parent-Child Interaction Therapy with Physically Abusive Parents: Efficacy for Reducing Future Abuse Reports," *Journal of Consulting and Clinical Psychology*, *72*, 500-510。大多数对话引自奇普 · 希思在 2008 年 10 月对贝弗莉 · 芬德伯克所做的访谈。

[10] 迈纳县振兴的故事来自两份资料：其一，奇普 · 希思在 2008 年 5 月和 2009 年 5 月与凯茜 · 卡利斯和兰迪 · 帕里所做的访谈；其二，Jonathan Eig (March 27, 2005), "As Farmers Dwindle, Towns Make Best of What’s Left," *Wall Street Journal*。这篇文章十分有意思，因为编辑起初拟订的主题是“人走灯灭”，派此文作者去迈纳县采写当地最近几年的衰落境况。不过当地社区居民毫不知情，纷纷与他分享近年来的非凡转变。作者大受震撼，写成报道的笔触也谨慎乐观，完全不是原先预想的凄惨故事。由于立意积极正面，与报道预期相去甚远，此文还被编辑多次退稿。

第三章 指明目标

[1] 克丽丝特尔·琼斯的故事出自“为美国而教”的一本培训手册：*Teaching as Leadership* (2008), Washington, DC: Teach For America。这本手册主要被用来指导即将前往教育条件艰苦地区的年轻教师。琼斯的故事参见第26、50和51页，本书引用的另一个教学目标出自第37页。

[2] 参见 James C. Collins and Jerry I. Porras (1994), *Built to Last: Successful Habits of Visionary Companies*, New York: Harper Business。有关胆大包天目标（BHAG）的例子出自 James C. Collins and Jerry I. Porras (September-October 1996), “Building Your Company’s Vision,” *Harvard Business Review*, pp. 65-77。

[3] 劳拉·埃瑟曼的故事出自分析案例 Victoria Chang and Jeffrey Pfeffer（2003）, “Laura Esserman (A),” Stanford Graduate School of Business Case Study OB-42A。未出现在此案例中的引述部分出自奇普·希思在2009年5月对埃瑟曼和梅蕾迪思·门德尔松的访谈。

[4] 参见 Michael Beer, Russell A. Eisenstat, and Bert Spector (1990), *The Critical Path to Organizational Renewal*, Boston: Harvard Business School Press, p. 85。

[5] 这个实战分析的案例出自丹·希思在2009年5月对朱迪·塞缪尔森的访谈。

[6] 英国石油公司案例的产业历史、引文、“杜绝枯井”目标描述均出自奇普·希思在2005年对皮特·卡拉格、吉姆·法恩斯沃思和伊恩·范恩的访谈。

[7] 杰克·里夫金帮助希尔森·雷曼研究部门打翻身仗的故事，出自 Ashish Nanda, Boris Groysberg, and Lauren Prusiner (January 23, 2006), *Lehman*

Brothers (A): Rise of the Equity Research Department, Harvard Business School Case Study 9-906-034, Boston: Harvard Business School Press。

第四章　找到感觉

[1] 萝宾 · 沃特斯的故事出自奇普 · 希思在 2008 年 11 月对沃特斯的访谈。

[2] 参见 John P. Kotter and Dan S. Cohen (2002), *The Heart of Change*, Boston: Harvard Business School Press, p. x。关于分析性工具的引述参见第 12 页。

[3]“再生任务”游戏的背景故事出自奇普 · 希思在 2008 年 11 月对实验室研究总监史蒂夫 · 科尔的访谈。临床试验出自 Pamela M. Kato, Steve W. Cole, Andrew S. Bradlyn, and Brad H. Pollock (2008), “A Video Game Improves Behavioral Outcomes in Adolescents and Young Adults with Cancer: A Randomized Trial,” *Pediatrics*, *122*, e305-e317。药物服用率增加 20%，癌症存活率增加一倍的结论出自 Jean L. Richardson et al. (1990), “The Effect of Compliance with Treatment on Survival Among Patients with Hematologic Malignancies,” *Journal of Clinical Oncology*, *8* (2), 356-364。

[4] 本实战分析案例参见 M. A. Cusumano and R. W. Selby (1995), *Microsoft Secrets*, New York: Free Press。微软的可用性测试实验出自第 379 页，工程师使用先进电脑工作的问题出自第 347 页。

[5] 参见 Peter Borkenau and Anette Liebler (1993), “Convergence of Stranger Ratings of Personality and Intelligence with Self-Ratings, Partner Ratings, and Measured Intelligence,” *Journal of Personality and Social Psychology*, *65,* 546-553。自评智商与实测智商的相关系数为 0.29，变异系数为 8%；陌生人猜测智商与实测智商的相关系数为 0.38，变异系数为 14%。因此，

陌生人猜测智商比自评智商更准，正确率高出 66%。

[6] 自我评估与积极错觉的研究案例出自 David Dunning, Chip Heath, and Jerry Suls (2004), "Flawed Self-Assessment: Implications for Health, Education, and the Workplace," *Psychological Science in the Public Interest, 5,* 69-106。此文第一作者也针对他称为"无能者无知"的现象展开了一系列有趣的研究。缺乏能力的人往往也很难做出正确的自我评估。例如，缺乏幽默感人的往往认为自己的烂笑话很好笑，文法拙劣的人往往满怀自信，无视中肯合理的指正。这份研究公布后，报纸刊登数十篇文章讨论职场的"无能者无知"现象，不过原本的研究内容并未涵盖这一议题。

[7]"会计师阿提拉"的故事出自奇普·希思在 2009 年 5 月对美国杜克大学富卡商学院（Fuqua School of Business）管理学教授西姆·西特金的访谈。

[8] 引文出自 David A. Garvin and Michael A. Roberto (February 2005), "Change Through Persuasion," *Harvard Business Review*, pp. 1-8, reprinted in Harvard Business School Press (2006), *Harvard Business Review on Leading Through Change* (pp. 85-104), Boston: Harvard Business School Press。前半段引文出自第 86 页，后半段引文出自第 87 页。

[9] 参见 Ruth Maxwell (1986), *Breakthrough: What to Do When Alcoholism or Chemical Dependency Hits Close to Home*, New York: Ballantine Books。研讨会上的事件出自第 4~5 页。

[10] 参见 William E. Smith and Helen Gibson (July 18, 1988), "Disaster 'Screaming like a Banshee,' " *Time*, http://www.time.com/time/magazine/article/0,9171,967917,00.html（2009 年 5 月 28 日访问）。

[11] 参见 David Mamet (1984), *Glengarry Glen Ross*: *A Play*, New York: Grove Press。

[12] 参见 Barbara L. Fredrickson (1998), “What Good Are Positive Emotions?” *Review of General Psychology*, *2*, 300-319。弗雷德里克森在文中指出：医生借助正面情绪，能够更加灵活快速地解决医学难题；学生保持正面情绪，更容易针对技术挑战提出创新对策；谈判专家营造正面情绪将变得更成功，更有创意，也更容易想出双赢的谈判策略；正面情绪也更容易让人和而不同，找到分歧意见之间的关联，较少产生“我们对抗他们”的对立心态。上述各种倾向（灵活处理问题、创意解决思路、减少政治纷争）都对推进改变大有裨益。

第五章　缩小改变幅度

[1] 酒店女服务员的研究报告参见 Alia J. Crum and Ellen J. Langer (2007), “Mind-Set Matters: Exercise and the Placebo Effect,” *Psychological Science*, *18*, 165-171。

[2] 洗车店积分卡的案例参见 J. C. Nunes and X. Dreze (2006), “The Endowed Progress Effect: How Artificial Advancement Increases Effort,” *Journal of Consumer Research*, *32*, 504-512。

[3] 这一说法出自奇普·希思在 2009 年 2 月对美国专业筹款人协会（Association of Fundraising Professionals）的简·阿尔菲里（Jan Alfieri）所做的访谈。阿尔菲里表示，这笔钱通常是由专业筹款人在活动公开宣布前的“安静期”筹得的，以往先期金额约占筹款总数的 50%，不过最近这一比例涨到了 70%。阿尔菲里解释道：“这是为了让捐款人确信，募捐目标必能达成。”

[4] 数千项心理学研究显示，具有高情境自信（又称自我效能）的人普遍表现出色。高自我效能者在运动、学术、工作任务等方面表现较好，持

续较久，遇到挫折后恢复更佳。

如何建立良好的自我效能？有关自我效能的研究大多错综复杂，难以准确分辨这种自信心态是依靠自我培养，还是其他原因形成的。迈克尔·乔丹（Michael Jordan）尝试新运动时可能表现出高自我效能，但这可能源于体能条件，而非心态。有关自我效能的文献提出了几种把自我效能当成心态来培养的方法，例如，置身困境中体验个人成功，或者观摩行为模范的成功经验。这些方案很少能用于改变，因为改变阶段通常缺少个人成功或典范人物。

一些研究指出，缩小改变幅度是建立自我效能的良策。艾尔·班杜拉（Al Bandura）与戴尔·申克（Dale Schunk）试图帮助一群被判定为“算术能力低下”的小学生，想要教会他们减法。在一开始的 25 道减法测试题中，三分之二的学生一道题也没有答对。两位学者编写了 7 套单元组题来训练学生，每个单元介绍一项减法法则（比如借位），再举两个例子，并提供 6 页题目供学生练习。所有学生都参加 7 次、各历时 30 分钟的自主学习课程，没有教师指导。研究者为其中一组学生设定的目标较大、较远，计划在 7 次课程结束时完成 7 个单元；为另外一组学生设定的目标较小、较近，7 次课程结束后完成 1 个单元即可。最终测试时，目标较近的一组学生答对的题目占 81%，目标远大的学生只答对了 45% 的题目。整个学习课程结束不久，研究人员给了孩子们一段游戏时间，并提供了两种游戏：减法题目和“解码”拼图。目标远大的学生平均只解出 1 道减法题，通过较近目标建立自我效能的学生在自由游戏时间平均解出了 14 道减法题：尽管起初两组学生讨厌数学的程度差不多。假如自我效能很高，那么挑战性目标（或者“胆大包天”目标）可能相当不错。不过班杜拉和申克认为，在建立自我效能的过程中，最好先缩小改变幅度。参见 Albert Bandura and Dale H. Schunk (1981), “Cultivating

Competence, Self-Efficacy, and Intrinsic Interest Through Proximal Self-Motivation," *Journal of Personality and Social Psychology*, *41*, 586-598。

[5] 参见网址 http://www.flylady.net/pages/FLYFaq.asp（2008 年 12 月 17 日访问）。

[6] 戴夫 · 拉姆齐的理债技巧参阅 Dave Ramsey (2007), *The Total Money Makeover*, Nashville, Thomas Nelson。我们研究了众多“财务达人”大量的理财方案，其中拉姆齐的观点最能引起我们的共鸣，因为这种思路与本书谈到改变时的心理学原则最为相符。法勒夫妇的故事出自第 116~117 页，拉姆齐本人的经历出自第 3 页，“动机比计算更重要”这段引文出自第 114 页。

[7] 参 见 Steven Kelman, *Unleashing Change: A Study of Organizational Renewal in Government*, Washington, DC: Brookings Institution Press。克尔曼在书中驳斥在组织变革文献中认为人们抗拒改变的传统假设。他认为在很多情况下，改变的需求受到压抑，只是需要高层领导者加以“释放”，为此他展开了令人信服而鼓舞人心的论证。巧克力饼干的军用规格书出自第 4 页，“带动其他改变”的引文出自第 83 页，政府购物卡和以往表现宣誓的故事出自第 82~88 页，布鲁金斯学会的 A 级评分出自第 4 页。

[8] 政府采购金额为 3 200 亿美元的数据出自 Steven Kelman, *Unleashing Change*, p. 3。金额对比出自 *Statistical Abstract of the United States, 2004-2005*, Washington, DC; U.S. Census Bureau。表 642 显示 2002 年美国“计算机与电子产品”产出为 1 399 亿美元，“机动车、拖车及零部件”产出为 1 193 亿美元，可见这笔钱购买这两项物品后仍有余额。

[9] 奇迹标尺的论述参见 Steve de Shazer, Yvonne Dolan, Harry Korman, Terry Trepper, Eric McCollum, and Insoo Kim Berg (2007), *More than*

Miracles: The State of the Art of Solution-Focused Brief Therapy, New York: Haworth Press, pp. 61-72。如欲阅读有关行为量化问题的案例分析，参见 Scott D. Miller and Insoo Kim Berg (1995), *The Miracle Method: A Radically New Approach to Problem Drinking*, New York: Norton, pp. 39-59。其中介绍了码头经理李（Lee）的精彩例子。

[10] 设定好刻度从 0 到 10 的标尺后，病人更容易关注并谈论朝着目标迈进的任何小进步。治疗师确认病人在标尺上有了实质变化（例如朝目标进步了 0.5 分）后，便会提问："你是如何做到的？"治疗师的职业习惯是不断抛出如何的问题："不断追问相当重要，特别是客户在一开始可能很难给出明确回答的时候。这类问题还暗示病人做了一些很有用处的事，毕竟情况不会毫无原因就好转。"一些治疗师称此过程为正面归因。孩子有进步时，不妨试试这一招。其他讨论参见 Steve de Shazer et al., *More than Miracles*, p. 63。

[11] 参见 Bill Parcells (2001), "The Tough Work of Turning Around a Team," reprinted in *Harvard Business Review on Turnarounds* (pp. 105-114), Boston: Harvard Business School Press. 引文出自第 111~112 页。

[12] 参见 Robert Maurer (2004), *One Small Step Can Change Your Life: The Kaizen Way*, New York: Workman。引文出自第 11 页。

[13] 参见 Karl Weick (1984), "Small Wins: Redefining the Scale of Social Problems," *American Psychologist*, *39* (1), p. 46。

[14] 参见 David Allen (2001), *Getting Things Done*, New York: Viking Penguin, p. 239。

[15] 参见 Al-Anon Family Groups (1995), *How Al-Anon Works for Families and Friends of Alcoholics*, Virginia Beach, VA: Al-Anon Family Groups。引文出自第 73 页。

[16] 参见 Michele Weiner-Davis (1992), *Divorce Busting*, New York: Simon & Schuster, p. 92。

第六章 影响他人

[1] 保罗·巴特勒的故事来自丹·希思在 2008 年 10 月对巴特勒所做的访谈。如欲了解巴特勒的生平和照片，参见网址 http://rareconservation.org/history?subsection=History（2009 年 5 月 28 日访问）。

[2] 如欲进一步了解瑞尔保护协会的“自豪运动”，参见网址 http://www.rareconservation.org/。瑞尔目前的重点保护对象是珍稀生态系统（如珊瑚礁、雨林），而非单一物种。但是瑞尔的自然保护专家持续在待保护地区选择具有代表性的物种，召集民众重视这些“魅力物种”。例如，曲纹唇鱼（又名苏眉鱼、拿破仑鱼）就是印尼托吉安群岛海域的魅力物种，该海域共有 262 种珊瑚，另有无数其他物种以珊瑚为生。

[3] 参见 James March (1994), *A Primer on Decision Making: How Decisions Happen*, New York: Free Press. 特别在第一章中，马奇针对结果模式和认同模式的决策过程给出了精彩对比。如欲了解更多资料，参见 Chip Heath and Dan Heath（2007）, *Made to Stick: Why Some Ideas Survive and Others Die*, New York: Random House, pp. 182-199。此书中“别把得州弄乱”的案例是极其成功的反乱扔垃圾运动，可被视为利用认同的标准范本。

[4] 如欲了解更多洛夫莱斯医院的护士案例和肯定式探询，参见 Tom Krattenmaker (2005), “Change Through Appreciative Inquiry,” in *Managing Change to Reduce Resistance* (pp. 49-58), Boston: Harvard Business School Press。伍德的对话出自第 57 页。改善的数据出自 Diana Whitney, Amanda Trosten-Bloom, and David Cooperrider (2003), *The Power of Appreciative*

Inquiry: A Practical Guide to Positive Change, New York: Berrett-Koehler, pp. 94-95。

[5] 巴西拉塔案例的背景资料出自公司网站（2009 年 2 月 13 日访问）。巴西拉塔 2007 年的年收益为 3.841 02 亿巴西雷亚尔，出自 http://www.brasilata.com.br/en/financas_resultados.php，“创新者”员工提出想法的数量出自 http://www.brasilata.com.br/en/projeto_historico.php，汽车保险杠启发的钢罐设计参见 http://www.brasilata.com.br/en/prod_18un_b.php，节省用电量的故事参见 http://www.brasilata.com.br/en/projecto_fatos_relevantes.php。美元与巴西雷亚尔的换算全部按照 2009 年 2 月 13 日的汇率计算。

[6] 参见 Jonathan L. Freedman and Scott C. Fraser (1966), “Compliance Without Pressure: The Foot-in-the-Door Technique,” *Journal of Personality and Social Psychology*, *4*, 195-203。此份研究报告开辟了“探脚入门”技巧的新领域。该技巧似乎有普遍不错的效果，因为是从建立（或重建）他人认同感入手的。其他精彩讨论参见 Robert Cialdini (2000), *Influence: Science and Practice*, 4th ed., New York: Allyn & Bacon, ch. 3。“一旦（户主）同意这项请求”的引文出自 Freedman and Fraser, “Compliance Without Pressure,” p. 201。

[7] 定型心态和成长心态的判定测试及其他有关资料出自 Carol S. Dweck (2006), *Mindset: The New Psychology of Success*, New York: Random House. 测试出自第 13 页。每一位教师、教练、经理和父母都应该阅读此书。

[8] 参见 Lisa S. Blackwell, Kali H. Trzesniewski, and Carol S. Dweck (2007), “Implicit Theories of Intelligence Predict Achievement Across an Adolescent Transition: A Longitudinal Study and an Intervention,” *Child Development*, *78*, 246–263。

[9] 引文出自 Dweck, Mindsets, p. 59。

[10] 出 自 Rosabeth Moss Kanter (November 23, 2003), *Leadership for Change: Enduring Skills for Change Masters*, Harvard Business School Note 9-304-06, Boston: Harvard Business School Press, p. 11，改编自 Kanter (2001), *Evolve! Succeeding in the Digital Culture of Tomorrow*, Boston: Harvard Business School Press。

[11] 参见 Michele Weiner-Davis (1992), *Divorce Busting*, New York: Simon & Schuster, p. 212。

[12] 参 见 Amy Edmondson (2003), "Framing for Learning: Lessons in Successful Technology Implementation," *California Management Review*, *45*, 34–54。为了保护研究对象，埃德蒙森提到的医院和医生均为化名。

[13] 微创心脏手术患者完全复原的数据出自 Barbara Kuhn Timby and Nancy E. Smith (2006), *Introductory Medical-Surgical Nursing*, 9th ed., New York: Lippincott Williams & Wilkins, p. 532。

[14] 参见 Paul B. Carroll (1993), *Big Blues*, New York: Crown，引文出自第 51 页。

[15] 丹·希思曾于 2008 年 8 月访问莫莉·霍华德。年度美国校长奖项出 自 Del Jones (March 16, 2008), "USA' s Top Principal Could Teach CEOs a Thing or Two," *USA Today*, http://www.usatoday.com/money/companies/management/2008-03-16-principal-advice_N.htm（2009 年 2 月 6 日访问）。霍华德告诉希思："企业可以挑选原材料，学校教育只能照单全收。我们对客户零拒绝，这是非常、非常大的不同。"

第七章 调整环境

[1] 参见 W. Edwards Deming (1982), *Out of the Crisis*, Boston: Massachusetts

Institute of Technology Center for Advanced Engineering Study。火灾故事出自第 325 页。

[2] 参见 Lee Ross (1977), "The Intuitive Psychologist and His Shortcomings: Distortions in the Attribution Process," in L. Berkowitz (ed.), *Advances in Experimental Social Psychology* (vol. 10), New York: Academic Press。在许多领域的传统理论中，也可以找到基本归因错误的例证：营销人员讨论消费品的正确消费心态，健康心理学家讨论把重心放在已经"准备好"戒烟者身上的重要性，人力资源咨询师讨论如何在公共汽车上找出合适的人才，改变专家讨论改变时可归纳出信服者、中立者、抗拒者三种人群。不过，社会心理学充斥着情境外因战胜个人内因的例子，比如，本章第二节食物捐献慈善活动的研究显示，拿到地图的抗拒者捐出食物的概率是没有地图的信服者的 3 倍。

[3] 参见 Michele Weiner-Davis (1992), *Divorce Busting*, New York: Simon & Schuster, p. 42。研究表明，基本归因错误观念会伤害婚姻关系，习惯将婚姻问题归咎于对方人格的夫妇更容易陷入痛苦或困境。这种归因会在两人试图解决问题时，演变成更多的负面对话，乃至严重争执。参见 Norman Epstein, Donald H. Baucom, and Lynn A. Rankin (1993), "Treatment of Marital Conflict: A Cognitive-Behavioral Approach," *Clinical Psychology Review, 13*, 45–57。

[4] 爱心食物捐献活动的案例参见 L. Ross and R. E. Nisbett (1991), *The Person and the Situation: Perspectives of Social Psychology*, New York: McGraw-Hill, pp. 132–133。

[5] 彼得 · 布雷格曼的案例出自其博客"The Easiest Way to Change People's Behavior", http://blogs.harvardbusiness.org/bregman/2009/03/the-easiest-way-to.html（2009 年 3 月 11 日访问），以及奇普 · 希思在 2009 年

5 月对布雷格曼的访谈。

[6] 贝姬·理查兹的案例出自奇普·希思在 2008 年 6 月对理查兹的访谈，以及理查兹于 2008 年 4 月在旧金山为 BEACON 公司的合作项目做的演讲。

[7]“静默驾驶舱”原则参见 http://en.wikipedia.org/wiki/Sterile_ Cockpit_ Rule（2009 年 7 月 23 日访问）。美国联邦航空管理局（FAA）于 1981 年颁布该原则，起因是航空局在调查 20 世纪 70 年代飞行安全事件时，发现多起事故是由于驾驶舱内机组人员闲谈而忽略仪器所致。

[8] 参见 Leslie A. Perlow (1997), *Finding Time: How Corporations, Individuals, and Families Can Benefit from New Work Practices*, Ithaca, NY: Cornell University Press。关于实验结论的引文出自第 126 页。作者为了自己的研究生论文而开展此项实验，当时她是该公司的外来者和公司内唯一的学生（现为哈佛大学资深教授），负责推行的简单政策被部门副总称为“全新的基准”！

[9] 阿曼达·塔克的故事来自她于 2009 年 5 月在斯坦福大学商学院的课程“破解改变难题”（How to Change Things When Change Is Hard）中提到的例子。笔者已征得塔克同意而引述。

[10] 如欲进一步了解哈登矩阵，参见旧金山卫生部的在线资料［内容取自约翰·霍普金斯大学布隆博格公共卫生学院卡罗琳·福勒（Carolyn Fowler）的研究成果］：http://www.ccsf.edu/Resources/Faculty/jeskinne/documents/HAD 2Complete.pdf（2009 年 6 月 14 日访问）。谨此向卡罗琳·福勒和埃里克·塔什（Eric Tash）对哈登矩阵的洞见致谢。

[11] 机架空间的故事及引文出自丹·希思对格雷厄姆·韦斯顿在 2007 年 10 月和 2009 年 2 月所做的两次访谈。该公司向笔者提供了收入增长的内部数据。

第八章 培养习惯

[1] 在迈克·罗马诺的故事中，姓名和一些无关细节略有修改。案例出自2009年1月研究助理伊莱恩·巴特利特（Elaine Bartlett）对迈克所做的访谈。

[2] 美军士兵在“越战”前后使用毒品情况研究，参见 Lee N. Robins, John E. Helzer, and Darlene H. Davis (1975), “Narcotic Use in Southeast Asia and Afterward,” *Archives of General Psychiatry*, *32*, 955–961。

[3] 参见 Todd F. Heatherton and Patricia A. Nichols (1994), “Personal Accounts of Successful Versus Failed attempts at Life Change,” *Personality and Social Psychology Bulletin, 20*, 664–675.

[4] 彼得·戈尔维策将行动触发扳机称为“执行意图”，相关研究内容参见 Peter Gollwitzer (1999), “Implementation Intentions: Strong Effects of Simple Plans,” *American Psychologist*, *54,* 493–503。本书此节多数研究结论来自此文。“将行为控制权交给了环境”引文出自第495页。

[5] 人工关节置换患者复原案例参见 Sheina Orbell and Paschal Sheeran (2000), “Motivational and Volitional Processes in Action Initiation: A Field Study of the Role of Implementation Intentions,” *Journal of Applied Social Psychology, 30,* 780–797。

[6] 参见 Peter M. Gollwitzer, Paschal Sheeran, and Thomas L. Webb (2005), “Implementation Intentions and Health Behaviors,” in M. Conner and P. Norman (eds.), *Predicting Health Behavior: Research and Practice with Social Cognition Models* (2nd edition). Buckingham, UK: Open University Press。

[7] 站立开会的案例出自 William G. Pagonis with Jeffrey L. Cruikshank

(1992), *Moving Mountains: Lessons in Leadership and Logistics from the Gulf War*, Boston: Harvard Business School Press，引文出自第 185~186 页。将站立开会导入软件开发的应用参见 http://en.wikipedia.org/wiki/Stand-up_meeting（2009 年 5 月 27 日访问）。敏捷软件开发摒弃了传统的一次性交付（通常迟交）模式，而是采用集合一系列快速原型，众人分头收集客户需求，力图缩短解决问题的时间，并且尽量避免日后返工。

[8] 参 见 Barbara J. Rolls, Liane S. Roe, Amanda M. Beach, and Panny M. Kris-Etherton (2005), "Provision of Foods Differing in Energy Density Affects Long-Term Weight Loss," *Obesity Research*, *13*, 1052–1060。

[9] 纳塔莉 · 埃尔德的案例出自丹 · 希思在 2008 年 8 月对她的访谈。

[10] 检查表的部分内容来自笔者的专栏文章 *Fast Company* (March 2008), "The Heroic Checklist," http://www.fastcompany.com/magazine/123/heroic-checklist.html。

[11] 参见 Atul Gawande (December 10, 2007), "The Checklist: If Something So Simple Can Transform Intensive Care, What Else Can It Do?" *New Yorker*, pp. 86–101。

[12] 我们所倡导的检查表并非与质量改进流程有关，比如 ISO 9000 认证所需的步骤手册。为了教育人们何种状态最好，帮助他们规避盲点，检查表必须简单到人人可以上手使用，比如波音 747 客机的飞行前检查表的长度不到一页纸。如果你的检查表超过一页，请精简之。

[13] 参见 C. F. Gettys et al. (1987), "An Evaluation of Human Act Generation Performance," *Organizational Behavior and Human Decision Processes, 39*, 23–51。

[14] 出自丹 · 希思在 2008 年 1 月对普罗诺沃斯特所做的访谈。

第九章 召集同伴

[1] 参见 Bibb Latané and John M. Darley (1968), "Group Inhibition of Bystander Intervention in Emergencies," *Journal of Personality and Social Psychology*, *10*, 215–221。拉塔内和达利针对"旁观者冷漠"效应所展开的工作，是社会心理学最经典也最睿智的研究领域之一。他们建议学生用一个避免旁观者效应的简单技巧：指向某个人，给出明确指示，比如"你，快打 110"。人们往往并不是不想帮忙，只是骑象人又陷入无尽的决定循环了，每个人都试图从别人那里寻求下一步行动的线索，可惜线索没有出现。

[2] 参见 Nicholas A. Christakis and James H. Fowler (2007), "The Spread of Obesity in a Large Social Network over 32 Years," *New England Journal of Medicine, 357*, 370–379。引文出自 Gina Kolata (June 25, 2007), "Study Says Obesity Can Be Contagious," *New York Times*。参见 Christakis and Fowler (2009), *Connected: The Surprising Power of Our Social Networks and How They Shape Our Lives*, New York: Little, Brown and Company。

[3] 参见 Michael Kremer and Dan Levy (2005), "Peer Effects and Alcohol Use Among College Students," Working paper, Harvard University。

[4] 参见 Noah J. Goldstein, Steve J. Martin, and Robert B. Cialdini (2008), *Yes! 50 Scientifically Proven Ways to Be Persuasive*, New York: Free Press, ch. 1。

[5] 出自奇普·希思在 2008 年 8 月和 2009 年 5 月对热拉尔·卡雄所做的访谈。

[6] "指定司机"的数据出自哈佛大学公共卫生学院网站 http://www.hsph.harvard.edu/research/chc/harvard-alcohol-project/ (2009 年 6 月 14 日访问)。

格兰特·廷克的引文出自 Nikki Finke (December 29, 1988), “A TV Crusade on Drunken Driving,” *Los Angeles Times*, p. 5E。

[7]“跨代际”关系的研究数据出自 Population Reference Bureau (2007), *Addressing Cross-Generational Sex: A Desk Review of Research and Programs*。美国青少年的数据出自第 16 页，非洲撒哈拉以南的数据出自第 9 页。

[8] 笔者二人主持的研讨小组提出了“法塔基”的想法，并且负责最初的 3 则广播剧广告。奇普·希思在一段视频中谈到了录制第一支广告当天的情形，参见 *The News Hour with Jim Lehrer* 网站 http://www.pbs.org/newshour/bb/africa/july-dec07/aids_11-30.html，丹·希思当时在使用软件 Photoshop 编辑第一幅“法塔基”海报。

[9] 参见 Louis V. Gerstner (2002), *Who Says Elephants Can't Dance*? New York: Harper Business, p. 182。

[10] 凯瑟琳·凯洛格的细致工作使得这份报告成为整个组织行为学文献中最近距离观察改变过程的研究之一。参见 Katherine C. Kellogg (2008), “Not Faking It: Making Real Change in Response to Regulation at Two Surgical Teaching Hospitals,” Working paper, MIT。

结　语　坚持改变

[1] 埃米·萨瑟兰与驯兽师的部分内容出自笔者的专栏文章 *Fast Company* (April 2008), “Your Boss Is a Monkey,” http://www.fastcompany.com/magazine/124/your-boss-is-a-monkey.html（2009 年 6 月 14 日访问）。

[2]《纽约时报》文章出自 2006 年 6 月 25 日，参见 http://www.nytimes.com/2006/06/25/fashion/25love.html（2009 年 5 月 17 日访问）；也可参

见 Amy Sutherland (2008), *What Shamu Taught Me About Life, Love, and Marriage: Lessons for People from Animals and Their Trainers*, New York: Random House。

[3] 引文有关谈话和其他细节来自丹·希思在 2008 年 1 月对埃米·萨瑟兰所做的访谈。

[4] 参见 Alan Kazdin (2008), *The Kazdin Method for Parenting the Defiant Child: With No Pills, No Therapy, No Contest of Wills*, New York: Houghton Mifflin。引文出自第 34 页。

[5] 改变不是某个时刻，而是一段过程：奇普·希思由衷感谢博·布罗克曼（Bo Brockman）指点他这个观念。

[6] 参见 Steven Kelman (2005), *Unleashing Change: A Study of Organizational Renewal in Government*, Washington, DC: Brookings Institution Press。解释为何单纯曝光和认知失调效应会使人抗拒改变，出自第 22~24 页；解释为何在改变开始后，两种效应反而会促进改变，出自第 123~127 页。